Heike Zurhold, Nina Kreutzfeldt,
Peter Degkwitz, Uwe Verthein

Drogenkonsumräume

Gesundheitsförderung und Minderung
öffentlicher Belastungen
in europäischen Großstädten

Heike Zurhold, Nina Kreutzfeldt,
Peter Degkwitz, Uwe Verthein

Drogenkonsumräume

Gesundheitsförderung und Minderung
öffentlicher Belastungen
in europäischen Großstädten

Lambertus

Die Deutsche Bibliothek – CIP-Einheitsaufnahme

Ein Titeldatensatz für diese Publikation ist bei
Der Deutschen Bibliothek erhältlich

Alle Rechte vorbehalten
© 2001, Lambertus-Verlag, Freiburg im Breisgau
Umschlag: Christa Berger, Solingen
Satz: Uwe Verthein
Herstellung: docupoint magdeburg
ISBN 3-7841-1371-0

Inhalt

9	ABKÜRZUNGEN
11	KAPITEL 1 EINLEITUNG: DAS FORSCHUNGSPROJEKT ZUR EVALUATION VON DROGENKONSUMRÄUMEN IN EUROPÄISCHEN STÄDTEN
15	KAPITEL 2 BESTANDSAUFNAHME: KONSUMRÄUME IN EUROPA
15	2.1 Status quo legaler Konsumräume
17	2.2 Forschungsstand: Vorhandene Evaluationsstudien
17	2.2.1 Analyse des Luzerner Aufenthalts- und Betreuungsraums für Drogenabhängige
18	2.2.2 Begleitforschung zu den Basler Gassenzimmern I, II und III
19	2.2.3 Untersuchung des Frankfurter Drogenraumangebots
20	2.2.4 Studie zum Frankfurter Konsumraum Niddastraße
20	2.2.5 Evaluation des Hannoveraner Konsumraums „drop-in Fixpunkt"
21	2.2.6 Zusammenfassung und Konsequenzen
23	KAPITEL 3 FRAGESTELLUNG UND METHODISCHES VORGEHEN
23	3.1 Fragestellungen
25	3.2 Dokumentationsanalysen
25	3.3 Quantitative Analyse (Drogenkonsumierende)
27	3.4 Qualitative Analyse (MitarbeiterInnen und Umfeld)
32	KAPITEL 4 RAHMENBEDINGUNGEN DER DROGENKONSUMRÄUME
32	4.1 Merkmale der Drogenszenen in den drei Städten
32	4.1.1 Aktuelle Drogensituation in Hamburg
34	4.1.2 Aktuelle Drogensituation in Rotterdam
36	4.1.3 Aktuelle Drogensituation in Innsbruck
38	4.2 Drogenhilfeangebote in den Städten
39	4.2.1 Hamburg: Angebotsschwerpunkte in der Drogenhilfe

42	4.2.2 Rotterdam: Angebotsschwerpunkte in der Drogenhilfe
44	4.2.3 Innsbruck: Angebotsschwerpunkte in der Drogenhilfe
45	4.3 Vorgeschichte und Implementation der untersuchten Konsumräume
46	4.3.1 Hamburg: Drob Inn, Fixstern und Stay Alive
48	4.3.2 Rotterdam: Pauluskerk, Het Buurthuis, De Buren, Moerkerkestraat
51	4.3.3 Innsbruck: Planung eines Konsumraumes im Komfüdro
53	KAPITEL 5
	KONZEPTION UND STRUKTUR DER KONSUMRAUMANGEBOTE
53	5.1 Konzeptionelle Ausrichtung der Einrichtungen
53	5.1.1 Arbeitsansätze
56	5.1.2 Personalstruktur und Qualifikation
57	5.1.3 Spektrum der angeboten Hilfen
59	5.2 Öffnungszeiten der Einrichtungen
62	5.3 Konsumraumangebote
70	5.4 Rechtliche Rahmenbedingungen beim Betrieb von Konsumräumen
75	KAPITEL 6
	NUTZERINNENPERSPEKTIVE: ERGEBNISSE DER KONSUMENTINNENBEFRAGUNG
76	6.1 Basisdaten der Stichprobe
76	6.2 Wer sucht die Konsumräume auf?
82	6.3 Welche Substanzen werden wie konsumiert?
98	6.4 Welchen Stellenwert hat die Drogenszene?
102	6.5 Wo werden Drogen konsumiert?
109	6.6 In welcher gesundheitlichen Verfassung sind die DrogenkonsumentInnen?
113	6.7 In welchem Maße werden die Konsumräume genutzt?
120	6.8 Zusammenfassung
123	KAPITEL 7
	MITARBEITERINNENPERSPEKTIVE: ERGEBNISSE AUS DEN EINRICHTUNGSBEZOGENEN INTERVIEWS
123	7.1 Erreichung der Zielgruppe und Zielsetzungen
124	7.1.1 Zur Zielgruppe
131	7.1.2 Nutzung einzelner Angebotselemente

135	7.2 Zur Wirksamkeit der Konsumraumangebote
136	7.2.1 Akzeptanz durch DrogenkonsumentInnen
138	7.2.2 Auslastung und Nutzungsfrequenzen der Konsumräume
141	7.2.3 Konflikte im und mit dem Konsumraum
145	7.2.4 Einschätzungen zum weiteren Bedarf
148	7.3 Zur Wirksamkeit von Harm-Reduction-Maßnahmen
148	7.3.1 Vermittlung präventiver Botschaften
153	7.3.2 Akzeptanz präventiver Botschaften
155	7.3.3 Ausmaß und Art von Notfällen
157	7.3.4 Umgang mit Notfällen
161	7.4 Problembereiche des Arbeitsalltags
162	7.4.1 Belastungen durch die Frequentierung der Einrichtung
165	7.4.2 Belastungen durch die Angst vor Notfällen
165	7.4.3 Konflikte durch die politischen Rahmenbedingungen
168	7.5 Akzeptanz der Einrichtungen im Stadtteil
171	7.5.1 Konflikte mit dem Umfeld
174	7.5.2 Maßnahmen zur Konfliktregulierung im Stadtteil
179	KAPITEL 8 UMFELDPERSPEKTIVE: ERGEBNISSE AUS DEN UMFELDBEZOGENEN INTERVIEWS
181	8.1 Einschätzung des Drogenproblems vor Einrichtung der Konsumräume
181	8.1.1 Situation des Umfeldes vor Eröffnung der Konsumraumangebote
183	8.1.2 Persönliche Betroffenheit durch öffentlichen Drogenkonsum und herumliegende Spritzen
184	8.1.3 Persönliche Betroffenheit durch Geschäftsschädigung
184	8.2 Einstellungen des Umfeldes zur Einrichtung von Konsumräumen
190	8.3 Einschätzung der Wirkung von Konsumräumen
190	8.3.1 Einschätzung der aktuellen Drogensituation
193	8.3.2 Verbesserungen seit Bestehen von Konsumräumen
195	8.3.3 Neue Probleme seit Bestehen von Konsumräumen
199	8.3.4 Reaktionen auf die Probleme
205	8.4 Aktuelle Einstellungen zu Konsumräumen und Verbesserungsvorschläge
206	8.4.1 Ursachenzuschreibungen für Belastungen des Umfeldes
209	8.4.2 Veränderte Haltung zu Konsumräumen

211	8.4.3 Verbesserungsvorschläge
216	**KAPITEL 9**
	ZUSAMMENFASSUNG UND SCHLUSSFOLGERUNGEN
216	9.1 Kurzdarstellung der Ergebnisse
216	9.1.1 Beschreibung der untersuchten Konsumraumangebote
218	9.1.2 Charakterisierung und Konsummuster der NutzerInnen
223	9.1.3 Nutzung der Einrichtungen
225	9.1.4 Konfliktbereiche und Arbeitsbelastungen der MitarbeiterInnen
226	9.1.5 Integration von Konsumräumen in das regionale Umfeld
228	9.1.6 Diskussion der zentralen Ergebnisse
234	9.2 Bewertung des Untersuchungsansatzes
235	9.3 Ausblick
243	**LITERATUR**
247	**AUTORINNEN UND AUTOREN**

Abkürzungen

(AW) AnwohnerIn
(DI) Drob Inn, EinrichtungsmitarbeiterIn
(FS) Fixstern, EinrichtungsmitarbeiterIn
(GM) Geschäftsmann
(HB) Het Buurthuis, EinrichtungsmitarbeiterIn
(KD) Komfüdro, EinrichtungsmitarbeiterIn
(KT) Keetje Tippel, EinrichtungsmitarbeiterIn
(MK) Moerkerkestraat, EinrichtungsmitarbeiterIn
(PB) Polizeibeamte
(PK) Pauluskerk, EinrichtungsmitarbeiterIn
(PO) Kommunalpolitiker
(SA) Stay Alive, EinrichtungsmitarbeiterIn
(SE) Benachbarte soziale Einrichtung
NGO Non governmental organization
STD Sexual transmitted diseases
DMS Drug Monitoring System

Kapitel 1

Einleitung: Das Forschungsprojekt zur Evaluation von Drogenkonsumräumen in europäischen Städten

Die vorliegende Publikation basiert auf den wissenschaftlichen Ergebnissen aus einem Forschungsprojekt zur Evaluation von Konsumraumangeboten für Drogenkonsumierende in den drei europäischen Städten Hamburg, Rotterdam und Innsbruck. Das Forschungsprojekt wurde von der „Commission of the European Communities" des EC Departements „Programmes and action in the health and comsumer protection sectors" gefördert und federführend vom Hamburger Institut für interdisziplinäre Sucht- und Drogenforschung (ISD) unter Leitung von Prof. Michael Krausz in dem Zeitraum von Ende 1999 bis Anfang 2001 durchgeführt.

Der Einrichtung von Konsumräumen in einigen Ländern Europas kommt nicht nur eine wesentliche Bedeutung als Ergänzung des Drogenhilfesystems um ein weiteres sekundärpräventives Angebot im Bereich von Harm-Reduction zu. Zugleich wird diesem Angebot auch eine große kommunale Relevanz im Kontext von Gesundheits-, Sozial- und Ordnungspolitik beigemessen. Trotz dieser Bedeutungen gibt es bislang nur wenige Erkenntnisse zur Wirkung von Konsumraumangeboten, die sich auf empirische Untersuchungen stützen.

In der allgemeinen Öffentlichkeit ist vielmehr zu beobachten, dass die Diskussion über die Situation von Drogenkonsumierenden und geeignete Ansätze zur Problementschärfung zum Teil stark emotionalisiert geführt wird. Angesichts des innovativen Charakters von Konsumräumen, ihrer kommunalpolitischen Relevanz sowie kontroverser öffentlicher Standpunkte zu dieser Hilfemaßnahme wurde eine wissenschaftliche Praxisevaluation durchgeführt, in die nicht nur Drogenkonsumierende sondern auch MitarbeiterInnen in Konsumraumeinrichtungen und das direkte Umfeld dieser Einrichtungen einbezogen wurden.

An der Konsumraumstudie waren drei europäischen Städte mit entsprechenden Einrichtungen beteiligt:
- Hamburg (D) mit den drei Hilfeeinrichtungen *Drob Inn*, *Fixstern* und *Stay Alive*, die sich in drei verschiedenen Stadtvierteln befinden.

- Rotterdam (NL) mit den vier Einrichtungen *Pauluskerk, De Buren/ Keetje Tippel,* einem Konsumraumangebot ausschließlich für weibliche Prostituierte, *Het Buurthuis* und *Moerkerkestraat,* welche sich ausschließlich an Obdachlose richten.
- Innsbruck (A) mit der Einrichtung des Kommunikationszentrums für DrogenkonsumentInnen *Komfüdro.*

Die Einrichtung eines Konsumraumes in Innsbruck ist zwar seit längerem geplant. Zugleich ist die Umsetzung eines solchen Angebotes jedoch politisch umstritten, so dass ein Konsumraum in Innsbruck bis zum Abschluss der Untersuchung nicht realisiert wurde. Aus diesem Grunde wurde der Untersuchungsansatz für diese Stadt in Richtung einer Bedarfserhebung modifiziert.

Das Erkenntnisinteresse der Evaluationsstudie richtete sich auf verschiedene ausgewählte Wirkfaktoren von Konsumraumangeboten als sekundärpräventive Intervention im Sinne von Harm-Reduction sowie als gesundheits- und ordnungspolitischem Instrument. Hieraus ergaben sich zum einen Fragestellungen zur Erreichbarkeit der riskant und öffentlich konsumierenden Drogengebrauchenden „harter" Drogen, zu ihrem Nutzungsverhalten in Bezug auf Konsumräume und weiterführende Hilfeangebote sowie zu ihrer Akzeptanz der dort vermittelten präventiven Botschaften. Zum anderen bezogen sich konkrete Untersuchungsfragen auf die konzeptionelle Umsetzung sekundärpräventiver Maßnahmen, das Angebots- und Aufgabenprofil der Einrichtung, die Anforderungen an die dort tätigen MitarbeiterInnen und die Belastungen, die aus diesem Arbeitsfeld resultieren. Des Weiteren wurde der Frage nachgegangen, inwieweit Konsumräume sozial- und ordnungspolitische Effekte zeitigen, indem sie zur Minimierung von Konflikten und zu einer Reduktion öffentlicher Belastungen im Umfeld offener Drogenszenen beitragen.

Durch den Einsatz quantitativer und qualitativer Erhebungs- und Auswertungsmethoden in allen drei europäischen Städten konnte eine systematische Dokumentation und Evaluation der Angebote und Wirkungen von Konsumräumen erstellt werden. Einschätzungen zu den sekundärpräventiven, gesundheits-, sozial- und ordnungspolitischen Effekten dieser Angebote wurden dabei aus den drei unterschiedlichen Perspektiven der DrogenkonsumentInnen, der EinrichtungsmitarbeiterInnen und der Personen im Umfeld der Einrichtungen vorgenommen. Erstmalig wurde auch die Interessenslage etwa von AnwohnerInnen, Geschäftsleuten und benachbarten Einrichtungen gezielt in einer Untersuchung zu Konsumräu-

Einleitung: Das Forschungsprojekt zur Evaluation von Konsumräumen

men berücksichtigt. Die breite Datenbasis ermöglichte somit umfassende Aussagen zur Beurteilung von Drogenkonsumräumen aus verschiedenen Perspektiven. Darüber hinaus ermöglichte der Forschungsansatz, die Ergebnisse regional vergleichend darzustellen und zu diskutieren.

In diesem Buch werden zunächst die wichtigsten wissenschaftlichen Ergebnisse aus den bislang vorliegenden Untersuchungen zur Wirksamkeit von Konsumräumen zusammenfassend dargestellt (Kapitel 2). Dann folgt eine Erläuterung der Datenerhebungs- und Auswertungsverfahren, die im Rahmen der Evaluationsstudie gewählt wurden (Kapitel 3). Im Anschluss daran wird die Situation in den untersuchten drei europäischen Metropolen anhand von demographischen und epidemiologischen Daten, der jeweiligen Schwerpunkte in der Drogenhilfe sowie der Vorgeschichte bei der Implementierung von Konsumräumen dargelegt (Kapitel 4). Die konzeptionelle Umsetzung der Konsumraumangebote wird auf Grundlage einer Dokumentenanalyse aufgezeigt (Kapitel 5). Den Schwerpunkt der Publikation bilden die ergebnisorientierten Analysen aus der KonsumentInnenbefragung (Kapitel 6), der Auswertung der Interviews mit den EinrichtungsmitarbeiterInnen (Kapitel 7) sowie der Auswertung der Interviews mit AnwohnerInnen, Gewerbetreibenden, Polizei, benachbarten sozialen Einrichtungen und Kommunalpolitiker (Kapitel 8). Zum Abschluss werden die Ergebnisse aus den unterschiedlichen Befragungen zu einer Gesamtergebnispräsentation zusammengeführt und im Hinblick auf Wirkungen von Konsumraumangeboten und ihre regionalen Unterschiede vergleichend diskutiert (Kapitel 9).

Die Konsumraumstudie war nur durchführbar durch die Kooperationsbereitschaft der untersuchten Drogenhilfeeinrichtungen, der Befragten und nicht zuletzt durch die Unterstützung von Fachkräften aus verschiedenen Institutionen, die wesentlich zur Umsetzung der Studie in den drei beteiligten Städten beigetragen haben. Für die Untersuchung in der Stadt Hamburg wurde mit MitarbeiterInnen der Konsumraumeinrichtungen Drob Inn, Fixstern und Stay Alive sowie mit Norbert Dworsky vom Drogenhilfeträger Freiraum e. V. und mit Dr. Günter Thiel vom Träger Jugendhilfe e. V. zusammengearbeitet. Kooperationspartner in der Stadt Rotterdam waren Cas Barendregt und Agnes van der Poel aus dem Rotterdamer Forschungsinstitut „Instituut voor Verslavings Onderzoek" (IVO) sowie Dr. Hans Visser, der Koordinator der Pauluskerk. In Innsbruck haben Wolfgang Sparber aus der Drogenhilfeeinrichtung *Komfüdro*

der Caritas Innsbruck und Mag. Helga Oberarzbacher, Drogenkoordinatorin des Landes Tirol, die Durchführung der Untersuchung maßgeblich unterstützt.
Für die Bereitschaft zur Zusammenarbeit und für kritische Anregungen sei allen oben genannten KooperationspartnerInnen an dieser Stelle herzlich gedankt. Des Weiteren gilt unser Dank den DrogenkonsumentInnen, den EinrichtungsmitarbeiterInnen und den Personen aus dem Umfeld, die mit ihrer Bereitschaft zur Teilnahme an den Befragungen und Interviews die Umsetzung der Studie erst ermöglicht haben.

Kapitel 2

Bestandsaufnahme: Konsumräume in Europa

2.1 STATUS QUO LEGALER KONSUMRÄUME[1]

Rechtlich abgesicherte Drogenkonsumräume[2] existieren Mitte 2001 in den drei europäischen Ländern Deutschland, Niederlande und in der Schweiz. Auf die längste Geschichte blicken entsprechende Einrichtungen in einigen holländischen Städten zurück: In Amsterdam konnten DrogenkonsumentInnen bereits in den 70er Jahren entsprechende Einrichtungen aufsuchen, die dann allerdings wegen Leitungsproblemen geschlossen wurden. Mittlerweile wurden Angebote in Amsterdam, Arnhem, Maastricht und Rotterdam geschaffen. Im Jahr 1995 ergriff das „Gelders Centrum voor Verslavingszorg" (Gelders Addiction Care Centre) die Initiative für die Eröffnung von Konsumräumen in Arnhem. Hierbei unterstützten es der dortige Stadtrat, die Polizei und die Staatsanwaltschaft. Amsterdam sagte Mitte 1996 aufgrund der Belastung der Öffentlichkeit in der Innenstadt erneut Perspektiven für Drogenkonsumräume zu. Um Kontrollprobleme, die in der Vergangenheit bestanden hatten, zu vermeiden, traf die Stadt einige Vorbedingungen für die Eröffnung entsprechender Räume. So war ein professionelles Management Voraussetzung, der Zugang sollte stärker reguliert und die Zusammenarbeit mit anderen Einrichtungen vorangetrieben werden. Im Jahr 1999 wurde auch in Maastricht ein Konsumraum eröffnet, und zwar in einer bestehenden Einrichtung für obdachlose Drogenabhängige. Der Träger hatte zuvor bereits inoffiziell mit Drogenkonsumräumen an verschiedenen Orten in der Stadt experimentiert. Das jetzige Angebot wird von den lokal zuständigen Behörden, wie dem Bürgermeister, der Polizei und der Staatsanwaltschaft unterstützt.

---

[1] Es existieren unterschiedliche Bezeichnungen für entsprechende Einrichtungen. Die gebräuchlichsten sind: (Drogen-)Konsumräume, Gesundheitsräume, Fixerstuben (bzw. Fixerstübli), Injektionsräume oder Gassenzimmer.

[2] Hiervon zu unterscheiden sind inoffizielle Druckräume bzw. der tolerierte Konsum („Wegschauen") in anderen Einrichtungen (vgl. z. B. HAPPEL 2000, TSCHIRNER 2000). Zu diesen sind hier keine näheren Aussagen möglich.

Kapitel 2

Auch in der Schweiz gab es schon früh einen ersten tolerierten Konsumraum: Er entstand Ende der 70er Jahre in einem Autonomen Jugendzentrum in Zürich auf einem besetzten ehemaligen Fabrikkomplex und hatte bis zur Räumung des Geländes 1982 Bestand. 1986 eröffnete Bern als erste Schweizer Stadt ein reguläres „Fixerstübli", andere Städte folgten einige Jahre später. So bietet Basel seit 1993 im Rahmen der Angebote zur Überlebenshilfe drei Gassenzimmer für DrogenkonsumentInnen. Die Schweiz entwickelte sich zum Land mit der – zumindest bezogen auf die Bevölkerungszahl – größten Anzahl an Drogenkonsumräumen: Im Jahr 1993 wurden zwölf Räume in sieben Städten gezählt, 1999 waren es immerhin noch zehn (EASTUS 2000).[3]

Nachdem Ende der 80er Jahre bereits kurzfristig entsprechende Angebote in Bremen und Bonn toleriert worden waren (MICHELS 2000), wurden in der Bundesrepublik Deutschland die ersten Räume dieser Art mit längerfristigem Bestand 1994 in Hamburg[4] und Frankfurt eröffnet. Ende 1997 kam eine Einrichtung in Hannover und im Frühjahr 1999 eine weitere in Saarbrücken hinzu. Zunächst operierten die Träger der deutschen Konsumräume in einer rechtlichen Grauzone. Die Frankfurter Einrichtungen konnten sich lange Zeit zwar auf ein strafrechtliches Gutachten des Oberstaatsanwalts KÖRNER (1993) berufen,[5] in den anderen Städten fehlte aber eine vergleichbare Grundlage. Eine Voraussetzung hierfür schuf der Gesetzgeber im Februar 2000: Nach einer Änderung des Betäubungsmittelgesetzes können Drogenkonsumräume jetzt bei Bedarf legalisiert werden. Der neu hinzugefügte § 10a des BtMG enthält bundeseinheitliche Rahmenvorschriften und ermächtigt die Landesregierungen, den Betrieb von Konsumräumen in dem jeweiligen Bundesland zu genehmigen und näher zu regeln (vgl. MICHELS 2000).

Fachliche Bemühungen zur Vereinheitlichung entsprechender Angebote der Drogenhilfe existieren über staatliche Grenzen hinweg: Um eine

---

[3] Zu Erfahrungen mit Konsumräumen in der Schweiz vgl. beispielsweise HAEMMIG 1992, SOZIALAMT DER STADT ZÜRICH 1995.
[4] Zur Entstehung der Hamburger Konsumräume siehe z. B. DWORSKY/ SCHMIDT 1999, DWORSKY 1999.
[5] MICHAELIS (1991) und KÖRNER (1993) legten in Gutachten dar, dass der Betrieb von Konsumräumen keinen Straftatbestand im Sinne des Betäubungsmittelgesetzes (§ 29 BtMG) darstellt, wenn bezogen auf Betäubungsmittel „der Erwerb, der Handel und die Abgabe in diesen Räumen nicht geduldet wird und durch Sorgfalt, Kontrolle und Fürsorge für einen hygienischen, stressfreien, risikominimierenden Konsum Sorge getragen wird" (KÖRNER 1993, 19).

Grundlage für länderübergreifende Standards zu schaffen, erarbeiteten Ende 1999 insgesamt 180 Teilnehmer aus Deutschland, den Niederlanden, der Schweiz, Österreich, Frankreich und Australien auf einer interdisziplinären Fachtagung – unabhängig von der Realität in den einzelnen Ländern – gemeinsame „Leitlinien zum Betrieb und zur Nutzung von Konsumräumen".[6]

2.2 FORSCHUNGSSTAND: VORHANDENE EVALUATIONSSTUDIEN

Abgesehen von kleineren deskriptiven und häufig nur internen Dokumentationen einzelner Träger liegen bislang zu Konsumräumen in Europa nur wenige Untersuchungen vor:

2.2.1 Analyse des Luzerner Aufenthalts- und Betreuungsraums für Drogenabhängige

Eine der beiden ersten bekannten systematischen Analysen eines Drogenkonsumraums betrifft den Luzerner *„Aufenthalts- und Betreuungsraum für Drogenabhängige" (ABfD)*, der zwischen April 1992 und März 1994 von dem Träger Drogenforum Innerschweiz (DFI) als Gassenzimmer betrieben wurde. Als niedrigschwelliges Angebot war es den Prinzipien der Schadensbegrenzung und Risikominimierung verpflichtet. Das Institut für Sozial- und Präventivmedizin untersuchte im Auftrag des schweizerischen Bundesamtes für Gesundheitswesen, inwieweit die Einrichtung ihre eigenen Zielsetzungen verwirklichen konnte (RONCO/SPUHLER/ KAISER 1996). Die Analyse konzentriert sich auf drei Bereiche: die Struktur und Entwicklung des Projekts *ABfD*, die DrogenkonsumentInnen sowie die soziale Umgebung der Einrichtung. Qualitative und quantitative Forschungsmethoden wurden kombiniert.

Als wichtigste Ergebnisse ergab die Untersuchung:
- NutzerInnen: Die Klientel, die die Einrichtung aufsucht, ist hinsichtlich soziodemografischer Faktoren sehr heterogen: Die überwiegende Mehrheit lebt in stabilen Wohnverhältnissen. Ein Viertel geht einer Be-

---

[6] Vgl. zu der Tagung „Konsumräume als professionelles Angebot der Suchtkrankenhilfe – Internationale Konferenz zur Erarbeitung von Leitlinien" in Hannover STÖVER (2000); die Leitlinien sind nachzulesen unter www.uni-oldenburg.de/fb3/politik2/saus/de/proj/netzwerk/index.html.

Kapitel 2

schäftigung nach, etwa die Hälfte bezieht öffentliche Unterstützung. Etwa 80 % stammen aus Stadt und Kanton Luzern, rund 20 % sind Frauen. KonsumentInnen zwischen 20 und 30 Jahren bilden den Schwerpunkt. Die Studie belegt, dass ein klarer Bedarf an einem Konsumraumangebot in Luzern besteht und dass die Einrichtung keine Sogwirkungen auf andere Regionen hat.

- Nutzung der Angebote: Den *ABfD* besuchen im Durchschnitt täglich 65 KonsumentInnen. Alle angebotenen Hilfsangebote werden genutzt, auffällig ist die kontinuierlich steigende Zahl der getauschten Spritzen.
- Wirkungen: Der Gesundheitszustand der BesucherInnen verbessert sich; über die Abgabe von sterilem Injektionsmaterial wird ein risikobewussteres Verhalten erreicht.
- Außenwirkung: Die Einrichtung wurde in der Öffentlichkeit kontrovers diskutiert. In der Befragung der Umgebung selbst genoss der *ABfD* trotz einzelner Kritik insgesamt ein gutes Ansehen. In einer Abstimmung haben sich die Luzerner im November 1993 dennoch mit knapper Mehrheit gegen eine Weiterführung des Angebots ausgesprochen.

2.2.2 Begleitforschung zu den Basler Gassenzimmern I, II und III

Die bislang ausführlichste Evaluation liegt von RONCO et al. (1994, 1996) zu den Konsumräumen der Stadt Basel vor. Ähnlich wie in der Luzerner Studie wurden hier verschiedene Methoden miteinander kombiniert. Die Basler Resultate ähneln den Luzerner Ergebnissen:

- NutzerInnen: Ein breites Spektrum von DrogenkonsumentInnen mit sehr unterschiedlicher sozialer Integration sucht die Gassenzimmer auf. Der größte Teil ist zwischen 20 und 30 Jahren alt, ein Viertel sind Frauen. 80 % der Befragten kommen aus den beiden Halbkantonen Basel-Stadt und Baselland. In den Jahren 1993 und 1994 wurden die Fixerräume 250 bis 300 mal pro Tag genutzt.
- Nutzung der Angebote: Neben dem Konsumraumangebot werden auch flankierende Maßnahmen wie medizinische Versorgung, Spritzentausch, Verpflegung und psychosoziale Beratung ausgiebig wahrgenommen.
- Wirkungen: Mit dem intravenösen Drogengebrauch zusammenhängende Krankheiten gehen deutlich zurück, der Allgemeinzustand der BesucherInnen verbessert sich. Sie nehmen vermehrt Kontakte zu BetreuerInnen aber auch der sozialen Regelversorgung auf. Die Infektionsprophylaxe verbessert sich deutlich.

- Außenwirkung: Zumindest während der Öffnungszeiten der Konsumräume verlagert sich die Drogenszene von der Straße in die Gassenzimmer.

2.2.3 Untersuchung des Frankfurter Drogenraumangebots

Im Auftrag des Drogenreferats der Stadt Frankfurt untersuchte KEMMESIES (1995) die offene Drogenszene und das Konsumraumangebot in dieser Stadt. Hinsichtlich des kurz zuvor, Ende 1994, in das Frankfurter Drogenhilfesystem aufgenommenen Konsumraumangebots ging er in einer dreimonatigen Studie der Frage nach, inwieweit es von den DrogenkonsumentInnen akzeptiert wird, die der offenen Drogenszene zugerechnet werden. Im Zentrum der Studie stehen Interviews mit insgesamt 150 DrogenkonsumentInnen. Die Erhebung wurde ergänzt um eine exemplarische Auswertung der in den Räumen geführten Besucherstatistiken über einen Zeitraum von zwei Monaten. Zentrale Resultate der Untersuchung sind:

- NutzerInnen/SzenebesucherInnen: Die Befragten sind im Durchschnitt 30,6 Jahre alt, 25 % sind Frauen. Ihr Ausbildungsniveau ist insgesamt äußerst niedrig, nur jeder zehnte verfügt über ein geregeltes Arbeitsverhältnis; 46 % sind obdachlos. Im Durchschnitt haben sie eine fast 14-jährige Erfahrung mit harten Drogen. Die große Mehrheit (89 %) sind als GewohnheitskonsumentInnen harter Drogen einzustufen, wobei das Gebrauchsverhalten der NutzerInnen der Konsumräume stärker auf Heroin ausgerichtet ist als bei den auf der Szene Befragten. Der Gesundheitszustand der Interviewten wird insgesamt als schlecht beschrieben, eine Mehrheit hat mindestens einmal eine Überdosis überlebt.
- Nutzung der Angebote: Obwohl es sie zum Zeitpunkt der Befragung noch nicht lange gab, haben 90 % die Konsumräume bereits genutzt, 75 % sogar in der letzten Woche. Pro Tag sind insgesamt über 160 Konsumakte in den Konsumräumen zu verzeichnen. Die Zahl der berichteten öffentlichen Konsumsituationen liegt jedoch etwa viermal höher. Wie intensiv eine Einrichtung genutzt wird, steht in Zusammenhang damit, wie nahe sie sich an Orten befindet, an denen intensiv Drogen gebraucht werden.
- Außenwirkung: Der Autor vertritt die Auffassung, „dass eine weitere, nachhaltig spürbare Entlastung des öffentlichen Raumes vom Konsumgeschehen wohl nur erwartbar ist, wenn das offensichtliche Missver-

hältnis von Angebotskapazitäten und Bedarfsumfang reduziert wird" (KEMMESIES 1995, 56).

2.2.4 Studie zum Frankfurter Konsumraum Niddastraße

Im Anschluss an die umfassende Untersuchung von Kemmesies war mit dem 1997 eröffneten Konsumraum *Niddastraße* eine weitere Frankfurter Einrichtung Ziel einer Untersuchung von HAPPEL et. al (1997, 2000). Sie umfasst eine Anfang 1997 durchgeführte Studie mit BesucherInnen des Konsumraums, eine Auswertung der Wochenberichte der Einrichtung sowie Gespräche mit AnwohnerInnen und Geschäftsleuten des Stadtviertels. Als wichtige Erkenntnisse aus dieser Studie sind festzuhalten:

- NutzerInnen: Die Befragten sind im Durchschnitt 31,2 Jahre alt, der Frauenanteil liegt bei etwa 26 %. Die Mehrheit wohnt in Frankfurt (63 %) oder sonst wo in Hessen (15 %). 75 % haben eine weitgehend stabile Wohnsituation, 25 % sind obdachlos. Zwei Drittel der regelmäßigen NutzerInnen sind Personen, die sich täglich mehrere Stunden auf der Szene aufhalten. Durchschnittlich sind die BesucherInnen seit 8,9 Jahren abhängig. Am meisten konsumieren sie Heroin (89 %) und Kokain (79 %). Ihren Gesundheitszustand stufen 20 % als (sehr) schlecht und 43 % als (sehr) gut ein.
- Nutzung der Angebote: Durchschnittlich suchen wöchentlich 564 verschiedene Personen den Konsumraum auf. 63 % nutzen regelmäßig bzw. häufig die Einrichtung in der Moselstraße, 81 % besuchen auch andere Räume.
- Wirkungen: Die KonsumentInnen schenken ihrem Gesundheitszustand mehr Aufmerksamkeit als früher, der Anteil der HIV-Infektionen geht zurück.
- Außenwirkung: Eine Verlagerung der offenen Szene in die Niddastraße hat nicht stattgefunden. Einzige negative Wirkung sei hin und wieder feststellbarer Abfall. Dennoch stehen die im Umfeld Befragten der Einrichtung weiterhin ambivalent gegenüber. Sie fordern eine Stabilisierung der Sicherheitslage, einige auch die Einführung der Heroinvergabe.

2.2.5 Evaluation des Hannoveraner Konsumraums „drop-in Fixpunkt"

Als erster Konsumraum in Niedersachsen wurde im Dezember 1997 der *drop-in Fixpunkt* in Hannover eröffnet, der von dem Träger STEP Han-

nover betrieben wird. In einer einjährigen Evaluation untersuchten JACOB/ROTTMANN/STÖVER (1999) Entstehung und Praxis dieses Konsumraumangebots. Zentrale Ergebnisse der Hannoveraner Untersuchung sind:
- NutzerInnen: Das Durchschnittsalter der Befragten liegt bei rund 32 Jahren; lediglich 14 % von ihnen sind Frauen. Ein Drittel bezeichnet sich als obdachlos. Heroin ist unter den NutzerInnen die am weitesten verbreitete Droge. Die meisten (84 %) der Befragten konsumieren mindestens zwei, 66 % sogar drei psychotrope Substanzen regelmäßig parallel. HeroinkonsumentInnen gebrauchen im Durchschnitt bereits seit 10 Jahren die Substanz. 14 % konsumieren auf der offenen Drogenszene, 18 % an anderen öffentlichen Orten.
- Nutzung der Angebote: Von Januar bis November 1998 wurde 9.470 mal im Fixpunkt konsumiert (rund 860 mal pro Monat). Am intensivsten werden der Cafébereich und die Drogenkonsummöglichkeit genutzt. Die BesucherInnen nehmen auch den Spritzentausch stark in Anspruch – etwa die Hälfte macht davon Gebrauch. Die übrigen Angebote werden zum Untersuchungszeitpunkt nur von einer Minderheit in Anspruch genommen. Die Befragten regen allerdings an, die Angebotspalette zu erweitern – sowohl was zugelassene Applikationsformen als auch beispielsweise Freizeitangebote und eine Ausdehnung der Öffnungszeiten angeht.
- Wirkungen: Jeder Fünfte sagt, dass sich sein Hygieneverhalten verändert habe, seit er die Räume nutze. Darüber hinaus nennen 15 % allgemeine konsumbezogene Verhaltensänderungen. In 19 Fällen konnten im Beobachtungszeitraum zudem erfolgreich Überdosierungen verhindert werden. Etwa ein Drittel hält sich mittlerweile seltener auf der Szene auf, und rund jede(r) Siebte gibt an, über den Konsumraum neue oder tiefere Kontakte zu anderen Drogenhilfeeinrichtungen aufgebaut zu haben. Aus Sicht der MitarbeiterInnen sind präventive Botschaften am besten informell und beiläufig in ruhiger Atmosphäre zu vermitteln.
- Außenwirkung: Im Untersuchungszeitraum ist es – nach Auskünften der Polizei – im Umfeld der Einrichtung weder zu einer Szenebildung noch zu sonstigen Störungen gekommen.

2.2.6 Zusammenfassung und Konsequenzen

Betrachtet man den Forschungsstand zum Thema Konsumräume, so liegt insgesamt nur wenig systematisches empirisches Wissen über deren Nut-

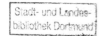

zung und Wirkungen vor. Allen genannten Untersuchungen gemeinsam ist die Beschreibung der Eigenschaften und des Nutzungsverhaltens der DrogengebraucherInnen (KonsumentInnen-Perspektive). Sie wird in der Hannoveraner und den Schweizer Studien um eine Erhebung aus der Sicht des in den untersuchten Einrichtungen tätigen Personals, also aus der MitarbeiterInnen-Perspektive, ergänzt. Obwohl erhoffte Auswirkungen auf die Umgebung der Konsumräume in allen Fällen mit für deren Schaffung verantwortlich waren, berücksichtigen nur zwei Studien ansatzweise die Umfeld-Perspektive.

Um die Auswirkungen von Konsumräumen möglichst umfassend abbilden zu können, erscheint eine Kombination aller drei genannten Perspektiven sehr wünschenswert. Dies wird in der in diesem Buch beschriebenen Studie geleistet. Sie unterscheidet sich darüber hinaus in einem weiteren wichtigen Punkt von vorigen Untersuchungen: Erstmals werden Konsumräume in zwei verschiedenen europäischen Metropolen in unterschiedlichen Ländern – Hamburg und Rotterdam – miteinander verglichen. Zudem werden die Voraussetzungen für die Schaffung eines entsprechenden Konsumraumangebots in einer dritten Stadt – Innsbruck – im Sinne einer Bedarfserhebung in die Untersuchung einbezogen. Schließlich konnten insgesamt weitaus mehr KonsumentInnen befragt werden als in vorangegangenen Studien.

Kapitel 3

Fragestellung und methodisches Vorgehen

3.1 FRAGESTELLUNGEN

Ziel der Konsumraumstudie war es, die Wirksamkeit von Konsumraumangeboten sowohl im Hinblick auf die Zielerreichung „Gesundheitsförderung" und „Schadensminimierung" als auch im Hinblick auf ihre ordnungspolitischen Regulierungseffekte zu erfassen und zu beurteilen. Mit der Evaluation von Konsumraumangeboten in den drei europäischen Metropolen Hamburg, Rotterdam und Innsbruck sollen zum einen sekundärpräventive Angebote und Tätigkeiten von Hilfeeinrichtungen mit Konsumräumen systematisch dokumentiert werden, ihre Wirkung soll bewertet und das Verhalten der sie in Anspruch nehmenden DrogenkonsumentInnen beschrieben werden. Zum anderen soll die regionale Integration von Konsumraumangeboten in das jeweilige Umfeld untersucht werden. Insgesamt hat die Studie somit das Ziel, auf breiter Datenbasis fundierte und gleichermaßen sachliche Aussagen zu den Effekten von Konsumräumen treffen zu können.

Der Untersuchung liegen drei *Hypothesen* zu den Wirkungen von Konsumräumen als Maßnahme zur Schadensbegrenzung zugrunde:

1. Das Angebot von Konsumräumen erreicht die Zielgruppe der i.v.-DrogenkonsumentInnen, die gesundheitlich riskant und öffentlich konsumieren.
2. Konsumräume führen bei dieser Zielgruppe zu positiven Veränderungen hinsichtlich eines gesundheitsbewussten Verhaltens (Verringerung des Risikoverhaltens über den Konsumakt hinaus, Nutzung weiterer Angebote im Sinne von Schadensminimierung).
3. Konsumräume als Interventionsform im Harm-Reduction-Bereich leisten im Umfeld offener Drogenszenen einen relevanten Beitrag zur Reduktion öffentlicher Belastungen.

In den einzelnen Städten waren folgende Einrichtungen an der Evaluationsstudie beteiligt:

- Hamburg (D) mit den Hilfeeinrichtungen *Drob Inn*, *Fixstern* und *Stay Alive*, die sich jeweils in drei verschiedenen Stadtvierteln befinden.

Kapitel 3

- Rotterdam (NL) mit den vier Einrichtungen *Pauluskerk, De Buren/ Keetje Tippel* einem Konsumraumangebot für weibliche Prostituierte, *Het Buurthuis* und *Moerkerkestraat*, welche speziell der Zielgruppe Obdachloser vorbehalten sind.
- Innsbruck (A) mit der Einrichtung des Kommunikationszentrums für DrogenkonsumentInnen *Komfüdro*.

Da Hilfeeinrichtungen mit integrierten Konsumräumen in komplexe soziale Prozesse und Handlungsbezüge eingebunden sind, ist das Forschungsdesign so ausgerichtet, dass den unterschiedlichen Beurteilungsperspektiven möglichst vieler Interessengruppen Rechnung getragen wird. In allen drei an der Studie beteiligten Städten wurden daher die drogenkonsumierenden NutzerInnen des Hilfeangebotes, die MitarbeiterInnen der einzelnen Einrichtungen sowie RepräsentantInnen des Umfeldes wie AnwohnerInnen, Geschäftsleute, benachbarte soziale Einrichtungen, Polizeivertreter und Stadtteilpolitiker in die Untersuchung einbezogen.

Bewertungen zur Akzeptanz, zur Umsetzung und Wirksamkeit von Konsumraumangeboten wurden dabei aus Nutzer- und MitarbeiterInnensicht festgehalten, Einschätzungen zur öffentlichen Wirksamkeit der Maßnahme wurden aus der Perspektive des Umfeldes betrachtet. Die konzeptionelle Ausgestaltung des Einrichtungsangebots, die Qualifikation und Anforderungen an die MitarbeiterInnen sowie ihre praktische Vorgehensweise gegenüber Konsumenten und öffentlichem Umfeld wurden dabei ebenfalls untersucht. Da sich in Innsbruck die Einrichtung eines Konsumraumes zum Zeitpunkt der Untersuchungsdurchführung erst in Planung befand, wurden sämtliche Befragungen in Richtung einer Bedarfsanalyse modifiziert.[7]

Dessen ungeachtet ermöglicht der mehrperspektivische Forschungsansatz, über die jeweiligen Sichtweisen von NutzerInnen und Professionellen hinaus die Problemwahrnehmung oder auch Konflikte unterschiedlicher Interessengruppen bei der praktischen Einführung von Konsumräumen zu explorieren und somit ein breiteres und realitätsnäheres Erfahrungswissen zur regionalen Bedeutung dieser Interventionsmaßnahme zu erlangen.

Das konkrete methodische Vorgehen wurde auf die unterschiedlichen Untersuchungsgruppen und das jeweilige Erkenntnisinteresse abge-

---

[7] Gegen Ende der Untersuchung wurde überdies bekannt, dass die Ergänzung des örtlichen Drogenhilfesystems durch das innovative Angebot eines Konsumraumes aufgrund kontroverser kommunalpolitischer Ansichten bis auf weiteres politisch nicht durchsetzungsfähig erscheint.

stimmt. In der Untersuchung kamen Dokumentationsanalysen, standardisierte Fragebogenerhebungen sowie leitfadenzentrierte Interviews zum Einsatz, wobei die Fragebögen wie auch die Interviewleitfäden an die jeweiligen regionalen Besonderheiten angepasst wurden.

3.2 DOKUMENTATIONSANALYSEN

Die Auswertung dokumentarischer Materialien diente dazu, das sekundärpräventive Angebot von Konsumräumen in einen Gesamtkontext einzuordnen. Zu diesem Zweck wurden vorhandene Dokumentationen herangezogen, die demographische und epidemiologische Daten enthalten und solche, die Aufschluss über die Entstehung des Konsumraumangebotes geben. Des Weiteren wurden verfügbare Materialien zur Struktur und den Konzepten der Einrichtungen sowie zur Inanspruchnahme der einzelnen Konsumräume verwendet.

Im Einzelnen wurden folgende Dokumentationsanalysen vorgenommen:
- Auswertung demographischer Daten zur Beschreibung der beteiligten Städte,
- Auswertung epidemiologischer Daten anhand vorhandener Dokumentationen in den einzelnen Städten,
- Analyse von Dokumentationen zur historischen Entwicklung der untersuchten Konsumräume,
- Auswertung der Einrichtungskonzeptionen zur Analyse von Struktur, Zielsetzung, Angeboten und Öffnungszeiten der Einrichtungen,
- Auswertung von personenbezogenen Dokumentationen und, soweit vorhanden, von Wartelisten zur Analyse der Nutzung der Einrichtungen.

3.3 QUANTITATIVE ANALYSE (DROGENKONSUMIERENDE)

Um Aufschluss über Akzeptanz und Nutzungsverhalten von Konsumräumen zu erhalten, wurden KonsumentInnen vor allem „harter" Drogen wie Heroin und Kokain in allen drei beteiligten Städten mittels standardisierter Fragebögen befragt. Durch die Befragung einer Vielzahl von Drogenkonsumierenden können Rückschlüsse auf das Nutzungsverhalten, die Nutzungsmotive und Nutzungsgewohnheiten der Konsumräume durch Angehörige der offenen Drogenszene gezogen werden.

Kapitel 3

Nach Möglichkeit wurden DrogenkonsumentInnen nicht nur in den jeweiligen Hilfeeinrichtungen, sondern auch an bekannten Plätzen der offenen Drogenszene befragt. Hierbei ist allerdings anzumerken, dass sich dieses Verfahren in den einzelnen Städten nicht immer wie beabsichtigt umsetzen ließ. Während beispielsweise in Innsbruck ein Großteil der Befragten an öffentlichen Plätzen aufgesucht wurde, stellte sich gleiches in Rotterdam als nicht praktizierbar heraus, da dort nahezu keine offene Drogenszene existiert.

Mit einem möglichst breiten Zugang zur KonsumentInnenszene wurde die Absicht verfolgt, in der Auswertung unterschiedliche Nutzungsprofile identifizieren zu können, die sich nach regelmäßigen NutzerInnen, gelegentlichen NutzerInnen und Nicht-NutzerInnen des Konsumraumangebotes differenzieren lassen.

Bevor näher auf die Untersuchungsbereiche des Fragebogens eingegangen wird, ist noch auf weitere Besonderheiten und Unterschiede der Szenebefragung in den Städten hinzuweisen.

In *Rotterdam* wurde von dem dortigen Kooperationspartner (IVO) die Szenebefragung mit dem „Rotterdams Drug Monitoring Systeem" (DMS)[8] kombiniert, das regelmäßig in zweijährigem Abstand vom Institut IVO durchgeführt wird. Die Befragung der Rotterdamer Drogenkonsumierenden war im Jahr 2000 auf die Thematik „Nutzung und Bewertung von Drogenhilfeangeboten" fokussiert. Relevante Fragestellungen der vorliegenden Studie sind in die Rotterdamer Monitoring-Erhebung integriert worden.

In *Innsbruck* wurde die Szenebefragung in Richtung einer Bedarfsanalyse für das Angebot eines Konsumraumes modifiziert, da – wie bereits erwähnt – ein solches Angebot zum Zeitpunkt der Untersuchung zwar geplant, aber noch nicht umgesetzt war.

Mit den jeweils an die regionalen Gegebenheiten angepassten Fragebögen wurden in Hamburg insgesamt 616 Drogenkonsumierende in Einrichtungen, die Konsumräume anbieten, sowie auf der offenen Drogenszene und in Innsbruck 89 DrogenkonsumentInnen auf der offenen Drogenszene

---

[8] DMS ist ein Informations- und Beobachtungssystem, mit dem kontinuierlich Daten über aktive DrogenkonsumentInnen gesammelt werden, um Trends und andere Entwicklungen der Drogenszene zu verfolgen. Im Rahmen des Monitorings werden quantitative (Fragebogenerhebung) und qualitative Forschungsmethoden (Interviews mit Schlüsselinformanten, Feldforschung) miteinander kombiniert.

befragt. In Rotterdam hatten von 213 im Rahmen des DMS befragten DrogenkonsumentInnen insgesamt 70 Befragte einen Zugangspass für einen der Rotterdamer Konsumräume. Bezogen auf die vier untersuchten Konsumräume in Rotterdam wurden insgesamt 67 KonsumraumnutzerInnen mit Zugangspass in der Datenanalyse berücksichtigt (Tabelle 3.1).

Tabelle 3.1
Erhebung der NutzerInnenperspektive

	Hamburg	Rotterdam	Innsbruck
Befragte KonsumentInnen	616	67	89

Folgende Untersuchungsbereiche haben die verwendeten Fragebögen strukturiert:
- Sozio-biografische Daten (Alter, Geschlecht, Wohn- und Arbeitssituation),
- Drogenbezogene Daten (Konsumverhalten, Konsumsorte),
- Erreichbarkeit der Zielgruppe mit den Konsumraumangeboten,
- Nutzungsgewohnheiten, Nutzungsfrequenzen und -motive bezogen auf die Konsumräume,
- Gründe für das Aufsuchen der Drogenszene und öffentlichen Drogenkonsum,
- Gründe für die Nicht-Nutzung von Konsumräumen,
- Wahrnehmung und Annahme präventiver Botschaften und Angebote der Einrichtungen,
- Veränderungen des Drogenkonsumverhaltens (Risiko-, Gesundheitsbewusstsein),
- Annahme weiterführender Hilfen.

Die Teilnahme an der Befragung war freiwillig; die Daten wurden anonym erhoben. Der Fragebogen selbst wurde bewusst so konzipiert, dass der zeitliche Aufwand für die Beantwortung der Fragen etwa 20 Minuten nicht überschreitet. Alle Fragebögen wurden nach Abschluss der Erhebung computergestützt erfasst und ausgewertet.

3.4 QUALITATIVE ANALYSE (MITARBEITERINNEN UND UMFELD)

Um eine tiefergehende Analyse der Wirksamkeit von Konsumraumangeboten durchführen zu können, wurden zusätzlich EinrichtungsmitarbeiterInnen und Personen aus dem Umfeld der Einrichtungen befragt. Hierzu wurde das qualitative Verfahren des „fokussierten Interviews" (vgl. MAYRING 1993, 46 ff) auf Grundlage eines themenzentrierten Leitfadens eingesetzt.

Mittels fokussierten und leitfadenzentrierten Interviews wurden zum einen die Wahrnehmung und Beurteilung der Wirkungen von Konsumräumen sowie weiteren sekundärpräventiven Angeboten auf DrogenkonsumentInnen und auf das Umfeld aus Sicht der MitarbeiterInnen ergründet. Zum anderen wurde das Interviewverfahren zur Befragung des Umfeldes angewandt, um Bewertungen zu den sozial- und gesundheitspolitischen Auswirkungen von Konsumraumangeboten aus der Sicht von AnwohnerInnen, Geschäftsleuten, benachbarten sozialen Einrichtungen, Polizei und StadtteilpolitikerInnen angemessen zu erfassen.

Bei den Interviews mit den MitarbeiterInnen lagen die thematischen Schwerpunkte nicht auf ihren persönlichen Einschätzungen, sondern auf ihrem Praxiswissen in der Funktion professionell Handelnder. Das Gespräch konzentrierte sich vor allem auf die Darlegung konzeptioneller und theoretischer Hintergründe der jeweiligen Einrichtung, institutionelle Strukturen und Erfahrungen mit der konkreten Alltagspraxis. Zugleich bezog sich ein Teil des Interviews auch auf Konflikte und Probleme, die aus dem Handlungsfeld resultieren und subjektiv als Belastung empfunden werden. Im Unterschied dazu waren die Umfeldinterviews so gewichtet, dass die Befragten sowohl ihrer persönlichen Betroffenheit Ausdruck verleihen konnten, als auch das Geschehen in und vor den Hilfeeinrichtungen als Repräsentanten einer bestimmten involvierten Interessengruppe thematisieren konnten. Im Mittelpunkt der Umfeldgespräche standen inhaltlich Fragestellungen zur Akzeptanz bzw. Integration der Konsumräume in den Stadtteil und zur Wahrnehmung öffentlicher Belastungen durch die Drogenszene.

Mit allen Befragten fanden keine Gruppen-, sondern Einzelinterviews statt. Für die Gespräche mit den MitarbeiterInnen und den RepräsentantInnen des Umfeldes wurden jeweils eigene Leitfäden erstellt, die folgende Themenkomplexe umfassen:

Einrichtungs- und mitarbeiterInnenbezogene Forschungsfragen:
- Konzept und Profil der Einrichtung,
- Angemessenheit der Einrichtungsausstattung im Hinblick auf personelle, räumliche und finanzielle Ressourcen,
- Auslastung der Einrichtung,

Fragestellung und methodisches Vorgehen

- Erreichen der konzeptionellen Ziele,
- Inanspruchnahme einzelner Elemente der Einrichtungsangebote,
- Art und Ausmaß von Notfällen, Umgang mit Notfällen,
- Gruppenspezifische Besonderheiten unter den NutzerInnen,
- Vermittlung und Annahme präventiver Botschaften,
- Arbeitsbelastung und Bewältigungsstrategien,
- Verhältnis zum öffentlichen Umfeld.

Umfeldbezogene Forschungsfragen:
- Betroffenheit durch die „offene" Drogenszene,
- Akzeptanz von Konsumräumen bei der Wohnbevölkerung, Geschäftsleuten, benachbarten sozialen Einrichtungen und der Polizei,
- Integration von Konsumräumen in den Stadtteil,
- Wahrnehmung von Veränderungen der Drogenszene und deren Begleiterscheinungen im Hinblick auf „Szeneansammlungen" und Beschaffungsdelikte,
- Zuschreibungen von Auswirkungen des Konsumraumangebotes auf das Umfeld,
- Einschätzung von Konsumräumen als geeignete Maßnahme zur Reduktion öffentlicher Belastungen,
- Interesse an Auseinandersetzung mit und Austausch über Geschehnisse in der Einrichtung.

In Hamburg und Rotterdam sind aus jeder der untersuchten Einrichtung jeweils zwei MitarbeiterInnen interviewt worden, wobei in Rotterdam jeweils der Projektleiter und ein „Security guard" an dem Interview teilnahmen. Zur Erfassung der Umfeldperspektive wurden in Hamburg jeweils Leitfadeninterviews mit Repräsentanten des Umfeldes durchgeführt. In Rotterdam setzen sich die Informationen zur Umfeldperspektive aus verschiedenen Quellen zusammen. Zum einen wurde die Perspektive von AnwohnerInnen und Gewerbetreibenden im Umfeld der beiden Konsumräume *Het Buurthuis* und *De Buren* evaluiert. Diese beiden Konsumraumeinrichtungen sowie die Einrichtung *Moerkerkestraat* haben zudem ein Unterstützungs- bzw. Kontrollkomitee, welche in die Untersuchung integriert worden sind.
Aufgrund der besonderen Situation in Innsbruck wurden die einrichtungs- und mitarbeiterInnenbezogenen sowie die umfeldbezogenen Fragestellungen modifiziert. Bei den MitarbeiterInnengesprächen bildeten die konzeptionellen Vorstellungen zu einem adäquaten Konsumraumangebot

und der wahrgenommene Bedarf an einer solchen Maßnahme den Themenschwerpunkt. Die Umfeldgespräche richteten sich auf Erwartungen an diese Einrichtung und mögliche Konflikte im Umfeld bei der Installierung eines Konsumraumes.
In den beteiligten Städten wurden folgende fokussierte und leitfadenzentrierte Interviews durchgeführt bzw. folgende Quellen ausgewertet (Tabelle 3.2):

Tabelle 3.2
Erhebung der MitarbeiterInnen- und Umfeldperspektive

	Hamburg	Rotterdam	Innsbruck
MitarbeiterInnen	Drob Inn Fixstern Stay Alive	Pauluskerk Het Buurthuis Moerkerkestraat De Buren/Keetje Tippel	Komfüdro
Umfeld	2 AnwohnerInnen 1 Geschäftsmann 1 benachbarte soziale Einrichtung 2 Polizeibeamte 1 Kommunalpolitiker	AnwohnerInnen Gewerbetreibende Unterstützungs- und Kontrollkomitee	1 Anwohnerin 1 Geschäftsmann 1 benachbarte soziale Einrichtung 1 Polizeibeamter

Die Interviews dauerten in der Regel ein bis zwei Stunden und wurden in den Büros der Befragten geführt. Alle Gespräche wurden auf ein Tonband aufgezeichnet und anschließend in eine „normale" Schriftsprache transkribiert, wobei die inhaltlichen Äußerungen im Vordergrund standen und aus Gründen der Anonymisierung einige Auslassungen vorgenommen wurden.
Für die Auswertung wurde die Methode der strukturierenden „qualitativen Inhaltsanalyse" (vgl. MAYRING 1993, 85 ff) gewählt. Nach dieser Methode wurde das Datenmaterial systematisch bearbeitet und schrittweise analysiert, um eine inhaltliche Struktur herauszuarbeiten. Die Themenschwerpunkte des Leitfadens lieferten dabei Einordnungskriterien, die als vorläufige theoriegestützte Kategorien den Auswertungsprozess strukturierten. Das letztlich erstellte Kategoriensystem wurde dann entlang der Interviewtexte entwickelt. Innerhalb qualitativer Analysen haben die entwickelten Kategorien eine komplementäre Funktion: Sie sind zu-

gleich Auswertungsstruktur und Ergebnis der Auswertung. Insofern stellen die Kategorien sowohl die Gliederungspunkte der inhaltlichen Datenauswertung als auch eine argumentative Ergebnisinterpretation dar. Die intersubjektive Nachvollziehbarkeit der Kategorienbildung und damit der Ergebnisauswertung wird gewährleistet, indem das Auswertungsverfahren auf Zitaten typischer Textstellen beruht.

Kapitel 4

Rahmenbedingungen der Drogenkonsumräume

Um die Rahmenbedingungen zu veranschaulichen, unter denen die untersuchten Drogenkonsumräume entwickelt wurden und derzeit bestehen, sind im folgenden einige Hintergrundinformationen zusammengestellt, die Aufschluss über die Situation der DrogenkonsumentInnen und der Drogenhilfe in den einzelnen Städten geben. Die aktuelle Drogensituation wird auf Grundlage verfügbarer epidemiologischer Daten anhand von Indikatoren wie Szeneumfang, Verbreitung von Infektionskrankheiten, Mortalität, Ausmaß der Substitution etc. aufgezeigt. Zur Einbettung von Konsumräumen in die kommunale Drogenhilfe und Drogenpolitik wird das regionale Drogenhilfesystem skizziert und anschließend die Entwicklungsprozesse bis zur Umsetzung bzw. Planung von Konsumräumen in den einzelnen Städten geschildert.

4.1 MERKMALE DER DROGENSZENEN IN DEN DREI STÄDTEN

Relevanz und Notwendigkeit von Konsumraumangeboten werden in der Regel mit Umfang und Erscheinungsbild der städtischen „offenen" Drogenszene argumentativ untermauert. Wie sich die aktuelle Drogensituation in Hamburg, Rotterdam und Innsbruck darstellt, soll nun anhand ausgewählter verfügbarer epidemiologischer Daten beschrieben werden. Aufgrund der noch wenig systematisierten und umfassenden Dokumentation epidemiologischer Daten beruhen die Angaben zur Drogensituation auf aktuellen schriftlichen und teils mündlichen Informationen, die von den örtlichen Kooperationspartnern zusammengetragen wurden.

4.1.1 Aktuelle Drogensituation in Hamburg

Hamburg zählt neben Frankfurt zu den Drogenmetropolen Deutschlands. Bedingt durch die Anonymität einer Großstadt und das große Freihafengebiet sind ein relativ leichter, unauffälliger Zugang zu illegalen Drogen sowie ein fortwährendes Angebot auf dem Drogenmarkt sichergestellt.

Rahmenbedingungen der Drogenkonsumräume

Ausgehend von den gesammelten Informationen lässt sich die Drogenszene in Hamburg wie folgt beschreiben:
- Je nach Datengrundlage wird für die *Anzahl* der Konsumierenden „harter" illegaler Drogen in Hamburg eine andere Zahl angegeben, die großen Schwankungen unterliegt. Während Schätzungen auf der Grundlage von Polizeidaten eine Zahl von etwa 7.000 bis 8.000 Drogenkonsumierenden angeben, gehen freie Träger der Drogenhilfe von 12.000 KonsumentInnen „harter" Drogen aus.
- Laut Auswertung der Hamburger Basisdatendokumentation stellt Heroin zwar nach wie vor die Hauptdroge und deren intravenöser Konsum das Hauptkonsummuster dar. Zugleich ist jedoch 1999 ein deutlicher *Drogenkonsumtrend* in Richtung einer Zunahme des Kokain- und Crack-Konsums zu verzeichnen. Vor allem jüngere Männer unter 21 Jahren scheinen in stärkerer Zahl als zuvor mit dem Konsum von Kokain und/oder Crack zu beginnen. Insgesamt gaben ein Viertel der erfassten Personen einen täglichen Kokainkonsum an, einen täglichen Crackkonsum nannten fast die Hälfte der erfassten Personen (vgl. SCHMID/SIMMEDINGER/VOGT 2000, 9).
- Gemäß Daten der Polizeilichen Kriminalstatistik wurden in Hamburg 1999 insgesamt 13.101 „Rauschgiftdelikte" registriert. In der Auswertung der Hamburger Basisdatendokumentation zeigte sich, dass zwei Drittel der männlichen und die Hälfte der weiblichen Drogenkonsumenten schon einmal und zumeist wegen Verstoßes gegen das BtMG verurteilt wurden. Allerdings dokumentiert der Bericht einen Rückgang der Vorstrafenbelastung bei ambulant betreuten Drogenkonsumierenden, der sowohl auf die Entkriminalisierungspolitik als auch auf die breit angelegte Substitutionspraxis zurückgeführt wird (vgl. SCHMID/ SIMMEDINGER/ VOGT 2000, 3; 7).
- Laut Auskunft des Referats „Gesundheit" der Hamburger Behörde für Arbeit, Gesundheit und Soziales wurden über die Einrichtungen der Drogenhilfe im Jahr 1999 insgesamt 2,5 Millionen *sterile Spritzbestecke* ausgegeben. Diese Mengenangabe schließt nicht den Verkauf von Spritzbestecken über Apotheken ein. Zu bemerken ist, dass sich die Anzahl der in Hilfeeinrichtungen ausgegebenen Spritzen in den letzten drei Jahren fast um eine halbe Millionen reduziert hat. Der Rückgang der Spritzentauschrate wird mit folgenden Einflussfaktoren erklärt: der Verdoppelung der Substituiertenzahlen in den letzten Jahren, der Änderung von Konsumgewohnheiten und der Einführung von Spritzentauschprogrammen im benachbarten Bundesland Schleswig-Holstein.

Kapitel 4

- Die Auswertung der Basisdatendokumentation im Hamburger ambulanten Suchthilfesystem belegt, dass im Jahr 1999 von den ambulant betreuten Drogenkonsumierenden 9 % von einer HIV-Infektion und mehr als 70 % von einer Infektion mit Hepatitis C betroffen waren (vgl. SCHMID/SIMMEDINGER/VOGT 2000, 2). Für die Patienten der Entzugsstationen im Allgemeinen Krankenhaus Ochsenzoll liegen detaillierte Angaben zur Verbreitung viraler Infektionen mit Hepatitis vor. Demnach waren von den 2.439 Konsumierenden illegaler Drogen, die sich im Jahr 1999 einer stationären Entgiftung unterzogen, 4 % mit Hepatitis A, 59 % mit Hepatitis B und 73 % mit Hepatitis C infiziert.
- Eine *Substitutionsbehandlung* wird in Hamburg seit 1990 mit einer beständig steigenden Anzahl an Patienten praktiziert. Nach den Ergebnissen einer Umfrage des Bundesausschusses der Ärzte und Krankenkassen hat sich die Zahl der Substituierten in Hamburg seit Änderung der Substitutionsrichtlinien (vom 18. Juni 1999) verdoppelt. Aktuell werden in Hamburg insgesamt 4.500 Patienten von 127 für die Substitution zugelassenen Ärzten in freier Praxis und drei Drogenambulanzen substituiert.
- Die Entwicklung der Hamburger *Mortalitätsraten* zeigt, dass seit 1991 ein kontinuierlicher Rückgang an Drogentodesfällen von ca. 180 auf ca. 100 Drogentoten im Jahr 2000 zu verzeichnen ist. Der Frauenanteil an den Drogentoten schwankt zwischen 20 % und 30 %. Das Durchschnittalter zum Todeszeitpunkt ist von durchschnittlich 29 im Jahr 1990 auf etwa 32 Jahre in den letzten drei Jahren gestiegen. Differenziert nach Todesarten lässt sich für den Zeitraum von 1990-1998 eine Verringerung tödlicher Intoxikationen beobachten, so dass Überdosierungen 70 % der Todesfälle ausmachen. Suizide und Unfälle machen ca. 16 % der Todesfälle aus, und etwa 9 % sind auf Drogenfolgeerkrankungen zurückzuführen (RASCHKE/PÜSCHEL/HEINEMANN 2000). Anzumerken ist, dass mit bundesweit 1.812 polizeilich registrierten Drogentoten im Jahr 1999 und 2.023 Drogentoten im Jahr 2000 die Zahl der Drogentoten gegenüber den Vorjahren im Bundesgebiet angestiegen ist.

4.1.2 Aktuelle Drogensituation in Rotterdam

Die angegebenen epidemiologischen Daten beruhen weitgehend auf Prävalenzstudien und Beobachtungen durch das Drug Monitoring System. Bei der Darstellung der Drogensituation in Rotterdam ist zu berücksichti-

gen, dass wenig aktuelle epidemiologische Daten für das Jahr 2000 vorliegen.
- Basierend auf Behandlungsdaten aus dem Jahre 1994 haben SMIT et al. (1997) die *Zahl* der OpiatkonsumentInnen in Rotterdam auf 3.565 bis 3.769 geschätzt. Dabei werden Personen zwischen 15 und 64 Jahren berücksichtigt, da die Autoren davon ausgehen, dass 99 % der OpiatkonsumentInnen zu dieser Altersgruppe gehören. Gegenwärtig wird geschätzt, dass es in Rotterdam etwa 4.000 KonsumentInnen harter Drogen mit chronischem und problematischem Konsum gibt. Fast alle konsumieren Heroin und Kokain.
- Informationen zu den *Drogenkonsumtrends* in der Rotterdamer Drogenszene basieren hauptsächlich auf DMS-Untersuchungsmaterial (vgl. LEMPEMS et al. 1999). Laut DMS sind zum ersten Mal in ihrer Forschungsgeschichte mehr KokainkonsumentInnen als HeroinkonsumentInnen festgestellt worden. Fast 90 % der Befragten konsumierten Kokain im Laufe des letzten Monats, während 84 % (auch) Heroin konsumierten. 74 % der KonsumentInnen kombinierten diese beiden Drogen. Sowohl Heroin als auch Kokain werden von der Mehrzahl der KonsumentInnen geraucht. Auffallend ist zudem, dass sich der Anteil der KonsumentInnen, die Drogen intravenös konsumieren, von 40 % im Jahr 1995 auf knapp 28 % in 1998 reduziert hat.
- In Rotterdam existieren keine offiziellen Berichte über die Anzahl *getauschter Spritzen*. Nach Auskunft der Gesundheitsbehörde der Gemeinde Rotterdam wurden in den ersten neun Monaten des Jahres 2000 insgesamt 338.400 sterile Spritzen von Drogeneinrichtungen bestellt.
- Zur *Verbreitung viraler Infektionen* unter den Drogenkonsumierenden liegen Daten aus einer Studie zu den HIV-Risiken unter DrogenkonsumentInnen in den Niederlanden aus dem Jahr 1997 vor (vgl. BERNS et al. 1997). Den Untersuchungsergebnissen zufolge waren 9,4 % der 468 in Rotterdam befragten i.v.-DrogenkonsumentInnen HIV-positiv. Im Vergleich mit dem Anteil von 11,4 % HIV-infizierter DrogenkonsumentInnen aus dem Jahr 1994 weisen die 1997 festgestellten Seroprävalenzen keine signifikanten Differenzen auf.
- Nach den Angaben des Municipal Health Service haben im Jahr 1999 etwa 1.200 bis 2.000 Drogenkonsumierende eines der Rotterdamer *Methadonprogramme* in Anspruch genommen (FACTSHEET 1999).

Abschließend ist darauf hinzuweisen, dass in Rotterdam keine zuverlässigen Daten zu den Kriminalisierungserfahrungen, der Prävalenz von Hepatitis-Infektionen und den Mortalitätsraten verfügbar sind.

Kapitel 4

4.1.3 Aktuelle Drogensituation in Innsbruck

Die geographische Lage des Bundeslandes Tirol in unmittelbarer Nähe zu den Nachbarländern Italien und Deutschland bringt es mit sich, dass Tirol neben Vorarlberg und Wien zu den Drogenhochburgen Österreichs zählt. Bezogen auf die Verbreitung und Begleiterscheinungen des illegalen Drogenkonsums in Tirol und Innsbruck liegen folgende Daten vor (zur epidemiologischen Situation in Gesamtösterreich vgl. Österreichisches Bundesinstitut für Gesundheitswesen 1999).

- Unter Berücksichtigung dessen, dass es kaum verlässliche Daten zur *Anzahl* der Drogenabhängigen in Tirol gibt, gehen Schätzungen von 1.500-3.000 Abhängigen in Tirol aus. Für Gesamtösterreich wird die Zahl der Drogenabhängigen auf 10.000-15.000 geschätzt.
- Unter den Drogenkonsumierenden in Tirol scheinen *Kriminalisierungserfahrungen* weit verbreitet zu sein. Laut Angaben des ÖBIG-Drogenberichtes von 1999 wurden in Tirol im Jahr 1998 insgesamt 2.212 und im Jahr 1999 insgesamt 2.149 Anzeigen wegen Verstoßes gegen das österreichische Suchtgiftgesetz registriert. Zu bemerken ist, dass in Tirol 1998 allein 88 % der Anzeigen im Zusammenhang mit THC-haltigen Substanzen wie Haschisch und Marihuana erfolgten. Von allen Anzeigen in Tirol waren 1998 zu über 82 % männliche Drogenkonsumenten betroffen.
- In Innsbruck weisen alle Abgabestellen für *sterile Spritzbestecke* hohe und teils jährlich steigende Nutzungsraten auf. An den drei in Innsbruck aufgestellten Spritzenautomaten, die von der Aidshilfe Tirol betreut werden, wurden 1999 insgesamt 25.084 Spritzbestecke verkauft (1997: 23.748 Sets; 1998: 25.694 Sets). Die Innsbrucker Innenstadt-Apotheken haben laut einer Umfrage im Jahr 1998 ca. 30.000 Spritzbestecke verkauft. Von der Innsbrucker Anlaufstelle *Komfüdro* wurden im Jahr 1997 insgesamt 20.000 Spritzensets, im Jahr 1999 jedoch mit insgesamt 42.000 Spritzensets mehr als doppelt so viele Spritzbestecke abgegeben. Dass die jährlichen Steigerungsraten bei der Spritzenvergabe in der Einrichtung *Komfüdro* nur geringe Auswirkungen auf die (sinkende) Nutzung der Spritzenautomaten haben, zeigt, dass die Drogenkonsumierenden in Innsbruck nach wie vor die Möglichkeit des Erwerbs steriler Spritzbestecke stark in Anspruch nehmen.
- Zur *Verbreitung viraler Infektionen* mit Hepatitis und HIV unter den Drogenkonsumierenden liegen nur begrenzt aussagefähige Daten vor. Die vorhandenen Daten stammen aus aktuellen Schätzungen und Un-

tersuchungen der Drogenambulanz an der Universitätsklinik Innsbruck und beziehen sich ausschließlich auf die dort Substituierten. Von den PatientInnen der Drogenambulanz sind 20 % mit Hepatitis-B und 85 % mit Hepatitis-C infiziert. Zur Verbreitung von HIV-Infektionen unter den Substituierten wird angegeben, dass 16 % der substituierten Frauen und 10 % der substituierten Männer HIV positiv sind.

- Die *Substitutionsbehandlung* wird in Tirol neben einigen wenigen niedergelassenen ÄrztInnen vorwiegend von der Drogenambulanz der Universitätsklinik Innsbruck als zentrale Stelle durchgeführt. Bei einer Erhaltungssubstitution müssen die Amtsärzte der einzelnen Tiroler Bezirke die Dauerbehandlung genehmigen. Gleichwohl sich die Substitutionspraxis in Österreich in den letzten Jahren stark ausdifferenziert hat, werden systematische Datensammlungen über die Gruppe der Substituierten kaum vorgenommen. Einzig im Bezirk Innsbruck Stadt sind verlässliche Zahlen über Substituierte verfügbar. Demzufolge befanden sich in dem Zeitraum vom 1. Mai bis 30. Juni 2000 239 Personen in Substitutionsbehandlung, einschließlich 25 Insassen in der Justizanstalt Innsbruck, die mit Methadon substituiert werden können.
- Differenziert nach Substanzen wurden die Substituierten im Bezirk Innsbruck Stadt mit folgenden Substitutionsmitteln behandelt: 47 % mit Methadon, 36 % mit Morphinpräparaten (etwa Substitol®, Kapanol®, Mundidol®), 9 % mit Buprenorphin und der Rest mit Codeinpräparaten. Insgesamt zeigt die Verteilung, dass in Innsbruck nahezu die Hälfte der PatientInnen mit Methadon substituiert wird und es nach wie vor als Substitutionsmittel der ersten Wahl eingesetzt wird. Zugleich hat sich in Innsbruck – zumindest was den Einsatz unterschiedlicher Substanzen betrifft – eine zunehmend diversifizierte Substitutionspraxis entwickelt.
- Im Hinblick auf die *Mortalität* von Drogenkonsumierenden ist in Gesamtösterreich ein stetiger Rückgang drogenbedingter Todesfälle seit Mitte der 90er Jahre von 241 Drogentoten im Jahr 1995 auf 174 Drogentote im Jahr 1999 zu beobachten. In Tirol nahm die Mortalität von DrogenkonsumentInnen zwischen 1995 bis 1997 zwar ebenfalls von 23 auf 15 Todesfälle jährlich ab, stieg im Jahr 1998 jedoch wieder auf 18 Drogentote an. Aufgeschlüsselt nach Todesursachen ergibt sich bei den 18 Drogenopfern in Tirol von 1998 folgendes Bild: neun Todesfälle aufgrund einer Mischintoxikation mit illegalen Drogen, vier Todesfälle infolge einer AIDS-Erkrankung, jeweils zwei Todesfälle aufgrund einer Intoxikation mit illegalen Drogen bzw. aus unbekannten Gründen und ein Todesfall durch eine (Misch-)Intoxikation mit legalen Drogen.

Kapitel 4

Fazit: Bei den verfügbaren epidemiologischen Daten ist zu beachten, dass zu einzelnen epidemiologischen Aspekten mitunter entweder lediglich Daten aus Beratungs- und Behandlungseinrichtungen vorliegen oder Angaben auf Schätzungen beruhen. Unter Berücksichtigung der genannten Einschränkungen lassen sich folgende Tendenzen in den drei untersuchten städtischen Drogenszenen erkennen:

Von den drei Metropolen ist Hamburg die Stadt mit der größten Anzahl an KonsumentInnen „harter" Drogen (ca. 12.000), gefolgt von Rotterdam (ca. 4.000) und schließlich Innsbruck (ca. 1.500). Betrachtet man hingegen die geschätzte Zahl der DrogenkonsumentInnen pro 100.000 Einwohner, so erreicht Innsbruck mit 11,5 KonsumentInnen den höchsten Wert, gefolgt von Hamburg mit 7,0 und Rotterdam mit nur 3,3.

In den Drogenszenen der drei untersuchten europäischen Städte nimmt Heroin nach wie vor den ersten Rang der am häufigsten konsumierten Drogen ein. Unter den Hamburger und Rotterdamer KonsumentInnen ist darüber hinaus ein deutlicher Trend zu einem verstärktem Konsum von Kokain zu beobachten. Weiterhin hat sich in Rotterdam der Anteil an Konsumierenden, die Drogen intravenös injizieren, in den letzten Jahren signifikant verringert. Während in Hamburg ein starker Rückgang der Spritzentauschrate zu verzeichnen ist, weist Innsbruck jährliche Steigerungsraten bei der Spritzenvergabe auf. Bezogen auf die Verbreitung von Infektionen mit HIV und Hepatitis sind zwischen den drei Metropolen keine auffälligen Unterschiede festzustellen. Ebenso wie die Zahl der HIV-infizierten DrogenkonsumentInnen mit etwa 10 % annähernd stabil zu sein scheint, ist die Zahl der mit Hepatitis C Infizierten anhaltend hoch und liegt bei über 70 %. Weiterhin zeigen sich in Hamburg und Innsbruck ein kontinuierlicher Rückgang an Drogentodesfällen und eine Verringerung tödlicher Intoxikationen.

4.2 DROGENHILFEANGEBOTE IN DEN STÄDTEN

Konsumraumangebote tragen zur Diversifizierung und Pluralisierung des Drogenhilfespektrums für KonsumentInnen illegaler Drogen bei. In den europäischen Ländern, in denen Konsumräume etabliert wurden, stellt dieses sekundär-präventive Angebot einen integralen Bestandteil des ambulanten Hilfesystems dar. In der Regel sind die Konsumräume niedrigschwelligen Einrichtungen angegliedert, die zwecks weiterführender Interventionen mit anderen vorhandenen regionalen Hilfeeinrichtungen kooperieren. Um einen Einblick in das Gesamthilfesystem der untersuchten Städte zu gewähren, werden im folgenden die Angebotsschwerpunkte in der jeweiligen städtischen Drogenhilfe beschrieben.

4.2.1 Hamburg: Angebotsschwerpunkte in der Drogenhilfe

Die Stadt Hamburg verfügt über ein dichtes und differenziertes Beratungs- und Behandlungssystem für Konsumierende illegaler Drogen. In jedem der sieben Stadtbezirke existiert mindestens eine Beratungsstelle. Zudem besteht ein breites Spektrum an Angeboten für spezifische Zielgruppen wie drogengebrauchende Frauen, Jugendliche, Ausländer und Angehörige sowie für spezifische Problemlagen wie Obdachlosigkeit, Polytoxikomanie und Begleiterkrankungen (vgl. ausführlich dazu: FREIE UND HANSESTADT HAMBURG 1999).

Niedrigschwellige akzeptanzorientierte Hilfeeinrichtungen wurden in Hamburg in dem Zeitraum zwischen 1987 bis 1995 entwickelt und verstärkt umgesetzt. Innerhalb weniger Jahre entwickelte sich ein breites Angebot durch eine Vielzahl von Einrichtungen. Derzeit gibt es im Bereich der ambulanten Drogenhilfe insgesamt 19 Kontakt- und Beratungsstellen, von denen acht Einrichtungen auch über einen Konsumraum verfügen. In den Konsumräumen, von denen einer speziell für drogenabhängige, sich prostituierende Frauen konzipiert ist, stehen insgesamt 53-55 Konsumplätze zur Verfügung. Bei einer durchschnittlichen Aufenthaltsdauer im Konsumraum von 20 Minuten können täglich etwa 1.100 Konsumvorgänge durchgeführt werden.

Die insgesamt verfügbaren Kontakt- und Beratungsstellen sind über das gesamte Stadtgebiet verteilt und werden von gemeinnützigen Vereinen betrieben. Zu den Hilfeträgern gehören der Freiraum e. V. (mit den Einrichtungen *Fixstern, Abrigado, Drug Mobil*), die Jugendhilfe e. V. (*Drob Inn, Stay Alive*), der Jugend hilft Jugend e. V. (*Kodrobs-Altona, Kodrobs-Bergedorf, Kodrobs-Süderelbe*) und die Drogenhilfe Eimsbüttel e. V. (*Café Drei*). Spezifische Angebote für drogenkonsumierende Frauen unterhalten die Träger Frauenperspektiven e. V. und Ragazza e. V.

In den genannten Einrichtungen arbeiten insgesamt etwa 110 Fachkräfte und zusätzlich Honorarkräfte. Entsprechend den Leistungsvereinbarungen mit der Fachbehörde bieten sie folgendes Leistungsspektrum an: Überlebenshilfeangebote inklusive Wundversorgung, Erstberatung, Suchtberatung, Suchtbegleitung, Therapievorbereitung und -vermittlung, ambulante Therapie, psychosoziale Betreuung und Angehörigenberatung. Deutlich wird, dass in den Einrichtungen gleichermaßen akzeptanzorientierte Überlebenshilfen und ausstiegsorientierte Beratungen bzw. Weitervermittlungen zum Hilfeansatz gehören. Während die meisten Einrichtungen täglich von etwa 50 bis 80 Drogenkonsumierenden aufgesucht werden, sind es in den Stadtteilen mit verschärfter Drogenproblematik etwa 100 bis zeitweilig sogar 150 Konsumierende, die täglich dort ansässige Einrichtungen aufsuchen.

Zur Qualitätssicherung wird seit 1997 eine einheitliche Datendokumentation und -auswertung des ambulanten Suchthilfesystems durchgeführt, an der sich die Mehrheit der Kontakt- und Beratungsstellen für Drogenabhängige beteiligt (vgl. SCHMID/SIMMEDINGER/VOGT 2000).

Neben dem Angebot an regelmäßigen ärztlichen Beratungen in einigen Kontakt -und Beratungsstellen (z. B. *Drob Inn*) stehen medizinische Hilfen in den drei ärztlich geleiteten Drogenambulanzen zur Verfügung, die sich in den Stadtteilen Altona, Eilbek und Harburg befinden. In den Drogenambulanzen werden sowohl ambulante Entgiftungsbehandlungen als auch Substitutionsbehandlungen mit Methadon durchgeführt. Etwa ein Drittel der insgesamt ca. 4.500 Substituierten in Hamburg erhält lediglich eine Überbrückungssubstitution bis zum Antritt einer Abstinenztherapie. Bei den verbleibenden Substituierten handelt es sich um eine Langzeitsubstitution, die mit einer psychosozialen Betreuung zur beruflichen und sozialen Rehabilitation gekoppelt ist. Für die differenzierte psychosoziale oder sozialtherapeutische Begleitbetreuung sind insgesamt 70 Fachkräfte vorhanden. Die psychosoziale Betreuung wird von insgesamt 12 Einrichtungen in verschiedenen Regionen Hamburgs angeboten.

Stationäre und qualifizierte Entgiftungsbehandlungen werden hauptsächlich in den vier Entzugsstationen des Allgemeinen Krankenhauses Nord-Ochsenzoll durchgeführt. Die vier Stationen verfügen insgesamt über 60 Plätze, wobei jede Entzugsstation für spezifische Zielgruppen konzipiert ist: Für Drogenabhängige zur Therapievorbereitung, für multifaktoriell verelendete Drogenabhängige, für minderjährige und schwangere Anhängige sowie für komorbide Abhängige. Eine ambulante Entgiftung wird von der Einrichtung „Viva Rahlstedt" angeboten, die mit 15 Plätzen ausgestattet ist. Im Umland der Stadt Hamburg existiert zudem noch eine Fachklinik, in der ebenfalls eine Entzugsbehandlung unterstützt durch Akupunktur durchgeführt wird.

Neben den genannten Hilfeangeboten liegt ein Schwerpunkt der Hamburger Drogenhilfe auf der Förderung von Maßnahmen zur beruflichen Wiedereingliederung. Zu diesem Zweck sind Kooperationen mit Trägern der

Drogenhilfe ausgebaut und weitere Beschäftigungsmöglichkeiten und Praktikumplätze geschaffen worden. Darüber hinaus wurde das Projekt „Ambulante Ganztagsbetreuung" des Vereins Jugend hilft Jugend e. V. Anfang 1998 umstrukturiert und ist seither für die Akquisition von Beschäftigungsmöglichkeiten für Drogenabhängige zuständig. Im gleichen Jahr wurde außerdem das Projekt „Workstart" der Therapiehilfe e. V. installiert, um ehemals Drogenabhängigen und Substituierten Qualifizierungsmaßnahmen und Möglichkeiten der Arbeitserprobung zur Verfügung zu stellen.

Für die Zielgruppe obdachloser oder in instabilen Wohnverhältnissen lebender DrogenkonsumentInnen existiert in Hamburg nicht nur ein Regelangebot an Notunterkünften, sondern zudem eine Reihe betreuter Übernachtungs- und Übergangseinrichtungen. Allein im Stadtteil St. Georg gibt es vier betreute Übernachtungseinrichtungen für Drogenkonsumierende (ReAlex, NOX, Friedenspfeife, Café Sperrgebiet). Zur Vorbereitung auf eine Drogentherapie oder zur sozialen Orientierung bestehen weitere sechs Einrichtungen, die Krisenwohnungen sowie sozialtherapeutische Wohngemeinschaften bereitstellen. Alle zehn Einrichtungen verfügen zusammen über 182 Wohnplätze.

Über die bereits genannten therapeutischen Einrichtungen hinaus sind noch weitere stationäre und teilstationäre Therapieeinrichtungen in Hamburg vorhanden. Für drogenabhängige Frauen und Männer bietet der Träger Jugend hilft Jugend e. V. drei verschiedene Therapieangebote an, die jeweils auf maximal zehn Monate begrenzt sind: Eine Drogentherapie in einer sozialtherapeutischen Wohngemeinschaft mit 8-10 Plätzen, eine teilstationäre Therapie sowie eine Therapie für Drogenkonsumierende mit Kindern mit jeweils acht Plätzen für Erwachsene und Kinder. Zwei weitere Hilfeträger führen eine 6-8 Monate dauernde stationäre Kurzzeittherapie durch, wobei einer der Hilfeträger (Jugendhilfe e. V.) zudem eine ambulante Therapie für Therapieerfahrene und der andere Hilfeträger (Steps) zusätzlich eine Akupunkturbehandlung anbietet. Speziell für drogenabhängige Frauen existiert zudem eine stationäre Langzeittherapie mit 11 Plätzen bei dem Träger Frauenperspektiven e. V.

Ein weiterer Schwerpunkt des Hilfesystems besteht in spezifischen Angeboten für suchtgefährdete Kinder und Jugendliche. Dazu gehören beispielsweise die Beratungseinrichtung „Iglu" der Palette e. V. für Kinder aus Familien mit Drogenproblemen und die Einrichtung „Kajal" der Frauenperspektiven e. V. für suchtgefährdete und drogengebrauchende Mädchen. Zudem existiert für obdachlose und sich prostituierende drogengebrauchende junge Frauen das „Café Sperrgebiet" des Diakonischen Werkes. Die Einrichtung betreibt nicht nur eine Kontakt- und Beratungsstelle, sondern auch eine Übernachtungsstätte und ein Nachtcafé. Abgesehen von dem beschriebenen differenzierten und breiten Angebotsspektrum der Drogenhilfe bemüht sich die zuständige Fachbehörde in Hamburg um die Implementierung innovativer Hilfeansätze. Zu nennen sind hier insbesondere das Modellprojekt zur heroingestützten Behandlung sowie die Ausweitung von Akupunktur im Rahmen medizinischer und therapeutischer Interventionen.

4.2.2 Rotterdam: Angebotsschwerpunkte in der Drogenhilfe

Die Angaben zu den Schwerpunkten der Rotterdamer Drogenhilfe basieren weitgehend auf Informationen des „Municipal Health Service Rotterdam" (1998, 1999).
1995 stimmte das Komitee für Gesundheit und Soziales der Rahmenstruktur für Suchtbehandlung (Framework Addiction Care and Treatment) zu. In diesem Memorandum wurde die örtliche Suchtbehandlungspolitik niedergelegt. Die Ziele der Suchtbehandlungspolitik der Gemeinde sind darin wie folgt formuliert:
- Vorbeugung oder Minderung von Schaden verursacht durch Alkohol, Drogen und Glücksspiel im Hinblick auf die öffentliche Gesundheit sowie die öffentliche Ordnung und Sicherheit.
- Bereithalten eines Sicherheitsnetzes für KonsumentInnen, die (noch) nicht in regelmäßiger Behandlung sind.

Die Drogen- und Suchtkrankenhilfe in Rotterdam ist seit Januar 2000 einer einzigen Organisation, dem Boumanhuis, unterstellt. Boumanhuis ist sowohl für die stationäre als auch für die ambulante Suchtkrankenhilfe zuständig. Der Municipal Health Service Rotterdam (MHS) unterstützt die *Pauluskerk*, das *Centrum voor Dienstverlening* (Dienstleistungszentrum: Obdach rund um die Uhr, Drogenkonsumraum, Sozialarbeit) und den *Rotterdamse Junkiebond*.
Menschen, die zum Drogenkonsum entschlossen sind, werden vom MHS zur Vorsicht und Mäßigung angehalten („sicherer Konsum"). Für Risikogruppen wie z. B. Jugendliche, die Coffeeshops aufsuchen oder die Raveveranstaltungen besuchen, werden spezielle Präventionsprogramme angeboten. Bei diesen Präventionsveranstaltungen werden sachliche Informationen zum Drogenkonsum und zur Risikominderung vermittelt. Zudem werden Risiken durch strenge Regelungen weiter eingegrenzt, an die sich

Tanzveranstalter und Coffeeshops halten müssen. So muss beispielsweise bei Tanzveranstaltungen ein Erste-Hilfe-Raum vorhanden sein, und Coffeeshops dürfen prinzipiell keine harten Drogen, Alkohol und kein Cannabis an Jugendliche unter 18 Jahren verkaufen.

Ein weiterer Schwerpunkt der Drogenhilfe besteht in der Motivierung von ausstiegswilligen KonsumentInnen. Dazu gibt es sogenannte Motivations-Programme, die jährlich 200 Drogenkonsumenten erreichen. Eine gleich hohe Anzahl an KonsumentInnen begibt sich auch in eine Abstinenzbehandlung.

Ein Großteil der KonsumentInnen mit einem problematischen Drogengebrauch kann jedoch nicht für eine Abstinenzbehandlung motiviert werden. Für diese DrogenkonsumentInnen stehen niedrigschwellige Methadonprogramme zur Verfügung. Die Anzahl der Methadonplätze in Rotterdam beträgt ca. 1.200, die auf sechs Ausgabestellen verteilt sind. Die Methadonprogramme erreichen jährlich über 2.000 unterschiedliche KonsumentInnen harter Drogen. Hauptziel der Methadonprogramme ist die Schadensreduzierung. Um die Rehabilitation zu fördern, sind die Methadonprogramme eng mit Wohnprojekten, Arbeitsprojekten und Projekten zur Förderung der sozialen Fähigkeiten verbunden.

Niedrigschwellige Einrichtungen bieten Schutz- und Drogenkonsumräume an, wobei der Drogenkonsum in Schutzräumen verboten, in Drogenkonsumräumen erlaubt ist. Prinzipiell wurden diese Räume mit dem Ziel eingerichtet, zu schwer erreichbaren DrogenkonsumentInnen Zugang zu finden und Infektionskrankheiten vorzubeugen. Neben der Gesundheitsförderung stellen auch die öffentliche Ordnung und Sicherheit wesentliche Gründe für die Einrichtung von Schutzräumen dar. Schutzräume werden also insgesamt deshalb eingerichtet, um eine gesündere und sicherere Stadt zu schaffen. Üblicherweise werden Schutzräume daher in enger Absprache mit AnwohnerInnen in dem Umfeld eingerichtet, wo sich Belästigungen durch die Drogenszene als ein großes Problem erweisen.

Neue Ansätze in der Rotterdamer Drogenpolitik wie z. B. „Safe & Clean", das Kokainprojekt und die Heroinverschreibung werden zur Zeit wissenschaftlich ausgewertet. Diese Programme richten sich an diejenigen DrogenkonsumentInnen, die als besonders problematisch und marginalisiert gelten. Im Rahmen von „Safe & Clean" werden Möglichkeiten geprüft, wie sich eine ausgewogene Drogenpolitik durch Maßnahmen wie die Einrichtung von Unterkünften und Drogenkonsumräumen sowie Interventionen bei der Drogenbeschaffung entwickeln lässt. Ziel ist die Verbesserung des Gesundheitszustandes von DrogenkonsumentInnen und

Kapitel 4

der Lebensqualität in der Nachbarschaft. Es wird zudem versucht, Kokain- und CrackkonsumentInnen in das Kokainprojekt zu integrieren. Im Rahmen dieses Projektes ist Selbstregulierung eines der Hauptziele des Programms. Zur Heroinverschreibung an chronische, therapieresistente Heroinabhängige läuft seit Mitte 1998 eine Klinische Studie, die als Pilotuntersuchung zunächst in Amsterdam und Rotterdam durchgeführt und im Jahr darauf auf vier weitere Städte ausgeweitet wurde. Angeboten werden im Rahmen der Studie sowohl injizierbares als auch inhalierbares Heroin.

4.2.3 Innsbruck: Angebotsschwerpunkte in der Drogenhilfe

Niedrigschwellige Anlaufstellen haben sich in Österreich zuerst in den Bundesländern Vorarlberg, Wien und Tirol etabliert. In machen anderen Bundesländern gibt es bis heute noch keine Anlaufstellen mit Angeboten zum Spritzentausch bzw. -kauf. Auch in einigen Bezirken Tirols existieren bislang keine Spritzentauschprogramme z. B. über Automaten. Ein Großteil der Tiroler Sozial- und Beratungseinrichtungen befindet sich in Innsbruck. Ausschließlich in Innsbruck sind auch niedrigschwellige Hilfseinrichtungen vorhanden.

Zu den bestehenden niedrigschwelligen Einrichtungen gehören das Kommunikationszentrum für DrogenkonsumentInnen *Komfüdro*, eine Notschlafstelle für Drogenabhängige, eine Einrichtung, die Tagesarbeitsplätze zur beruflichen Integration anbietet, sowie die Aidshilfe Tirol. Die Notschlafstelle für Drogenabhängige *Mentlvilla* richtet sich an Wohnungslose und langjährig Abhängige von Heroin oder Tabletten und bietet 12 Personen eine vorrübergehende Aufnahme zur Krisenintervention oder einen Aufenthalt bis zu mehreren Monaten. In der Notschlafstelle wird der Konsum illegaler Drogen durch die BewohnerInnen toleriert. Darüber hinaus steht der Zielgruppe das Angebot des ambulanten betreuten Wohnens zur Verfügung. In der Einrichtung „brakadabra" können bis zu acht DrogenkonsumentInnen täglich vier bis fünf Stunden Versand- und Falztätigkeiten verrichten und dadurch im Monat etwa bis zu 560 DM verdienen. Die Aidshilfe bietet im wesentlichen Hilfestellung und Unterstützung bei sozialen, rechtlichen und finanziellen Problemen an. Zudem werden alle drei Spritzenautomaten der Stadt von der Aidshilfe betrieben.

In Innsbruck bestehen derzeit drei Beratungsstellen, die sich sowohl an die Zielgruppe der Abhängigen von illegalen als auch von legalen Drogen wenden. Neben der Drogenberatungsstelle des Landes Tirol für Alkohol-

und Drogenabhängige existieren zwei weitere Beratungsstellen in privater Trägerschaft. Die Sozialberatungsstelle B.I.T. (Beratung, Integration, Toleranz) bietet psychologische Beratung, Suchttherapie, Krisenintervention und Begleitung bei Suchtproblemen an. Für Alkohol- und Medikamentenabhängige und deren Angehörige stellt die Einrichtung B.I.N. (Beratung, Information, Nachsorge) Beratungs-, Therapievorbereitungs- und Nachbetreuungsangebote zur Verfügung.
Einen wichtigen Schwerpunkt des Innsbrucker Hilfesystems bilden Substitutions- und Entzugsbehandlungen. Substitutionsbehandlungen werden in der Drogenambulanz der Universitätsklinik Innsbruck durchgeführt. Auch wenn dort vornehmlich Methadon als erstes Mittel der Wahl gilt, werden inzwischen zunehmend unterschiedliche Substitutionsmedikamente in der Behandlung eingesetzt. Für den stationären Entzug stehen 12 Plätze in der Entzugsstation des Psychiatrischen Krankenhauses Hall zur Verfügung. Die Entzugsstation ist insbesondere für polytoxikomane KonsumentInnen und Opiatabhängige konzipiert.
Eine stationäre Abstinenztherapie wird in Innsbruck von dem Verein KIT (Kontakt, Information, Therapie) angeboten. Die Einrichtung verfügt über 25 Therapieplätze in zwei Häusern, in der eine 18-monatige Langzeittherapie absolviert werden kann. Darüber hinaus besteht über den Verein Drogentherapie in Tirol die Möglichkeit zu einer sechsmonatigen Kurzzeittherapie.

4.3 VORGESCHICHTE UND IMPLEMENTATION DER UNTERSUCHTEN KONSUMRÄUME

In allen drei europäischen Städten Hamburg, Rotterdam und Innsbruck gingen der Umsetzung bzw. Planung von Konsumraumangeboten über Jahre andauernde Auseinandersetzungen voraus, in denen unterschiedliche Interessenlagen von Drogenhilfeeinrichtungen, StadtteilbewohnerInnen und der Kommunalpolitik gegeneinander abgewogen wurden. Letztendlich ist die Implementierung von Konsumräumen auf die wiederholten Forderungen der Drogenhilfe einerseits und anhaltende Belastungen im Stadtteil durch die offene Drogenszene mit ihren zunehmend sichtbaren negativen Begleiterscheinungen andererseits zurückzuführen.
In der Hansestadt Hamburg wurde die Idee zur Einrichtung von Konsumräumen zuerst im Stadtteil St. Georg aufgegriffen und politisch durchgesetzt. Am 24. November 1992 beschlossen Bürgerschaft und Senat, als

stadtteilpolitische Sofortmaßnahme finanzielle Mittel für die Einrichtung von zunächst drei Konsumräumen bereitzustellen. Die nachfolgende Initiative des Hamburger Senats zur Änderung des § 39 Abs. 1 Betäubungsmittelgesetz „Verschaffen einer Gelegenheit" scheiterte jedoch im Bundestag. Der Betrieb der ersten Konsumräume im Jahr 1994 war somit in keinerlei Weise rechtlich abgesichert. Im gleichen Jahr wurden auch die ersten Konsumräume in Frankfurt am Main eröffnet. Anders als in Hamburg konnten diese jedoch mit der Rückendeckung von Politik und Staatsanwaltschaft offiziell betrieben werden.

In den Niederlanden lassen sich zwei Perioden unterscheiden, in denen Konsumräume eine Rolle spielten. Die erste Periode erstreckt sich von 1975 bis 1986, in der erstmalig Konsumräume in Amsterdam eröffnet, nach wenigen Jahren jedoch wieder durch die Stadt oder die Staatsanwaltschaft geschlossen wurden. Als Gründe für die Schließung wurden angegeben, dass die Einrichtungen Dealer und KonsumentInnen aus anderen Gegenden anziehen und zu Belästigungen des Umfeldes führen würden. In dieser Periode wurde der letzte Konsumraum in Amsterdam 1986 geschlossen. Die zweite Periode beginnt im Jahr 1990 mit der Eröffnung von Konsumräumen in Rotterdam, Arnhem und erneut Amsterdam.

4.3.1 Hamburg: Drob Inn, Fixstern und Stay Alive

Der Beginn der Diskussion um die Einrichtung von Konsumräumen ist auf die eskalierende Drogenproblematik rund um den Hauptbahnhof im Stadtteil St. Georg zurückzuführen. In diesem Stadtteil hat sich im Jahr 1990 ein Großteil der offenen Drogenszene getroffen, mit der Folge, dass sich dort nicht nur Drogenhandel und die Beschaffungsprostitution etabliert haben, sondern auch der Drogenkonsum in aller Öffentlichkeit (Telefonzellen, Hausfluren, Spielplätzen) und teils unter gesundheitlich riskanten Umständen stattfand. Die offene Drogenszene und der stark verbreitete öffentlich sichtbare Drogenkonsum führten zu einem öffentlich ausgetragenen Konflikt zwischen AnwohnerInnen, Drogenkonsumierenden, Drogenhilfe und Polizei (vgl. hierzu ausführlich DWORSKY/ SCHMIDT 1999).

In den Auseinandersetzungen um ein tragbares Handlungskonzept wurde zu Beginn des Jahres 1991 in St. Georg öffentlich diskutiert, ob nicht sowohl den KonsumentInnen als auch den hochgradig belasteten AnwohnerInnen mit der Einrichtung von Konsumräumen geholfen wäre. Unter dem Motto „ganz St. Georg ist ein Fixerraum" wurde schließlich die

Forderung nach mehreren Konsumräumen an den Senat der Stadt Hamburg herangetragen.

Ein erster Probelauf für einen Konsumraum startete im April 1991 mit einem „Fixerbus", der in den Stadtteilen St. Georg, St. Pauli und Eimsbüttel eingesetzt wurde. Zu diesem Zeitpunkt deutete der Hamburger Generalstaatsanwalt Arno Weinert überdies seine Zustimmung an, dass in Drogenhilfeeinrichtungen der Drogenkonsum toleriert werden könne. Ende 1991 stellte die Stadt Hamburg dann für das Haushaltsjahr 1992 rund eine Million DM für die Einrichtung von Konsumräumen bereit. Als Begründung dafür wurde genannt, dass nach den Erfahrungen im Ausland Fixerräume geeignet seien, den öffentlichen Drogenkonsum zu reduzieren und einen Anstieg der Drogennot- und -todesfälle zu begrenzen.

Infolgedessen gründete sich der Verein Freiraum Hamburg e. V. und nahm im Februar 1994 erstmalig den Betrieb eines mobilen Konsumraumes in einem umgebauten Linienbus auf. Noch im gleichen Jahr eröffnete der Verein einen zweiten festen Konsumraum im innenstadtfernen Stadtteil Harburg.

Bei der Bewilligung der finanziellen Mittel für die Konsumraumangebote stellte der Bezirk Mitte die Bedingung, dass die ersten Hamburger Konsumräume nicht in St. Georg, sondern dezentral entstehen sollten. Das in Hamburg bis heute verfolgte Dezentralisierungskonzept sah vor, Konsumräume in anderen Stadtteilen mit einer Drogenszene zu errichten. Da in St. Georg zunächst kein Konsumraumangebot geschaffen wurde, blieben die Belastungen durch die Drogenszene dort bestehen, worauf vornehmlich mit polizeilichen Maßnahmen wie vermehrte Platzverweise und Ingewahrsamnahmen reagiert wurde.

Die polizeiliche Vertreibungsstrategie in St. Georg hatte unter anderem zur Konsequenz, dass ein Teil der offenen Drogenszene in das Schanzenviertel abwanderte. Als Reaktion auf die plötzliche Konzentration der offenen Drogenszene wurde im August 1995 im Schanzenviertel schließlich der Konsumraum *Fixstern* vom Verein Freiraum e. V. eröffnet.

Durch den Andrang der Drogenszene war der *Fixstern* jedoch sehr schnell an den Grenzen seiner Aufnahmekapazitäten angelangt. Auf die Überlastung und personellen Engpässe des *Fixsterns* reagierten Drogenreferat und Kommunalpolitik mit der Aufstockung des Personals, um die Öffnungszeiten auszudehnen. Zum anderen wurden Gelder für die Einrichtung weiterer dezentraler Konsumräume bereitgestellt. Im Jahr 1997 entschied der rot-grüne Senat, die an einem neuen Standort eröffnete Einrichtung *Drob Inn* in St. Georg mit einem Konsumraum auszustatten.

Kapitel 4

Seit Dezember 1997 verfügt die Einrichtung über zwei Konsumräume, einen für den i.v.-Konsum und den anderen für den Rauchkonsum mit insgesamt 10 Plätzen. Im Jahr 1998 entstand zudem je ein Konsumraum in den Stadtteilen Ottensen und Hoheluft. Im Oktober 1998 eröffnete das *Stay Alive* unter Trägerschaft der Jugendhilfe e. V. in St. Pauli einen Konsumraum. Mit der Eröffnung des Konsumraumes *Ragazza* für drogenkonsumierende Frauen im Mai 1999 verfügt Hamburg derzeit über acht Drogenkonsumräume.

Kurz nach Inbetriebnahme des Konsumraumes im *Drob Inn* erwies sich das Angebot jedoch bereits als überlastet, so dass sich erneut eine Drogenszene im Umfeld der Einrichtung bildete. Angesichts dieser erneuten Konflikte wurde durch den Hamburger Senat im Oktober 1998 ein Mediatorenverfahren eingeleitet. Mit dem Mediatorenverfahren sollte der Frage nachgegangen werden, ob weitere Konsumräume in St. Georg wünschenswert, zweckmäßig und notwendig sind, um die sozialunverträgliche Drogenszene dauerhaft zu reduzieren. Erste Ergebnisse und Empfehlungen des Mediatorenverfahrens sind in einem Abschlussbericht veröffentlicht worden (vgl. GESSENHARTER 1999).

Um im Schanzenviertel Lösungsansätze zur Entlastung der Anwohnerschaft zu entwickeln, wurde die Stadtentwicklungsgesellschaft STEG von der Hamburger Behörde für Arbeit, Gesundheit und Soziales (BAGS) beauftragt, einen Maßnahmenkatalog zur Minderung der Auswirkungen des Drogenkonsums und der Drogenszene für das Schanzenviertel zu erarbeiten. Zudem sollten sozialverträgliche Alternativstandorte für die Einrichtung *Fixstern* gesucht werden, um diese Einrichtung aus dem Wohngebiet an den Rand des Stadtteils auszulagern (vgl. STEG 2000).

4.3.2 Rotterdam: Pauluskerk, Het Buurthuis, De Buren, Moerkerkestraat

Anfang der 90er Jahre erwachte in den Niederlanden erneut das Interesse an Drogenkonsumräumen, dieses Mal ausgehend von Rotterdam. In Rotterdam ist die treibende Kraft hinter den Drogenkonsumräumen die „Stichting voor Kerkelijke en Sociale Arbeid" (Stiftung für kirchliche und Sozialarbeit, KSA). 1990 eröffnete die KSA einen Drogenkonsumraum in der *Pauluskerk*, der für DrogenkonsumtInnen gedacht war, die wegen verschiedener dort angebotener Aktivitäten diese Kirche besuchten. Nach sechs Jahren Konsumraumbetrieb hatten bereits ca. 700 DrogenkonsumentInnen mit einem Ausweis der KSA Zugang zu den zwei Drogenkonsumräumen innerhalb der Kirche.

Im Verlauf der ersten Hälfte der 80er Jahre engagierte sich die *Pauluskerk* zunehmend für DrogenkonsumentInnen. Neben dem Kantinenbetrieb und einer Tagesunterkunft für DrogenkonsumentInnen eröffnete die Kirche in der zweiten Hälfte der 80er Jahre die Tagesunterkunft „Platform Zero", die an Spitzentagen von bis zu 700 KonsumentInnen aufgesucht wurde. Als pragmatische Antwort auf den Drogenkonsum an öffentlichen Orten stellte die *Pauluskerk* je einen getrennten Raum für Injektionen und Rauchen im Untergeschoss der Kirche zur Verfügung. Anfang der 90er Jahre wurde die *Pauluskerk* zweimal aufgrund von Problemen mit DrogendealerInnen, die ihre Geschäfte in der Kirche abwickelten, geschlossen. Zur Lösung des Problems wurden daraufhin hausinterne DealerInnen bestimmt, die die Erlaubnis erhielten, den BesucherInnen der Pauluskirche Drogen zu verkaufen. Um die Kontrolle über die Situation und Zahl der KonsumentInnen zu behalten, wurde ein System der Zutrittsberechtigung eingeführt und zugleich das Rauchen von Kokainbase verboten.

Die Stadt Rotterdam unterstützt seit 1996 formell die Entwicklung von Konsumräumen im Rahmen einer Drogenpolitik, die vorrangig die Minderung von öffentlicher Belästigung und die Gesundheitsförderung für DrogenkonsumentInnen zum Ziel hat (vgl. Quadt 1996). Diese Politik führte zur Eröffnung von fünf neuen Drogenkonsumräumen einschließlich eines Angebotes für drogenkonsumierende Straßenprostituierte.

Im Juli 1997 wurde der Drogenkonsumraum *Het Buurthuis* in der Gegend „Bospolder" eröffnet, wo seit vielen Jahren ein großes Maß an öffentlicher Belastung durch Drogenhandel und Drogenkonsum bestand. Dort wurde in kleinem Rahmen ein Drogenkonsumraum eröffnet, um die Belästigung durch öffentlichen Drogenkonsum und durch Ansammlungen von DrogenkonsumentInnen und DealerInnen zu verringern. Die Initiative zur Eröffnung eines Drogenkonsumraumes kam von AnwohnerInnen und Geschäftsleuten der Nachbarschaft sowie vom Rotterdamer Junkiebond. Diese Interessengruppen starteten zusammen mit der Polizei, den örtlichen Behörden, der Anwohnerorganisation, dem Gemeindegesundheitsamt und den Drogenhilfsorganisationen ein dreimonatiges Experiment mit dem Drogenkonsumraum *Het Buurthuis*. Alle Beteiligten wurden (und werden) durch ein Kontrollkomitee vertreten. Dieses Komitee beobachtet die Vorgänge und Entwicklungen des Drogenkonsumraumes. In der ersten Hälfte des Jahres 1998 wurde beschlossen, den Drogenkonsumraum für unbegrenzte Zeit weiter zu betreiben.

Mit der Einrichtung *De Buren* wurde im Oktober 1997 ein weiterer Drogenkonsumraum in der Gegend von Delfshaven eröffnet, der sich an dro-

Kapitel 4

genkonsumierende Prostituierte richtet und im Gebäude der Einrichtung *Keetje Tippel* untergebracht ist. *Keetje Tippel* ist ein niedrigschwelliger Schutzraum für Straßenprostituierte im Rotlichtmilieu von Rotterdam und besteht seit 1984. *Keetje Tippel* und *De Buren* befinden sich im gleichen Gebäude. Der Konsumraum *De Buren* wurde auf Initiative der Gemeinde-Gesundheitsbehörde von Rotterdam eröffnet.

Ebenso wie der Konsumraum *Het Buurthuis* wurde auch der Konsumraum *Moerkerkestraat* auf Initiative und mit Unterstützung der Nachbarschaft eingerichtet. Im Oktober 1998 wurde *Moerkerkestraat* im Süden von Rotterdam unter der Ortsverwaltung „Charlois" eröffnet. *Moerkerkestraat* befindet sich in der „Millinxbuurt"-Gegend, wo die Belästigung durch DrogendealerInnen und DrogenkonsumentInnen hoch war. Mit polizeilichen Maßnahmen wurde versucht, die Belästigung zu reduzieren. Es gab in der Nachbarschaft jedoch eine große öffentliche Unterstützung für einen Drogenkonsumraum. Die AnwohnerInnen arbeiteten zusammen mit der Drogenhilfe und dem Rotterdam Junkiebond, um die Einrichtung *Moerkerkestraat* zu eröffnen und sind in einem Unterstützungskomitee vertreten.

Neben den Einrichtungen in Rotterdam wurden in Arnhem, Amsterdam und Maastricht ebenfalls Drogenkonsumräume eingerichtet. In Rotterdam existieren seit Ende des Jahres 2000 insgesamt sechs Konsumräume. In der nachfolgenden Tabelle 4.1 sind Merkmale der bestehenden Konsumräume dargestellt. Die ersten vier der genannten Konsumräume sind in die Evaluationsstudie einbezogen worden.

Tabelle 4.1
Ausgewählte Merkmale der Konsumräume in Rotterdam

	Pauluskerk	Het Buurthuis	De Buren	Moerkerkestraat	De Hille	De Vijver
Location	Norden	Norden	Norden	Süden	Süden	Norden
Organisation	KSA	Boumanhuis	Boumanhuis	Boumanhuis	Centre for Service	Boumanhuis
Start	1990	1997	1997	1998	2000	2000
Anzahl der Pässe	250	25-30	150	25-30	25-30	30
Zusätzliche Zugangskriterien	Keine	Obdachlosigkeit	Weibliche Prostituierte	Obdachlosigkeit	Obdachlosigkeit	Obdachlosigkeit

4.3.3 Innsbruck: Planung eines Konsumraumes im Komfüdro

Erste politische Auseinandersetzungen über die Notwendigkeit eines Konsumraumes begannen, als im Jahr 1992 eine niedrigschwellige Notschlafstelle für drogengebrauchende Menschen von der Caritas der Diözese Innsbruck eröffnet wurde. In dieser Notschlafstelle wurde von Beginn an der Konsum illegaler Substanzen in den Schlafräumen der BewohnerInnen toleriert. Dies geschah und geschieht bis heute mit dem Wissen der zuständigen PolitikerInnen, der Exekutive und der Staatsanwaltschaft.

Im Jahr 1993 wurde auf Betreiben des damaligen Soziallandesrats, einem Mitglied der sozialdemokratischen Partei Österreichs SPÖ, ein neues Drogenkonzept entworfen. Mit diesem Konzept wurde zunächst die Notwendigkeit zur Umsetzung der niedrigschwelligen Kontakt- und Anlaufstelle *Komfüdro* festgeschrieben und eine entsprechende Konzeption ausgearbeitet. Aufgrund von Anwohnerprotesten verzögerte sich die Eröffnung der Einrichtung jedoch nicht nur bis zum Februar 1995. Zugleich wurde den AnwohnerInnen seitens der Politik zugesichert, dass eine Änderung des Konsumverbotes im *Komfüdro* nur mit ihrer Zustimmung möglich ist.

Seit Beginn der Arbeit im *Komfüdro* zeigte sich der Bedarf, intravenös Konsumierenden die Möglichkeit zu bieten, ihren Drogenkonsum unter hygienischen und gesundheitsfördernden Bedingungen durchzuführen. Konkrete Überlegungen zur Schaffung eines Konsumraumes in dieser Einrichtung erfolgten erstmalig 1996. Die Planung zur Erweiterung der Hilfeangebote um einen Konsumraum wurde in einer AnwohnerInnenversammlung vorgestellt, mit dem Ergebnis, dass die Einrichtung eines Konsumraumangebots von den AnwohnerInnen strikt abgelehnt wurde.

Ein zweiter Versuch zur Realisierung eines Konsumraumangebots folgte im Jahr 1997 mit der Zuspitzung der Lage im Rapoldipark, der in Zentrumsnähe und Nähe zum *Komfüdro* liegt und ein bekannter Treffpunkt der offenen Drogenszene ist. Mit der Sichtbarkeit der Drogenszene eskalierte die Situation, so dass in den Parks nahezu täglich Polizeikontrollen und Razzien durchgeführt wurden. Die Vorkommnisse riefen ein großes Medieninteresse hervor und in der Konsequenz beschloss der Stadtsenat Innsbrucks im November 1997 einen umfassenden Maßnahmenkatalog zur „Hebung der Sicherheit in Innsbruck".

Im Rahmen dieses Maßnahmenkataloges wurde ein privater Sicherheitsdienst beauftragt, die Innsbrucker Parkanlagen zu überwachen und dort für Ruhe und Ordnung zu sorgen. Des Weiteren wurde die probeweise Installierung eines Konsumraumes explizit aufgelistet und einstimmig von allen im Stadtsenat vertretenen Fraktionen beschlossen. Das Projekt „Konsumraum" ist vom Suchtbeirat, der als beratendes Gremium für die PolitikerInnen dient, in der Prioritätenliste an die erste Stelle gesetzt worden.

Zur Umsetzung eines Konsumraums auf Probe kam es allerdings nicht. Nach anhaltenden gemeinsamen Forderungen der Einrichtungen *Komfüdro* und *Mentlvilla*, ein Konsumraumangebot zu schaffen, konnte durchgesetzt werden, dass die Stadt Innsbruck, das Land Tirol und die Caritas die Erarbeitung einer Konzeption für eine niedrigschwellige Kontakt- und Anlaufstelle (NIKA) mit integriertem Konsumraum finanzierten. Das Konzept wurde im März 1999 fertiggestellt (vgl. CARITAS DIÖZESE INNSBRUCK 1999a). Während die Stadt Innsbruck für das Jahr 2000 einen Teilbetrag der Gesamtkosten für das Projekt NIKA budgetierte, scheiterte die endgültige Finanzierung nach langen Diskussionen an den verantwortlichen LandesrätInnen für Gesundheit (ÖVP) und für Soziales (SPÖ).

Ein dritter Versuch zur Installierung eines Konsumraumangebots in Innsbruck wurde dann im Jahr 2000 im Zusammenhang mit der geplanten EU-Studie zur Evaluierung von Drogenkonsumräumen unternommen. Diese Überlegungen sahen vor, ein auf sechs Monate begrenztes Pilotprojekt „Konsumraum" in der Einrichtung *Komfüdro* umzusetzen. Obwohl mittlerweile seitens der AnwohnerInnen wenig Widerstand gegen einen Konsumraum zu erwarten war, scheiterten die Verhandlungen erneut, weil letztlich der politische Wille zur Umsetzung eines sozial- und gesellschaftspolitisch sehr umstrittenen Projekts fehlte.

Derzeitig stellt sich die Situation in Innsbruck so dar, dass der private Wachdienst weitestgehend für eine Beruhigung der Drogenproblematik im Park sorgt. Die offene Drogenszene ist inzwischen in ein in der Nähe des Bahnhofs befindliches Lokal abgewandert. Der neue Szenetreffpunkt und auch der Drogenkonsum in dem Lokal wird geduldet.

Kapitel 5

Konzeption und Struktur der Konsumraumangebote

Das folgende Kapitel gibt Aufschluss über die konzeptionelle Umsetzung und Struktur der untersuchten Konsumraumangebote. Zur Erläuterung wurden verschiedene Dokumente und Quellen hinzugezogen und systematisch ausgewertet:
- Auswertung von Einrichtungskonzeptionen und Jahresberichten zur Analyse der konzeptionellen Arbeitsansätze, Zielsetzung, Hilfeangebote und Öffnungszeiten der Einrichtungen,
- Auswertung der Interviews mit den EinrichtungsmitarbeiterInnen, in denen Fragen zum Personal, zur Qualifikation und zur Struktur der Konsumräume vertieft wurden,
- Auswertung der geltenden Rechtsverordnungen – soweit vorhanden – zum Betrieb von Konsumräumen, um die rechtlichen Rahmenbedingungen darzulegen.

Prinzipiell sind Konsumräume als Einrichtungen definiert, die von offiziellen Organisationen verwaltet werden und Personen die Gelegenheit bieten, mitgebrachte Drogen unter risikoärmeren, hygienischen Bedingungen und in einer stressfreien Atmosphäre zu konsumieren. Die Räumlichkeiten selbst sind entsprechend der Zweckbestimmung, einen effizienten und „sicheren" Drogenkonsum zu ermöglichen, funktional ausgestattet.

Die Konsumgewohnheiten der DrogenkonsumentInnen in den beiden Städten Hamburg und Rotterdam sind höchst unterschiedlich: Während in Rotterdam Drogen oftmals geraucht oder oral konsumiert werden, ist in Hamburg der intravenöse Drogenkonsum weit verbreitet. Ein i.v.-Konsum wurde in Rotterdam lediglich bei 27 % der KonsumentInnen festgestellt (vgl. LEMPENS et al. 1999).

5.1 Konzeptionelle Ausrichtung der Einrichtungen

5.1.1 Arbeitsansätze

Die untersuchten Einrichtungen in den drei europäischen Metropolen sind alle mehr oder weniger als niedrigschwellige Einrichtungen konzipiert

Kapitel 5

und verfügen mit Ausnahme der Innsbrucker Einrichtung über Konsumraumangebote. Zugleich weisen die Einrichtungen im Hinblick auf Zielgruppen und Zielsetzungen konzeptionelle Unterschiede auf. Das gilt vor allem im Vergleich der Hamburger und Rotterdamer Einrichtungen. Die untersuchten Hamburger Einrichtungen zeichnen sich durch die Gleichzeitigkeit von akzeptanz- und abstinenzorientierten Hilfen aus, wobei Konsumräume integraler Bestandteil einer breiten Angebotspalette sind. Dagegen definieren sich die untersuchten Rotterdamer Einrichtungen – mit Ausnahme der *Pauluskerk* – vornehmlich über das Angebot an Konsumräumen und übernehmen zudem teils eine Brückenfunktion zu anderen Hilfeeinrichtungen. Während die Hamburger Einrichtungen einer Zielhierarchie mit deutlichem Schwerpunkt auf Maßnahmen zur Harm-Reduction folgen, betonen die Rotterdamer die gleichrangigen Zielsetzungen, die öffentliche Belastung zu reduzieren und die Gesundheit der KonsumentInnen zu fördern. In Hamburg wie auch in Innsbruck ist die Zielgruppe breit als „erwachsene Konsumwillige" definiert. Eine gleichermaßen breite Zielgruppenbestimmung liegt in Rotterdam bei der *Pauluskerk* vor. Die anderen drei Einrichtungen haben spezifische Selektions- und Zugangskriterien wie Obdachlosigkeit oder Straßenprostitution.

Die untersuchten Hamburger Einrichtungen – *Drob Inn*, *Fixstern* und *Stay Alive* – sind allesamt als niedrigschwellige Kontakt- und Beratungsstellen mit akzeptierendem Arbeitsansatz konzipiert. Auf der Angebotsebene werden verschiedene Hilfeansätze konzeptionell zu einem umfassenden Angebot integriert. Das Spektrum umfasst sowohl praktische Überlebenshilfen, als auch klassische Beratungsleistungen zur Unterstützung von Ausstiegsversuchen. In diesem Kontext sind auch Konsumräume ein integraler Bestandteil der unterschiedlichen Hilfeangebote und somit konzeptionell in die Hilfeansätze eingebettet.

Zielgruppe der Einrichtungen sind vorwiegend aktuell konsumierende erwachsene DrogengebraucherInnen, die langjährige Konsumerfahrungen und oftmals damit verbundene Mehrfachbeeinträchtigungen aufweisen. In Einklang mit der geltenden Rechtsverordnung (vom 25.4.2000) für den Betrieb von Konsumräumen wenden sich die Hilfeangebote darüber hinaus an die umfassendere Zielgruppe der generell „Konsumwilligen".

In allen drei Hamburger Einrichtungen folgen die Zielsetzungen einer abgestuften Zielhierarchie: 1. Harm-Reduction, 2. Stabilisierung möglichst der gesamten Lebenssituation, 3. Vermittlung in weiterführende Angebote, 4. Unterstützung von Ausstiegswünschen, 5. Förderung von Reintegration.

Konzeption und Struktur der Konsumraumangebote

Bei den untersuchten Rotterdamer Einrichtungen ist die konzeptionelle Umsetzung eng an ihre primären Zielsetzungen gekoppelt. Da die *Pauluskerk* vor allem zur Harm-Reduction beitragen will, während die anderen drei Einrichtung vorrangig mit dem Ziel der Reduktion öffentlicher Belästigung installiert wurden, sind die Arbeitsansätze entsprechend unterschiedlich.

Zwar bieten alle Einrichtungen Drogenkonsumierenden die Möglichkeit, in einer ruhigen und sicheren Atmosphäre Drogen zu konsumieren und verfügen über einen Aufenthalts- und Ruheraum. Während die Einrichtung *Pauluskerk* jedoch grundsätzlich allen marginalisierten Gruppen der Rotterdamer Innenstadt offen steht und Drogenabhängige unabhängig von ihrer aktuellen Lebenssituation Zugang zu der Einrichtung haben, bestehen bei den anderen drei Einrichtungen spezifische Zugangskriterien.

Die Zielgruppe der Einrichtungen *Moerkerkestraat* und *Het Buurthuis* sind obdachlose DrogenkonsumentInnen, die im Umfeld der Einrichtungen leben. Darüber hinaus gelten als weitere Auswahlkriterien die Abhängigkeit von harten Drogen, ein Alter von mindestens 18 Jahre und der Aufenthalt in der Nachbarschaft. Die Einrichtung *Keetje Tippel* wendet sich an weibliche Straßenprostituierte. Der Konsumraum *De Buren* ist ausschließlich Straßenprostituierten mit einem Zugangspass vorbehalten. Drogenkonsumierende Frauen, die der Straßenprostitution nachgehen und mindestens 18 Jahre alt sind, können einen Pass erhalten.

Die Innsbrucker Einrichtung *Komfüdro* ist ebenso wie die Hamburger Einrichtungen als niedrigschwellige und akzeptanzorientierte Kontakt- und Anlaufstelle konzipiert. Inhaltlich orientiert sich die Arbeit an den Hilfeansätzen der Suchtbegleitung und Begrenzung von gesundheitlichen und sozialen Risiken. Klassisch ausstiegsorientierte Hilfeleistungen sind konzeptionell nicht vorgesehen.

Die Einrichtung wurde speziell für die Zielgruppe „schwer erreichbarer drogenkranker Personen" geschaffen (vgl. CARITAS DIÖZESE INNSBRUCK 1999b). Im Sinne von Harm-Reduction sind wesentliche Ziele Risikominimierung und Schadensbegrenzung, die als Voraussetzung für Stabilisierungs- und Heilungsprozesse verstanden werden. Des Weiteren sind die Zielsetzungen an dem Konzept des Empowerments ausgerichtet. Dementsprechend zählen die Stärkung und Reaktivierung von Ressourcen und die Unterstützung zur Wiedererlangung von Handlungs- und Steuerungsfähigkeit zu wesentlichen Zielen der Arbeit.

Wie bereits in Kapitel 4 erwähnt, existieren in Innsbruck seit längerem Planungen für die Einrichtung eines Konsumraumes. Die von der Caritas

erarbeitete Konzeption soll an dieser Stelle in Grundzügen dargelegt werden (vgl. CARITAS DIÖZESE INNSBRUCK 1999a).
Das Konzept für die Einrichtung „NIKA" beruht auf Grundsätzen akzeptierender Drogenarbeit. Zur Zielgruppe sollen erwachsene drogenabhängige Frauen und Männer gehören, die illegale Drogen vorwiegend intravenös applizieren, mehrfach problembelastet sind und von höherschwelligen, abstinenzorientierten Angeboten der Drogenhilfe nicht oder nur unzureichend erreicht werden. Unter Berücksichtigung geschlechtsspezifischer Unterschiede sollen die MitarbeiterInnen drogenkonsumierenden Männern und Frauen eine parteiliche Arbeitshaltung entgegenbringen. Zur Grundstruktur der geplanten Einrichtungen soll die Gleichzeitigkeit von verbindlichen und unverbindlichen Angeboten gehören. Als ein weiteres wesentliches Element des Arbeitsansatzes ist die zugehende, motivierende und begleitende Beziehungsarbeit vorgesehen.
Laut Konzeption sollen mit der Einrichtung eines integrierten Konsumraumes folgende Zielsetzungen verfolgt werden: Gesundheitsprophylaxe, Kontaktfelderweiterung, Existenzsicherung, Anbieten einer Alternative zum Konsum an ungeeigneten Orten bzw. Räumen ohne Begleitperson und Enttabuisierung und Versachlichung der Diskussion über Lebens- und Konsumbedingungen von GebraucherInnen illegalisierter Drogen.

5.1.2 Personalstruktur und Qualifikation

Alle drei untersuchten Hamburger Einrichtungen werden von einem multiprofessionellen Team aus SozialpädagogInnen, SoziologInnen, Krankenpflegepersonal, studentischen Aushilfen für den Servicebereich und Verwaltungsangestellten betrieben. Zudem haben die Einrichtungen teilweise ÄrztInnen eingestellt. Auch wenn das Personal bewusst multiprofessionell zusammengesetzt ist, überwiegen in der Regel sozialpädagogische Fachkräfte. Diese Fachkräfte übernehmen nicht nur Beratungstätigkeiten, sondern auch alle anfallenden Aufgaben in den Konsumräumen.
In der Innsbrucker Einrichtung ist vorwiegend ein drogensozialarbeiterisches Fachpersonal beschäftigt, wobei das Team durch KrankenpflegerInnen und einen Arzt oder eine Ärztin ergänzt wird. In den Hamburger wie Innsbrucker Einrichtungen verfügen alle festangestellten MitarbeiterInnen über spezifische Kenntnisse zu Wirkungen und Beschaffenheit der konsumierten Substanzen sowie zu Maßnahmen zum Krisen- und Konfliktmanagement. Insbesondere für die Arbeit in den Konsumräumen

müssen die MitarbeiterInnen detaillierte Qualifikationen zur Ersten Hilfe, Reanimation und weiteren Notfalltechniken vorweisen. In den untersuchten Rotterdamer Einrichtungen stellen sich Personalstruktur und erforderliche Qualifikationen deutlich anders dar. Bis auf die *Pauluskerk* mit 20 Angestellten sind die anderen drei Einrichtungen mit vergleichsweise geringen personellen Ressourcen ausgestattet. Obwohl die sozialarbeiterischen Angebote ein wichtiger Aspekt für die BesucherInnen der *Pauluskerk* sind, wird den MitarbeiterInnen keine spezifische Ausbildung darin vorgeschrieben. In den Einrichtungen *Het Buurthuis* und *Moerkerkestraat* sind jeweils immer zwei MitarbeiterInnen anwesend, von denen beide eine Qualifikation als DrogensozialarbeiterInnen haben. Abgesehen von externen Fachkräften (z. B. ÄrztInnen, Streetworkern) gehören zum Personal dieser Einrichtungen einige qualifizierte DrogensozialarbeiterInnen sowie Security Guards und Servicekräfte. Die qualifizierten Fachkräfte und die Security Guards verfügen über eine zertifizierte Ausbildung im Umgang mit Überdosierungen.

5.1.3 Spektrum der angeboten Hilfen

Bei den Einrichtungen in Hamburg sowie bei der geplanten Einrichtung in Innsbruck ist das Konsumraumangebot in ein umfassendes und differenziertes Angebotsspektrum eingebettet. Konsumräume sind folglich ein Bestandteil innerhalb einer vielfältigen Angebotspalette von Harm-Reduction-Maßnahmen bis hin zur Therapievermittlung. In den Rotterdamer Einrichtungen sind die verfügbaren Angebote dagegen vorrangig auf grundlegende Hilfeleistungen im Zusammenhang mit dem Betrieb der Konsumräume ausgerichtet. Dazu zählen überlebenshilfepraktische (Ernährung, Hygiene) und medizinische Versorgungsangebote. Nur in zwei der vier untersuchten Einrichtungen werden zudem weitere Angebote vorgehalten. Die *Pauluskerk* betreibt neben der Tages- auch eine Übernachtungsstätte und stellt verschiedene Beratungsangebote zur Verfügung. *Keetje Tippel* bietet Straßenprostituierten ein spezifisches Beratungsangebot durch kooperierende Fachinstitutionen, die regelmäßig in die Einrichtung kommen.

Neben einem breiten Angebot an praktischen Überlebenshilfen, das alle in den drei Städten untersuchten Einrichtungen zur Verfügung stellen, werden Spritzenutensilien und Kondome kostenlos oder zum Selbstkostenpreis angeboten. Geschlechtsspezifische Angebote stellen in gemischtgeschlechtlichen Einrichtungen eine Ausnahme dar und werden

lediglich von der Hamburger Einrichtung *Fixstern* und der Innsbrucker Einrichtung *Komfüdro* angeboten.
In den Hamburger Einrichtungen nehmen medizinische Angebote und auch Beratungsangebote einen breiten Raum ein. Die medizinisch-hygienischen Angebote umfassen Safer-Use- und Safer-Sex-Beratungen, ambulante Wund- und Akutversorgung und die Vermittlung von Impfmaßnahmen. Im *Drob Inn* werden zudem medizinische Diagnosen zu HIV/Aids und Hepatitis, Schwangerschaftstests sowie Impfungen gegen Tetanus und Hepatitis B angeboten. Zum Angebot an sozialen Hilfen gehören in den Hamburger Einrichtungen psychosoziale Betreuung, Rechtsberatung durch externe Rechtsanwälte und die Weitervermittlung in Entgiftungseinrichtungen sowie ambulante oder stationäre Therapien.
Das Angebotsspektrum der untersuchten Rotterdamer Einrichtungen ist im Vergleich mit den Hamburger Einrichtungen deutlich reduziert. Bis auf die *Pauluskerk* definieren sich alle drei anderen Einrichtungen vor allem über die Konsumräume. Ihre Angebote konzentrieren sich aus diesem Grunde auf Dienstleistungen, die für den Betrieb von Konsumräumen funktional sind. Dazu zählen Essens- und Hygieneangebote sowie die Ausgabe infektionsprophylaktischer Materialen (Kondome, Spritzbestecke, Vitamintabletten). Zusätzliche und weitergehende Hilfeleistungen wie medizinische Versorgung, Beratungs- und Übernachtungsangebote stellen lediglich die Einrichtungen *De Buren/Keetje Tippel* und die *Pauluskerk* zur Verfügung. In der Einrichtung *Keetje Tippel* sind regelmäßig Ärztinnen, Streetworker, SozialarbeiterInnen und STD-Präventionskräfte vor Ort. Passinhaberinnen müssen sich alle drei Monate von einem Arzt oder einer Ärztin auf STD untersuchen lassen, um ihre Berechtigung zur Nutzung der Konsumräume zu behalten. Die Einrichtung *Pauluskerk* bietet Tages- und Nachtunterkünfte an sowie sozialarbeiterische Hilfestellungen und verschiedene Beratungen.
In der Innsbrucker Einrichtung werden über praktische Überlebenshilfen, medizinische Versorgungsangebote und sozialarbeiterische Hilfestellungen außerdem betreutes Wohnen angeboten und aufsuchende Arbeit geleistet. Seit 1997 organisiert die Einrichtung zudem in unregelmäßigen Abständen Freizeitaktivitäten für die BesucherInnen.
Auch die in Innsbruck geplante Einrichtung *NIKA* mit Konsumraumangebot sieht ein Angebotsspektrum aus gesundheitlich-medizinischen, infektionsprophylaktischen und psychosozialen Hilfen vor. Da die Einrichtung konzeptionell auf eine geschlechtsspezifische Differenzierung der Arbeitsgrundsätze und Angebotsstruktur ausgerichtet ist, sollen gezielt frau-

enspezifische Angebote geschaffen werden (vgl. CARITAS DIÖZESE INNSBRUCK 1999a, 18ff).

5.2 ÖFFNUNGSZEITEN DER EINRICHTUNGEN

Bezogen auf die zentrale Untersuchungsfrage, ob Einrichtungen mit Konsumraumangeboten zur Reduktion öffentlicher Belastungen sowie zur Gesundheitsförderung beitragen, sind unter anderem die Öffnungszeiten von Bedeutung. Damit Einrichtungen ein relevantes Steuerungsinstrument darstellen können, müssen die Öffnungszeiten lebensweltnah und bedarfsorientiert ausgerichtet, d.h. an die Konsumgewohnheiten angepasst sein. Ein Vergleich der untersuchten Einrichtungen in den drei europäischen Metropolen lässt große Unterschiede im Hinblick auf Verteilung und Ausdehnung der Öffnungszeiten erkennen.

Die untersuchten Hamburger Einrichtungen mit integriertem Konsumraum haben Öffnungszeiten, die gewöhnlich bis in die frühen Abendstunden (19 bis 20 Uhr) reichen. Die Konsumräume sind im *Drob Inn* insgesamt 44 Wochenstunden, im *Fixstern* 40 Wochenstunden für alle DrogenkonsumentInnen und für Frauen zusätzlich noch an fünf weiteren Wochenstunden geöffnet. Demgegenüber weist das *Stay Alive* mit 31,5 Wochenstunden etwas geringere Öffnungszeiten für die Konsumräume auf.

An den jeweiligen Öffnungszeiten sind konzeptionelle Unterschiede zwischen den Einrichtungen ersichtlich. Diese Unterschiede zeigen sich zum einen darin, ob während der Öffnungszeiten alle oder nur bestimmte Angebote verfügbar sind. Zum anderen lassen sich Unterschiede dahingehend ausmachen, ob die Öffnungszeiten Abendstunden und das Wochenende umfassen, wenn alle anderen Einrichtungen in der Regel geschlossen haben. Gerade letzteres kann unter anderem von Bedeutung für die Fragestellung sein, ob das Angebot an Konsumräumen zur Verminderung öffentlichen Drogenkonsums beiträgt.

Im Hinblick auf die verfügbaren Angebote und Öffnungszeiten in den Abendstunden bzw. am Wochenende sind Unterschiede vor allem zwischen den Einrichtungen *Drob Inn* und *Fixstern* festzustellen. Während im *Fixstern* grundsätzlich alle angebotenen Hilfeleistungen während der Öffnungszeiten genutzt werden können, sind im *Drob Inn* vorrangig die Konsumräume und Beratungsangebote während der Öffnungszeiten zugänglich. Spezifische Angebote wie die medizinische Versorgung, der Spritzentausch und der offene Kontaktbereich stehen hingegen zu einge-

schränkteren Zeiten zur Verfügung. In dem Interview mit den *Drob Inn*-MitarbeiterInnen erklärt einer der Befragten, unterschiedliche Betriebsmodi zum einen deshalb gewählt zu haben, um ausgedehnte Öffnungszeiten auch bei eingeschränkten personellen Ressourcen zu ermöglichen. Zum anderen wird die Struktur auf bewusste konzeptionelle Überlegungen zurückgeführt, durch Teilöffnungszeiten eine ruhigere Atmosphäre und zugleich Kapazitäten für Beratungstätigkeiten zu schaffen.
Von den untersuchten Einrichtungen hat lediglich das *Drob Inn* an zwei Wochentagen bis in die späten Abendstunden (22 Uhr) geöffnet. In der Einrichtung *Fixstern* besteht dafür allerdings an einem Tag des Wochenendes die Möglichkeit, die Angebote in Anspruch zu nehmen. Insgesamt sind die Öffnungszeiten der Einrichtungen so gelegt, dass sie sich gegenseitig ergänzen und somit für DrogenkonsumentInnen im Hamburger Innenstadtbereich über einen Großteil des Tages hinweg nutzbar sind. Die nachfolgende Tabelle 5.1 bietet eine detaillierte Übersicht zu den Öffnungszeiten der untersuchten Einrichtungen.

Tabelle 5.1
Öffnungszeiten der Hamburger Einrichtungen

	Drob Inn	Fixstern	Stay Alive
Cafébereich	Mo - Fr 14:30 - 18:30 Uhr	Mo 14:00 - 20:00 Uhr Di 10:00 - 20:00 Uhr Mi 17:00 - 20:00 Uhr Do 10:00 - 20:00 Uhr Fr 10:00 - 15:00 Uhr (für Frauen) 15:00 - 20 Uhr (für alle) Sa 14:00 - 20:00 Uhr	Mo 11:30 - 19:30 Uhr Di - Fr 13:00 - 19:30 Uhr
Konsumräume und Beratung	Mo, Mi, Fr 11:00 - 19:00 Uhr Di, Do 12:00 - 22:00 Uhr		Mo 11.30 - 19:00 Uhr Di - Fr 13:00 - 19:00 Uhr
Spritzentausch	Mo - Fr 14:00 - 19:00 Uhr		Während des Cafébetriebs
Medizinische Versorgung	Mo - Fr 12:00 - 19:00 Uhr Mi 11:00 - 16:00 Uhr		Während der gesamten Öffnungszeiten
Kein Einlass	An allen Tagen zwischen 14:00 - 14:30 Uhr und 18:30 - 19:00 Uhr		Café: Nach 19:00 Uhr Konsumraum: Nach 18:30 Uhr

Konzeption und Struktur der Konsumraumangebote

Anders als in Hamburg sind die Öffnungszeiten der Rotterdamer Einrichtungen – wiederum mit Ausnahme der *Pauluskerk* – nicht nach unterschiedlichen Angeboten und Betriebsmodi differenziert. Bis auf die *Pauluskerk* sind die Einrichtungen täglich durchgehend zu den gleichen Zeiten geöffnet, was für die KonsumentInnen den Vorteil hat, dass die Öffnungszeiten überschaubar strukturiert und leicht erinnerbar sind. Im Unterschied zu den Hamburger sind die Rotterdamer Einrichtungen nicht nur werktags, sondern regelmäßig auch in den Abendstunden und am Wochenende geöffnet (Tabelle 5.2). Die ausgedehnten Öffnungszeiten sind ein Zugeständnis an Lebensstil und Konsumgewohnheiten der Zielgruppen, d. h., für zugangsberechtigte DrogenkonsumentInnen ist es prinzipiell möglich, einen Großteil des Tages unter hygienischen Bedingungen im Konsumraum statt an öffentlichen Orten zu konsumieren.

Tabelle 5.2
Öffnungszeiten der Rotterdamer Einrichtungen

	Pauluskerk	Het Buurthuis	Moerkerkestraat	De Buren/ Keetje Tippel
Cafébereich Konsumräume Spritzentausch	Mo - Fr von 9:30 - 16:00 Uhr 19:00 - 22:00 Uhr täglich von 23:00 - 24:00 Uhr	Täglich von 10:00 - 22:00 Uhr	Täglich von 11:00 - 21:00 Uhr	Täglich von 18:00 - 7:00 Uhr
Tagesanlaufstelle Beratungen	Mo - Fr von 9:30 - 16:00 Uhr 19:00 - 22:00 Uhr			
Essenskantine	Mo - Fr von 17:00 - 19:00 Uhr			
Übernachtungsstätte	Täglich von 22:30 - 7:00 Uhr			

Werden die wöchentlichen Öffnungszeiten betrachtet, dann zeigt sich, dass die Rotterdamer Einrichtungen um mindestens 10 Stunden pro Woche länger geöffnet haben als die Hamburger Einrichtungen. Alleine die Konsumräume in der *Pauluskerk* sind insgesamt 54,5 Wochenstunden geöffnet. Die Konsumräume in der *Moerkerkestraat* haben an 70 Wochenstunden, die im *Het Buurthuis* an 84 Wochenstunden und die Konsumräume im *De Buren/Keetje Tippel* an 91 Wochenstunden geöffnet. Die Innsbrucker Einrichtung *Komfüdro* ist werktags von 11 bis 15 Uhr geöffnet (20 Wochenstunden), wobei während dieser Zeit ein Großteil der

Angebote nutzbar ist. Zudem wird an einem Tag die Woche für 1,5 Stunden ein Angebot ausschließlich für drogenkonsumierende Frauen gemacht. Des Weiteren wird einmal wöchentlich eine dreistündige ärztliche Beratung angeboten.

Von Bedeutung für die Frage nach den Wirkungen von Konsumraumangeboten sind die antizipierten Öffnungszeiten für den geplanten Konsumraum in Innsbruck. Laut Konzeption haben Bedarfserhebungen und Erfahrungen mit deutschen und schweizerischen Konsumraumangeboten gezeigt, dass eine Öffnungszeit von wochentags 10 bis 20 Uhr sinnvoll wäre, um den Bedarf abzudecken. Weiterhin ist geplant, etwa 10 % der wöchentlichen Öffnungszeiten ausschließlich Frauen zugänglich zu machen, z. B. indem das Konsumraumangebot abends den Frauen vorbehalten wird. Angedacht wurde auch, das Angebot an Sonntagen mit reduzierter Öffnungszeit zur Verfügung zu stellen.

5.3 KONSUMRAUMANGEBOTE

Zur Arbeit im Konsumraum gehört es vorrangig, einen reibungslosen Ablauf zu gewährleisten. Wesentliche Aufgaben der dort tätigen MitarbeiterInnen bestehen darin, den Einlass zu regeln, auf Spannungen deeskalierend einzuwirken und die Einhaltung von Regeln durchzusetzen. Darüber hinaus ist Verständnis und Toleranz gegenüber unterschiedlichen Konsumformen und wirkungsbedingten Verhaltensweisen aufzubringen. Während in den Hamburger Konsumräumen grundsätzlich alle Applikationsformen erlaubt sind, ist das in den Rotterdamer Einrichtungen nicht der Fall. Spezifische Konsumformen wie z. B. das „Basen" von Kokain oder der Gebrauch von Ammoniak werden per Hausregel strikt untersagt und bei Verstoß mit Ausschluss aus der Einrichtung geahndet.

Um die beschriebenen Aufgaben erfüllen zu können, werden die Konsumräume in den Hamburger Einrichtungen nur geöffnet, wenn mindestens drei festangestellte MitarbeiterInnen im Dienst sind. Diese Regelung hat den Zweck, sicherzustellen, dass im Notfall zwei MitarbeiterInnen den Notfall versorgen können, während die dritte Person den Betrieb im Konsumraum aufrecht erhält. Außerdem ist auf diese Weise gesichert, dass auch ein zweiter Notfall gleichzeitig versorgt werden kann.

Anders als in den Rotterdamer Einrichtungen haben in Hamburg generell alle Drogenkonsumierenden ohne Selektionskriterien Zugang zu den Konsumräumen. Da die Angebote stark frequentiert werden, führen zwei

Konzeption und Struktur der Konsumraumangebote

der untersuchten Einrichtungen Wartelisten. Für den Einlass in den Konsumraum müssen sich Konsumwillige mit Vornamen in die Warteliste eintragen, der Einlass erfolgt nach Aufruf von der Warteliste. Die Einrichtung *Stay Alive* hat sich bewusst gegen ein solches Verfahren entschieden und statt dessen ein Nummernsystem eingeführt. Das Nummernsystem samt Display, das die aufgerufene Nummer anzeigt, wurde aus mehreren Gründen favorisiert. Zum einen ist dieses Verfahren weniger personalintensiv, zum anderen lässt sich so der übliche Andrang vor dem Konsumraum vermeiden. Nicht zuletzt ist dieses System auch objektiver, da keine Verwechselung aufgrund gleicher Vornamen oder absichtlich falscher Identifikation des angegebenen Vornamens erfolgt.

Von den Hamburger Einrichtungen liegen detaillierte Angaben zur Konzeption und Inanspruchnahme vor. Aus der nachfolgenden Tabelle 5.3 geht hervor, dass alle drei Einrichtungen entweder über separierte Räume (z. B. *Drob Inn*) oder separierte Plätze (z. B. *Stay Alive*) für den intravenösen Konsum und den Rauchkonsum verfügen. Von den KonsumraumnutzerInnen favorisiert die überwiegende Mehrheit (bis 70 %) den intravenösen Drogenkonsum. Lediglich in der Einrichtung *Fixstern* ist aufgrund des Anstiegs des Crackkonsums die Konsumvariante des Rauchens ähnlich verbreitet wie der i.v.-Konsum.

Zunächst ist zu bemerken, dass seit Eröffnung der Konsumräume bislang keine Todesfälle aufgetreten sind, so dass von einer präventiven Wirkung der Angebote im Hinblick auf letale Überdosierungen ausgegangen werden kann.

Auffallend ist, dass der Frauenanteil unter den KonsumraumnutzerInnen in allen drei Einrichtungen gering ist und lediglich bei 10 % - 20 % liegt. Die untersuchten Konsumräume werden offenbar überwiegend von männlichen Drogenkonsumenten in Anspruch genommen. Die Anzahl an Konsumkontakten pro Tag sowie unterschiedlicher NutzerInnen zeigt, dass die Konsumräume aufgrund geringer Platzkapazitäten bei gleichzeitig starker Nachfrage bis an die Grenzen ausgelastet sind. Dies wird an Wartezeiten von bis zu 1,5 Stunden deutlich, obwohl die Aufenthaltsdauer in allen Konsumräumen auf maximal eine halbe Stunde begrenzt ist.

Lange Wartezeiten aufgrund belegter Konsumplätze produzieren häufig Konfliktsituationen: je länger die Warteliste, desto ungeduldiger die KonsumentInnen und desto größer der Stress für alle Beteiligten. Der Umgang der MitarbeiterInnen mit den Anspannungen um die Wartelisten ist je nach Konsumraum unterschiedlich. Teils reagieren sie, indem die KonsumentInnen aufgefordert werden, den Konsumvorgang zügig zu beenden.

Da der Aufenthalt im Konsumraum zeitlich limitiert ist, muss sich (z. B. im *Drob Inn*) erneut um einen Platz bemühen, wer in der vorgegebenen Zeit nicht fertig geworden ist. Teils entscheiden sich die Einrichtungen (z. B. *Stay Alive*) bewusst dagegen, Zeitdruck auszuüben, um die Zielsetzung eines „stressfreien" Konsums aufrechtzuerhalten.

Tabelle 5.3
Konzeption und Inanspruchnahme der Konsumräume in Hamburg

	Drob Inn	Fixstern	Stay Alive
Platzkapazitäten	7 i.v., 3 rauchen	6 i.v., 3 rauchen	6 i.v., 2 rauchen
Konsummuster			
- i.v.	70 %	50 %	überwiegend
- rauchen	30 %	50 %	selten
Anzahl an Konsumkontakten[a] pro Tag	300	250	40-50
Anzahl verschiedener NutzerInnen in 12 Tagen[b]	490	100-150	110
davon der Frauenanteil	20,4 %	15 %	10-20 %
Todesfälle	keine	keine	keine
Wartelisten	Ja	Ja	Nein (Nummerndisplay)
- Anzahl wartender Pers.	max. 20	max. 15	1-4
- Wartezeit pro Person	zwischen 13:00-19:00: max. 1,5 h sonst: max. 0,5 h	max. 1 h	nur in der Rush hour: max. 0,5 h
Dauer des regulären Aufenthaltes	20 min.	30 min.	30 min.
Zugangskriterien			
- Anmeldung	Per Warteliste	Per Warteliste	Nummer ziehen
- Alter	über 18 Jahre	ja (Nachfrage)	über 18 Jahre
- bekannt als i.v. UserIn	ja	ja	-

[a] „Konsumkontakte" (= Zählweise des *Drob Inn* und des *Stay Alive*): Personen, die den Konsumraum nutzen und zu diesem Zweck vorher auf der Warteliste standen, bzw. eine Nummer gezogen haben. Nutzen Personen mehrmals täglich den Konsumraum, werden sie auch mehrfach gezählt.
„Konsumeinheiten" (= Zählweise des *Fixstern*): Konsumvorgänge innerhalb von 30 Minuten. Verweilt eine Person länger als 30 Minuten im Konsumraum, wird sie erneut gezählt. NutzerInnen, die mehrfach täglich kommen, werden ebenfalls mehrfach gezählt.
[b] Die Angaben gründen sich auf einer Totalerhebung, die von den Einrichtungen in dem Zeitraum vom 2.6.-14.6.2000 durchgeführt wurde. Die Angaben des *Drob Inn* basieren auf der Auswertung der Warteliste. Hier wurden – nach

konservativen Vorgaben – Personen mit gleichem Buchstabenanfang im Nachnamen sowie mehrmals täglich Nutzende nur einmal gezählt. Nach diesem Vorgehen haben im angegebenen Zeitraum 335 Konsumierende den Druckraum und 155 Konsumierende den Rauchraum genutzt. Bei den Angaben des *Stay Alive* ist zu berücksichtigen, dass auch Befragungsverweigerungen und halb ausgefüllte Befragungen mitgezählt wurden. Die Angaben vom *Fixstern* sind Schätzwerte. In dem Zeitraum der Totalerhebung haben insgesamt 1.103 männliche und 195 weibliche Konsumierende das Konsumraumangebot genutzt. Ausgehend davon kann – mit starken Abweichungen – im Durchschnitt von 128 unterschiedlichen NutzerInnen pro Tag ausgegangen werden.

Im Konsumraum können mitgebrachte illegale Drogen oder Medikamente konsumiert werden. Der Konsum von Alkohol oder Cannabisprodukten ist dagegen in den Konsumräumen wie in den gesamten Einrichtungen verboten. Darüber hinaus existieren in den Einrichtungen Hausregeln, deren Verstoß mit Hausverbot sanktioniert wird. Zu den allgemein üblichen Hausregeln zählen: Verbot von Gewalt und Gewaltandrohung, Verbot sexistischer oder rassistischer Äußerungen und Verbot von Handel mit Drogen oder anderen Waren. Für den Aufenthalt im Konsumraum gelten weitere Hausregeln, die hygienischen, rechtlichen und ablauforganisatorischen Anforderungen entsprechen. Diese Regeln beinhalten, dass der Zutritt zum Konsumraum nur für Erwachsene über 18 Jahre gestattet ist, Hunde und Handys im Konsumraum verboten sind und Erwachsene in Begleitung kleiner Kinder keinen Zutritt haben.

Hinsichtlich des Betriebs der Rotterdamer Konsumräume zeigt sich, dass sich Konzeption und Rahmenbedingungen von den Hamburger Konsumräumen deutlich unterscheiden. Das gilt vor allem für die Zugangsbedingungen, die Größe der Konsumräume, die Aufenthaltsdauer und für die umfangreichen Hausregeln, die in den Rotterdamer Konsumräumen gelten. Zudem ist der Betrieb von Konsumräumen an spezifische und generell allen Konsumräumen auferlegte Kriterien und Ziele gekoppelt, die für die Betriebserlaubnis erfüllt sein müssen.

Im Rahmen des Programms „Safe & Clean in Rotterdam" besteht eine der Interventionsmaßnahmen in der Eröffnung von Konsumräumen unter bestimmten Bedingungen. Ziel ist hiernach die Verringerung von öffentlichem Ärgernis und die Verbesserung der Gesundheit von DrogenkonsumentInnen. Die Bedingungen, unter denen Konsumräume eröffnet werden können, betreffen die Erreichung dieser Ziele. Darüber hinaus gibt es Kriterien, die auf die spezifische und lokale Situation zugeschnitten werden müssen, wenn ein Konsumraum eingerichtet wird (vgl. GEURS (1996).

Kapitel 5

Die Tabelle 5.4 gibt anhand ausgewählter Merkmale Aufschluss über die Konzeption der vier in Rotterdam untersuchten Konsumräume.

Tabelle 5.4
Konzeption der Konsumräume in Rotterdam

	Pauluskerk	Moerkerke-straat	Het Buurthuis	De Buren/ Keetje Tippel
Platzkapazitäten	20 i.v., 20 rauchen	5 i.v., 14 rauchen	6 i.v., 10 rauchen	6 i.v., 14 rauchen
Konsummuster				
- i.v.	10-20 %	20 %	63 %	7 %
- rauchen	80-90 %	80 %	37 %	93 %
Anzahl PassinhaberInnen	250	25-30	25-30	150
davon der Frauenanteil	10-15 %	3 Frauen	50 %	100 %
Dauer des regulären Aufenthaltes im Konsumraum	15 min im Rauchraum (während der Rush hour) kein Zeitlimit im Fixerraum	Kein Zeitlimit	Kein Zeitlimit	30 min im Rauchraum 60 min im Fixerraum
Zugangskriterien	Keine	Obdachlos Mindestens 18 Jahre alt	Obdachlos Mindestens 18 Jahre alt	Straßenprostitution Frauen über 18 Jahre

Eine Besonderheit der Rotterdamer Einrichtungen besteht darin, dass der Zugang zu den Konsumräumen nur PassinhaberInnen gestattet ist. Außer bei der *Pauluskerk* ist die Bewilligung eines Zugangspasses an für jede Einrichtung spezifische Kriterien wie Obdachlosigkeit oder Straßenprostitution gekoppelt. Hinzu kommt, dass die Bewilligung eines Passes limitiert ist. Anders als in den Hamburger Einrichtungen, die prinzipiell allen Konsumwilligen offen stehen, wird in Rotterdam nicht nur eine Selektion nach Zielgruppe, sondern auch eine Begrenzung der Größe der Zielgruppe vorgenommen. Zugleich sind die Platzkapazitäten in den Rotterdamer Konsumräumen deutlich größer als in Hamburg. Aus diesem Grunde entstehen in den Rotterdamer Einrichtungen selten Wartezeiten, die zum Konsum an öffentlichen Orten verleiten.

Ein gravierender Unterschied zwischen den Hamburger und Rotterdamer KonsumentInnen liegt in den bevorzugten Konsummustern. Während die

Hamburger KonsumentInnen vornehmlich intravenös konsumieren, ist der intravenöse Drogenkonsum unter den Rotterdamer KonsumentInnen nur wenig verbreitet. Demzufolge sind auch die Platzkapazitäten in den Rauchräumen erheblich größer als in den Fixerräumen. Der überwiegende Anteil von über 80 % der KonsumraumnutzerInnen raucht Heroin oder Kokain. Eine Ausnahme bildet die Einrichtung *Het Buurthuis*, wo nahezu zwei Drittel der KonsumentInnen ihre Drogen injizieren. Dies ist darauf zurückzuführen, dass sich bei Eröffnung der Einrichtung viele i.v.-KonsumentInnen um einen Pass beworben haben.

Der Frauenanteil in zwei der drei geschlechtsunspezifischen Einrichtungen ist eher gering. Lediglich in der Einrichtung *Het Buurthuis* machen Konsumentinnen die Hälfte der PassinhaberInnen aus.

Ein Blick auf die zulässige Verweildauer in den Konsumräumen zeigt, dass die Einrichtungen jeweils sehr unterschiedlich mit der Begrenzung der Aufenthaltszeit umgehen. Teils existiert keinerlei Zeitlimit, und wenn zeitlich Vorgaben bestehen, dann eher für den Rauchraum und nicht für den Fixerraum.

Jede der vier untersuchten Rotterdamer Einrichtungen weist konzeptionelle Besonderheiten auf, die im Folgenden näher erläutert werden.

In dem Konsumraum der *Pauluskerk* ist das Rauchen von Kokain aus einer Base-Pfeife verboten, eine Zuwiderhandlung kann zu einem zweitägigen Ausschluss aus dem Konsumraum führen. Die MitarbeiterInnen betrachten das Rauchen von Kokainbase als eine unerwünschte Art des Kokainkonsums, die Unruhe und Aggression fördert. BesucherInnen, die gegen die Regel verstoßen, nicht in Leiste oder Hals zu injizieren, können ebenfalls für einige Tage ausgeschlossen werden. Nach Auskunft der MitarbeiterInnen erwischen sie allerdings nur gelegentlich jemanden, der in die verbotenen Bereiche injiziert. Trotz der allgemeinen Regel, dass die BesucherInnen sich nur 15 Minuten im Raucherraum aufhalten dürfen, wird diese nur während der Rush-Zeiten streng befolgt.

In den Einrichtungen *Het Buurthuis* und *Moerkerkestraat* müssen alle PassinhaberInnen obdachlos sein, um eine Zulassung zu erhalten. Alle sechs bis acht Wochen werden die Pässe von der Junkie Union geprüft. Die Pässe von Personen, die in der Zwischenzeit eine Wohnung bekommen haben oder in einem Wohnprojekt untergebracht sind, werden eingezogen. Auch wenn sich jemand mehr als zwei Wochen nicht meldet, wird der Pass eingezogen. Oftmals fragen DrogenkonsumentInnen nach einem Pass für die Konsumräume. Sind alle Pässe in Gebrauch, werden ihre Namen in eine Warteliste eingetragen. In der Einrichtung *Moerkerke-*

Kapitel 5

straat ist die Warteliste nicht sehr lang und umfasst etwa 10-15 Namen. Die DrogenhelferInnen dieser Einrichtung vermeiden es, neue Pässe an Drogenkonsumenten auszugeben, die relativ neu in der Drogenszene sind. Zudem wird die ethnische Zugehörigkeit berücksichtigt, damit keine ethnische Gruppe innerhalb der PassinhaberInnen zu groß wird.
Da alle PassinhaberInnen obdachlos sein müssen und nur einen Berechtigungsschein für jeweils einen der Konsumraumeinrichtungen haben dürfen, tauschen die Junkie Union und beide Einrichtungen Informationen über die Wohnsituation und andere Merkmale der PassinhaberInnen aus. Die Pässe von *Het Buurthuis* sind mit einem Foto versehen, so dass PassinhaberInnen leicht erkannt werden können.
Erhalten DrogenkonsumentInnen einen Zugangspass, müssen drei Formulare unterschrieben werden: ein Vertrag über die Einhaltung der Hausregeln, ein Haftungsvertrag und ein Informationsformular zur Person. Durch ihre Unterschrift erkennen PassinhaberInnen die Hausregeln an. Wer diese Regeln mehr als einmal übertritt, kann den Pass verlieren. In der Einrichtung *Moerkerkestraat* sind an der Eingangstür sowie in beiden Konsumräumen Kameras installiert, so dass MitarbeiterInnen das Geschehen auf dem Bildschirm verfolgen und in Notfällen sofort eingreifen können.
In beiden Einrichtungen umfassen die vertraglichen Übereinkünfte umfassende Hausregeln. Neben dem Verbot von Gewalt oder Gewaltandrohung sind unter anderem Alkoholkonsum und Drogenhandel verboten. Darüber hinaus darf kein Ammoniak bei der Drogenzubereitung benutzt werden. Außerdem wird von den PassinhaberInnen erwartet, dass sie andere ansprechen, um Ansammlungen vor dem Gebäude zu vermeiden.
Weil die Einrichtungen *De Buren* und *Keetje Tippel* ausschließlich den Straßenprostituierten vorbehalten sind, dürfen Drogendealer, Freunde und Kunden der Prostituierten das Gebäude nicht betreten. Der Security Guard gestattet den Passinhaberinnen Zugang zum Rauchraum und Injektionsraum. Diese Person führt auch Buch darüber, wer den Konsumraum aufsucht und zu welchem Zeitpunkt der Konsumraum wieder verlassen werden sollte. Auch für diese Einrichtung muss eine Einverständniserklärung unterzeichnet werden, dass die Organisation Boumanhuis nicht verantwortlich ist für Folgen und Risiken des Drogenkonsums im Konsumraum sowie für andere Dinge, die damit zusammenhängen. Mit dieser Unterschrift erklären sich die Passinhaberinnen zugleich mit den Hausregeln einverstanden. Der Pass wird eingezogen, wenn eine Passinhaberin den Konsumraum während eines Monats nicht aufgesucht hat.

Konzeption und Struktur der Konsumraumangebote

Wird die konzeptionelle Umsetzung und Praxis der Rotterdamer Konsumräume im Zusammenhang mit den Zielsetzungen Gesundheitsförderung und Reduktion öffentlicher Belastungen betrachtet, dann wird deutlich, dass Zugangskriterien, Verträge und Hausregeln entlang dieser Zielsetzungen bestimmt sind. Insbesondere das umfassende Regelwerk beinhaltet bereits Präventionsaspekte, da hiermit elementare Safer-Use-Verhaltensweisen festgelegt werden. Harm-Reduction wird mit deutlichen Verboten durchgesetzt, z. B. indem nur bestimmte Applikationstechniken erlaubt sind, bestimmte Körperteile für Injektionen und bestimmte Zubereitungsarten untersagt sind.

Zum Zeitpunkt der Untersuchungsdurchführung bestanden in Innsbruck bereits seit längerem Anstrengungen, das Angebot eines Konsumraums durchzusetzen. Dafür wurde auch das EU-Projekt genutzt:

„Durch die Integration eines Gesundheitsraumes in die Palette der überlebens- und existenzsichernden Angebote der Einrichtung wird diesem der Status eines österreichischen Pilotprojektes zuteil. (...) Erste Erfahrungen mit diesem Drogenhilfeangebot in Österreich können im Rahmen eines zweijährigen Probebetriebs gesammelt, bewertet und weitervermittelt werden. Eine baldige Umsetzung des *NIKA* bietet eine einmalige Chance, den Betrieb des Gesundheitsraumes innerhalb eines länderübergreifenden EU-Forschungsprojektes wissenschaftlich begleiten und evaluieren zu lassen" (vgl. CARITAS DIÖZESE INNSBRUCK 1999a, 4).

Der Konzeption zufolge sollte der Konsumraum mit insgesamt acht Konsumplätzen ausgestattet werden, von denen einer mittels separater Abtrennung als Rauchplatz gestaltet sein sollte. Der Aufenthalt in dem Konsumraum sollte auf 20 oder 30 Minuten begrenzt werden, so dass stündlich etwa 24 begleitete Konsumvorgänge vollzogen werden können. Im Konsumraum selbst sollten neben Sitzmöglichkeiten an einem Tisch zudem Liegeplätze eingerichtet werden, die als Ruheplatz oder auch zur Intervention bei Überdosierungen dienen. Ebenso wie in den Hamburger Einrichtungen ist vorgesehen, dass grundsätzlich alle Konsumwilligen Zutritt zum Konsumraum erhalten. Technisch sollte der Betriebsablauf über eine Signalanlage mit Zahlendisplay erfolgen, durch die sich einerseits MitarbeiterInnen bei einem Notfall verständigen können und die andererseits KonsumentInnen signalisiert, wann ein Konsumplatz frei geworden ist. Insgesamt wird mit dieser Konzeption davon ausgegangen, dass die Größe für die erwartete Frequentierung ausreichend ist, um Wartezeiten und damit ein Ausweichen zwecks Konsum in der Umgebung der Einrichtung zu vermeiden.

Kapitel 5

5.4 Rechtliche Rahmenbedingungen beim Betrieb von Konsumräumen

Rechtsklarheit für den Betrieb von Konsumräumen und Rechtssicherheit für MitarbeiterInnen, KonsumentInnen und auch für die Polizei im Hinblick auf Duldungsmaßnahmen sind elementare Grundlagen, um Konsumräume in Drogenhilfeeinrichtungen zuverlässig und abgesichert betreiben zu können. In den Hamburger und Rotterdamer Einrichtungen bestand jedoch lange Zeit Ungewissheit über die rechtliche Zulässigkeit des Betriebs von Konsumräumen. Gleichwohl erste Konsumräume in Rotterdam bereits im Jahr 1990 (*Pauluskerk*) und in Hamburg im Jahr 1994 (*Fixstern*) eröffnet wurden, bewegten sich die MitarbeiterInnen in diesen Einrichtungen bis vor kurzem noch in einer rechtlichen Grauzone.

Eine wichtige Frage, die im Zusammenhang mit der rechtlichen Absicherung von Drogenkonsumräumen immer wieder gestellt wird, betrifft die, ob das Angebot an Konsumräumen mit internationalen Übereinkommen in Einklang steht. Von dem Internationalen Suchtstoffkontrollrat (INCB) wird diese Frage eindeutig abschlägig beantwortet.

Der Internationale Suchtstoffkontrollrat publiziert jährlich den Weltdrogenbericht, in dem ein breites Spektrum an Themen zur nationalen und internationalen Suchtstoffkontrolle behandelt wird. In dem am 23. Februar 2000 veröffentlichten Bericht für das Jahr 1999 wurden unter anderem Drogenkonsumräume thematisiert. Nach Auffassung des INCB stellen Konsumräume einen Verstoß gegen die internationalen Drogenkonventionen dar und seien ein Schritt auf dem Weg zur Drogenlegalisierung:

„Das Einrichten von Drogeninjektionsräumen muss als Zuwiderhandlung gegen die internationalen Suchtstoffübereinkommen gewertet werden, da es der Begehung des strafbaren Erwerbs und Konsums sowie anderer Straftaten, einschließlich des Drogenhandels Vorschub leistet. In diesem Zusammenhang sei daran erinnert, dass die Suchtstoffübereinkommen vor mehreren Jahrzehnten auch deshalb verabschiedet wurden, um Orte wie Opiumhöhlen abzuschaffen, wo Betäubungsmittel ungestraft konsumiert werden konnten" (vgl. REPORT OF THE INTERNATIONAL NARCOTICS CONTROL BOARD 2000, 26).

In seinem Bericht betont der Rat, dass gemäß des Suchtstoffübereinkommens von 1998 die Vertragsstaaten verpflichtet seien, Besitz und Erwerb von Betäubungsmitteln für den nicht medizinischen Gebrauch als strafbare Handlungen zu verfolgen.

Konzeption und Struktur der Konsumraumangebote

In Deutschland wurde im Jahr 2000 von Bundestag und Bundesrat eine Änderung des BtMG ausgehandelt, die eine rechtliche Absicherung der Konsumräume nach vielfältigen zuvor erfolglosen Bemühungen ermöglicht hat. Die Ausnutzung und konkrete Ausgestaltung der Rechtsverordnung für die Einrichtung von Konsumräumen wurde den einzelnen Bundesländern überlassen und ist in jedem Bundesland im Detail anders ausgefallen.

Für die Stadt Hamburg wurde am 25. April 2000 vom Senat die nunmehr geltende Rechtsverordnung zum Betrieb von Konsumräumen erlassen (vgl. FREIE UND HANSESTADT HAMBURG 2000). Die Rechtsverordnung legt die landesrechtlichen Grundlagen zur dauerhaften Absicherung von Konsumräumen in der Hansestadt fest.

Bereits vor Änderung des BtMG hatte sich der Hamburger Senat mehrfach um eine rechtliche Klarstellung bezüglich der Zulässigkeit von Konsumraumangeboten bemüht. Parallel dazu wurde mit der Staatsanwaltschaft die „Hamburger Linie" ausgearbeitet. Dies hat BetreiberInnen von Konsumräumen allerdings nicht vor Strafverfolgung geschützt. Mit der Hamburger Linie wurde vereinbart, dass rechtliche Verfahren bis zur Klärung der Rechtsfragen ruhen sollten. Der Betrieb von Konsumräumen beruhte somit zunächst auf einem Stillhalteabkommen mit Polizei und Staatsanwaltschaft. Erst durch die Rechtsverordnung wurde die Ungewissheit für MitarbeiterInnen von Einrichtungen mit Konsumräumen beendet.

Noch vor Erlass der Rechtsverordnung wurden per Zuwendungsbescheid für den Betrieb von Konsumräumen durch die Stadt Hamburg Auflagen erteilt. Diese Auflagen wurden zentraler Bestandteil der Rechtsverordnung. So ist die Erlaubnis für die Einrichtung von Konsumräumen explizit an Zielsetzungen gekoppelt, die weit über Gesundheitsförderung hinausgehen und ausstiegs- und behandlungsorientierte Ziele beinhalten. In der Rechtsverordnung wird als Zielsetzung benannt:

„Ziel ist, Opiatabhängigen, die sich das Betäubungsmittel meist im öffentlichen Raum und unter äußerst gesundheitsschädlichen Rahmenbedingungen applizieren, die Möglichkeit zu verschaffen, die Betäubungsmittel innerhalb des Drogenkonsumraumes zu konsumieren. (...) Ziel ist es, die Möglichkeit zu schaffen, diesen Personenkreis perspektivisch in weiterführende und ausstiegsorientierte Angebote der Beratung und Therapie zu vermitteln. Diese Zweckbestimmung ist in der Rechtsverordnung ausdrücklich benannt" (vgl. FREIE UND HANSESTADT HAMBURG 2000).

Kapitel 5

Weiterhin wird mit der Rechtsverordnung festgelegt, dass nur volljährige KonsumentInnen mit Konsumerfahrungen Zugang zum Konsumraum haben dürfen. Substituierte erhalten nur in Ausnahmefällen Erlaubnis zum Einlass in den Konsumraum. Zudem sind MitarbeiterInnen der Einrichtungen angehalten, im nachbarschaftlichen Umfeld darauf hinzuwirken, dass Drogenhandel und Szenebildungen im Umfeld der Einrichtungen unterbleiben. Um Straftaten im Umfeld der Einrichtungen zu verhindern, sind die Einrichtungen zur kontinuierlichen Zusammenarbeit mit den zuständigen Polizeidienststellen verpflichtet.

Neben der rechtlichen Absicherung von Konsumraumangeboten wird durch die Rechtsverordnung die Etablierung betrieblicher Standards in der „Verordnung über die Erteilung einer Erlaubnis für den Betrieb von Drogenkonsumräumen" verbindlich festgeschrieben. Dort heißt es in § 9 „Verhinderung von Straftaten im Umfeld der Einrichtung", dass wöchentlich ein Kurzprotokoll geführt werden muss, in dem durch den Konsumraum bedingte Auswirkungen auf das unmittelbare Umfeld und aktuelle Vorkommnisse dokumentiert werden sollen. Die Einrichtung hat in Zusammenarbeit mit der Polizei Maßnahmen zu ergreifen, um Szenenansammlungen durch Verhaltensänderungen von KonsumentInnen zu verhindern. § 10 schränkt den Kreis der berechtigten BenutzerInnen dahingehend ein, dass alkoholisierten und intoxikierten Personen, die durch den Drogenkonsum im Konsumraum ein erhöhtes Gesundheitsrisiko verursachen könnten, der Zugang zum Konsumraum zu verweigern ist. Ebenfalls aus dem Kreis der berechtigten NutzerInnen ausgeschlossen sind Erst- und GelegenheitskonsumentInnen.

Bis vor kurzem herrschte in Rotterdam Unsicherheit, ob Konsumräume unter den Bestimmungen des Opiumgesetzes zulässig sind. Dies wurde inzwischen mit der Staatsanwaltschaft des Justizministeriums ausreichend geklärt. In den überarbeiteten Richtlinien vom 1. Oktober 1996 bezüglich Ermittlung und Verfolgung im Zusammenhang mit dem Opiumgesetz wird der Besitz von Drogen in Drogenkonsumräumen toleriert, sofern diese Einrichtungen in die Politik der drei örtlichen Behörden passen (Bürgermeister, Polizei und Staatsanwaltschaft). Es wird zur Auflage gemacht, dass innerhalb der Drogenkonsumräume keine Drogen bereitgestellt oder gehandelt werden (vgl. COLLEGE VAN PROCUREUR-GENERAAL 1996).

Die rechtlichen Leitlinien zum Betrieb von Konsumräumen sind in die Politik des Toleranzprinzips eingebettet. Die Grundlage dieser Toleranzpolitik ist das Abwägen von Interessen, wobei das Interesse der Aufrechterhaltung der Räume zurücktreten muss, wenn ein höheres Allgemeininteresse zu erkennen ist. In Bezug auf die Drogenpolitik ist das höhere Interesse die öffentliche Gesundheit, die Trennung der Märkte von leichten und harten Drogen und die öffentliche Ordnung.

Für die einzelnen Stadtgebiete gibt es ein allgemeines ortsbezogenes Gesetz, das APV, das für die unmittelbare Umgebung der Straße, in der sich der Konsumraum befindet, zuständig ist. Im APV werden Verbote ausgesprochen, die den Konsum von Alkohol, das offene Tragen von Messern oder anderen Stichwaffen, Straßenprostitution und die Ansammlung von vier oder mehr KonsumentInnen oder DealerInnen betreffen. Darüber hinaus existieren Bestimmungen bezüglich des Verkaufs und des Gebrauchs von Drogen und des Herumliegenlassens von Injektionsnadeln und anderem Abfall. Außerdem können Personen für bis zu 14 Tage aus dem Gebiet verbannt werden.

Bei einer Stelle in der Gebietsverwaltung können Belästigungen gemeldet werden. Jede Person aus der Nachbarschaft kann sich dort über den Konsumraum beklagen. Diesen Klagen wird durch die Polizei höchste Priorität eingeräumt.

Die Einrichtungen *Het Buurthuis* und *Moerkerkestraat* konnten den Betrieb von Konsumräumen aufnehmen, weil alle Betroffenen Vorkehrungen trafen, um bestimmte Bedingungen zu erfüllen. Abgesehen vom Vetorecht der Anwohnerschaft im Umfeld der Einrichtung *Moerkerkestraat* sind die Abkommen beider Konsumräume gleich. Der ausgearbeitete und unterschriebene Vertrag enthält folgende Themen (vgl. INTRAVAL 1998a):

1. AnwohnerInnen und LadenbesitzerInnen haben ein Vetorecht, was besagt, dass sie letztendlich über die Eröffnung oder Schließung des Drogenkonsumraumes *Moerkerkestraat* entscheiden.
2. Es wird beschlossen, dass höchstens 25 Pässe ausgegeben werden dürfen. Fünf zusätzliche Pässe können nur an DrogenkonsumentInnen ausgegeben werden, die von den AnwohnerInnen benannt werden.
3. Es werden Vereinbarungen über den Drogenkonsum getroffen: Heroin und Kokain dürfen ausschließlich geraucht oder injiziert werden. Die MitarbeiterInnen sind verantwortlich für die internen Angelegenheiten des Drogenkonsumraumes wie Hygiene, Räumlichkeiten und die Bereithaltung des benötigten Materials.
4. AnwohnerInnen können den Drogenkonsumraum in Begleitung von EinrichtungsmitarbeiterInnen besuchen.

Kapitel 5

5. Für die Reinigung der direkten Umgebung des Drogenkonsumraumes wurde mit „Topscore", einer lokalen Arbeitsvermittlung für Drogenkonsumenten, eine Vereinbarung getroffen.

In Innsbruck wurde für den geplanten Betrieb einer niedrigschwelligen Anlaufstelle mit integriertem Konsumraum von Prof. Dr. Christian Bertel ein strafrechtliches Gutachten erstellt (vgl. hierzu CARITAS DIÖZESE INNSBRUCK 1999a, 30). In diesem Gutachten wurde für den Betrieb eines Konsumraumes festgestellt, dass „jemanden zu helfen, Suchtgift zu konsumieren, das der erwachsene oder minderjährige Konsument bereits besitzt, nicht strafbar" ist. Die Einrichtung eines Konsumraumes sei daher strafrechtlich unbedenklich und zwar ebenso wie das Aufstellen von Spritzenautomaten. Im Konsumraum tätige MitarbeiterInnen unterliegen bestimmten Pflichten, die die Einhaltung hygienischer Standards und die unverzügliche Intervention bei Notfällen beinhalten.

Die Rechtsauffassung von der strafrechtlichen Unbedenklichkeit des Betriebs von Konsumräumen galt bereits vorher im Rahmen des rechtskräftigen – und inzwischen reformierten – österreichischen Suchtgiftgesetzes (SGG). Diese Rechtsauffassung wurde zudem vom Justizministerium mit den Worten bestätigt, dass auch das „Bereitstellen von Räumlichkeiten, in denen der Suchtgiftkonsum gestattet wird, keine strafrechtlichen Bedenken" erweckt.

Kapitel 6

NutzerInnenperspektive:
Ergebnisse der KonsumentInnenbefragung

Wie bereits erläutert, verfolgt die in diesem Band beschriebene Studie das Ziel, Drogenkonsumräume aus drei Perspektiven zu evaluieren – der der KlientInnen dieser Einrichtungen, der der dort arbeitenden MitarbeiterInnen und der des örtlichen Umfeldes. In diesem Kapitel werden die Ergebnisse der quantitativen Befragung der ersten Gruppe vorgestellt: der Nutzerinnen und Nutzer der Einrichtungen. In den anschließenden Kapiteln 7 und 8 folgen dann Resultate zur Sichtweise der beiden anderen beteiligten Gruppen.

Die Ergebnisse der KonsumentInnenbefragung gestatten Rückschlüsse auf die Gültigkeit der Hypothesen, die der Untersuchung zugrunde liegen. Im einzelnen geben sie Antworten auf eine Vielzahl von Fragen:

- Soziodemografische Daten: Wer sind die Menschen, die in die Einrichtungen kommen? Welche KonsumentInnengruppen werden durch das Angebot erreicht?
- Drogenkonsum: Welche Drogen konsumieren die BesucherInnen der Einrichtungen wie oft und auf welchem Wege? Welche riskanten Konsummuster praktizieren sie möglicherweise?
- Verhältnis zur Szene: Wann und wie häufig kommen die KonsumentInnen auf die Szene? Aus welchen Gründen halten sie sich dort auf?
- Konsumorte: Wo, insbesondere an welchen öffentlichen Orten, konsumieren die EinrichtungsnutzerInnen Drogen?
- Gesundheit: Wie gesund sind die DrogenkonsumentInnen? Welche körperlichen Probleme haben sie im einzelnen? Wie sieht ihre medizinische Versorgung aus?
- Nutzung der Einrichtungen: Wie werden Konsumräume von den DrogenkonsumentInnen genutzt und akzeptiert? Erreichen die präventiven Botschaften die KonsumentInnen? Aus welchen Gründen wird das Angebot möglicherweise nicht genutzt?
- Veränderungen: Zeigen sich aufgrund der Inanspruchnahme von Konsumräumen Veränderungen hinsichtlich eines gesundheitsbewussteren Verhaltens und risikoärmerer Konsummuster?

Kapitel 6

6.1 BASISDATEN DER STICHPROBE

In den drei Städten wurden insgesamt 772 DrogenkonsumentInnen mit Hilfe teilstandardisierter Fragebögen befragt. Der größte Anteil – 616 Personen – in Hamburg, 89 in Innsbruck und 67 in Rotterdam.[9] Die Erhebungen fanden im Sommer und Herbst 2000 statt.

In Hamburg verteilten sich die Befragungen auf die Einrichtungen *Drob Inn* (51 %, N=315), *Fixstern* (29 %, N=176) und *Stay Alive* (15 %, N=94) sowie die Drogenszene (5 %, N=31). In Innsbruck wurde zu allen 89 Personen auf der Szene Kontakt aufgenommen. In Rotterdam wurden KonsumentInnen befragt, die Zugangspässe für einen der folgenden Konsumräume besitzen: *Pauluskerk* (55 %, N=37), *Het Buurthuis* (7 %, N=5), *De Buren/Keetje Tippel* (30 %, N=20) und *Moerkerkestraat* (7 %, N=5).

6.2 WER SUCHT DIE KONSUMRÄUME AUF?

Ein erstes Erkenntnisinteresse der Erhebung ist die Frage, welche KonsumentInnen die untersuchten Einrichtungen überhaupt aufsuchen. In einem ersten Schritt gilt es somit, die Befragten hinsichtlich ihrer allgemeinen Lebenssituation zu beschreiben.

Alter

Das Spektrum der befragten DrogenkonsumentInnen ist sehr breit. Das zeigt sich bereits an ihrem Alter: Die jüngsten BesucherInnen, die befragt wurden, waren in Innsbruck und Hamburg gerade einmal 16 bzw. 17 Jahre alt, in Rotterdam war der Jüngste 22 Jahre. Die ältesten GesprächspartnerInnen hätten dem Alter nach ihre Eltern sein können: Sie waren in Rotterdam 51, in Hamburg 54 und in Innsbruck sogar 57 Jahre alt.
Betrachtet man das durchschnittliche Alter der Befragten, so wird ein erster Unterschied zwischen den Städten sichtbar: Die in den Rotterdamer Konsumräumen anzutreffenden KonsumentInnen sind mit durchschnitt-

---

[9] In Rotterdam wurden ursprünglich 69 Inhaber von Pässen für Drogenkonsumräume interviewt. Die Befragungen zweier Personen, die Pässe für den Konsumraum *De Buren* besaßen, können jedoch nicht berücksichtigt werden: Einer der Klienten wurde aus der Einrichtung verwiesen, der andere beantwortete keine der Fragen über den Drogenkonsumraum.

lich 36,4 Jahren deutlich älter als die Innsbrucker Befragten mit 29,9 Jahren. Die Hamburger KonsumentInnen waren im Durchschnitt 32,6 Jahre alt, liegen also altersmäßig dazwischen. Ein weiterer Unterschied zwischen den Städten wird sichtbar, wenn das Alter in Abhängigkeit vom Geschlecht betrachtet wird: Während in Rotterdam die weiblichen Befragten durchschnittlich ein gutes Jahr älter sind als die männlichen (37,1 gegenüber 36,0 Jahre) sind in Innsbruck (Frauen 27,0 Jahre, Männer 31,3 Jahre) und Hamburg (Frauen 30,5 Jahre, Männer 33,1 Jahre) die Männer im Durchschnitt 4,3 bzw. 2,6 Jahre älter. Das bedeutet, dass die befragten holländischen Frauen durchschnittlich gute zehn Jahre älter sind als die österreichischen Frauen – bei den Männern beträgt die Differenz nur 4,3 Jahre.

Geschlecht

In allen drei Städten wurden deutlich weniger Frauen als Männer befragt: Ihr Anteil lag in Innsbruck und Rotterdam bei einem Drittel, in Hamburg sogar nur bei 21 %. Vergleicht man diese Werte mit Ergebnissen von Erhebungen in den untersuchten Einrichtungen (vgl. Kapitel 7.1), so besteht dennoch Anlass zu der Vermutung, dass aufgrund von untersuchungsimmanenten Faktoren möglicherweise eine Verzerrung zugunsten des gemessenen Frauenanteils vorliegt.[10]

Aktuelle Wohnsituation

Zur Beurteilung der sozialen Situation der Befragten sind ihre Wohnverhältnisse ein wichtiger Faktor. Unterschieden wird hier zwischen einer stabilen und einer instabilen Wohnsituation (Tabelle 6.1). Während erstere durch ein gewisses Maß an Dauerhaftigkeit und Stabilität und teilweise auch das Vorhandensein von MitbewohnerInnen gekennzeichnet ist, handelt es sich bei zweiterer entweder um eine unsichere, vorübergehende Unterbringung mit drohender Obdachlosigkeit oder der Betroffene

---

[10] Darüber, was eine solche Verzerrung verursacht haben könnte, können hier nur Mutmaßungen angestellt werden: Denkbar ist, dass Frauen eher dazu bereit waren, sich befragen zu lassen, oder dass die InterviewerInnen selbst (unbewusst) überproportional viele Frauen angesprochen haben. Eine Szeneuntersuchung gibt allerdings den Anteil der Konsumentinnen im Hamburger Stadtteil St. Georg im Mai 1999 mit 23 % an (THIEL et al. 2000) an. Dieser Wert differiert kaum von dem hier ermittelten.

lebt bereits auf der Straße. In einer solch unsicheren Lage befinden sich immerhin 21 % der befragten InnsbruckerInnen. In Hamburg sind es 25 % und in Rotterdam sogar 39 %. Dieser hohe Anteil ist allerdings teilweise dadurch zu erklären, dass einige der holländischen Konsumräume explizit Obdachlosen vorbehalten sind.

Tabelle 6.1
Wohnsituation

	Hamburg (N=606)	Innsbruck (N=80)	Rotterdam (N=67)
Stabile Wohnsituation	74 %	80 %	61 %
Instabile Wohnsituation	25 %	21 %	39 %
k.A. (N)	10	9	-

Zwischen den Wohnverhältnissen der weiblichen und der männlichen Befragten lassen sich nur in Rotterdam nennenswerte Unterschiede feststellen: Der Anteil derjenigen, die sich in einer instabilen Wohnsituation befinden, ist dort bei den Männern mit 44 % deutlich höher als bei den Frauen mit 27 %.

Aktuelle Beschäftigungs- und Einkommenssituation

Ebenfalls wichtig für die Charakterisierung der sozialen Situation der befragten DrogenkonsumentInnen ist ihre derzeitige Beschäftigungs- bzw. Einkommenssituation. Während in Hamburg und Innsbruck (Tabelle 6.2) bei der Erhebung der „offizielle" Status im Vordergrund stand, wurde in Rotterdam nach den legalen wie auch nach illegalen Einkommensquellen gefragt. Der Anteil derjenigen, die einer Vollzeitbeschäftigung nachgehen, ist unter den HamburgerInnen und InnsbruckerInnen mit 14 % bzw. 12 % ähnlich gering. Betrachtet man den Prozentsatz derjenigen, die überhaupt ein Einkommen aus einer beruflichen Tätigkeit erzielen – egal ob es sich hierbei um eine Ganztags-, eine Teilzeitstelle oder unregelmäßige Jobs handelt – so liegt er in Hamburg bei 26 % und in Innsbruck bei 27 %. Das heißt, das in beiden Städten nur etwa ein Viertel über ein Arbeitseinkommen verfügt. Als arbeitslos definieren sich jeweils über die Hälfte der Befragten: 53 % in Innsbruck und sogar 63 % in Hamburg.

NutzerInnenperspektive: Ergebnisse der KonsumentInnenbefragung

Tabelle 6.2
Beschäftigungssituation der Hamburger und Innsbrucker KonsumentInnen

	Hamburg			Innsbruck		
	Gesamt (N=569)	Frauen (N=119)	Männer (N=444)	Gesamt (N=75)	Frauen (N=23)	Männer (N=50)
Ganztags tätig	14 %	10 %	16 %	12 %	13 %	12 %
Teilzeit (regelmäßig)	6 %	7 %	6 %	8 %	4 %	8 %
Teilzeit (unregelmäßig/Jobs)	6 %	7 %	6 %	7 %	9 %	6 %
Schüler/Student/ Auszubildender	4 %	4 %	5 %	3 %	4 %	2 %
Bundeswehr/ Zivildienst	0 %	-	0 %	-	-	-
Rentner/Frührentner (Invalidität)	2 %	3 %	2 %	12 %	13 %	12 %
Arbeitslos	63 %	60 %	63 %	53 %	52 %	54 %
In Institution (Krankenhaus, Gefängnis, Therapie o. ä.)	1 %	2 %	1 %	5 %	4 %	6 %
Hausfrau/Hausmann	3 %	8 %	1 %	-	0 %	0 %
k.A. (N)	47	9	36	14	3	2

Die von den Rotterdamer KonsumentInnen am häufigsten genannten Geldquellen machen deutlich, welche große Bedeutung für die Befragten neben legalen (Sozialhilfe, Zeitungsverkauf) auch illegale Verdienstmöglichkeiten haben. Mehrfachnennungen waren hier möglich (Tabelle 6.3).
In einem weiteren Schritt konnten die Rotterdamer Befragten ihre wichtigste und zweitwichtigste Einkommensquelle nennen. Den Verkauf des Straßenmagazins „Straatkraat" nennen 13 % an erster und 21 % an zweiter Stelle. Die Arbeit für „Topscore", eine Arbeitsagentur für Drogenabhängige, bildet für immerhin 7 % die wichtigste und für weitere 5 % die zweitwichtigste Einkommensquelle. Andere legale Arbeitsverhältnisse haben nur eine marginale Bedeutung. Da 26 % eine der genannten Beschäftigungsformen als wichtigste Geldquelle nennen, ist davon auszugehen, dass der Anteil der Rotterdamer KonsumentInnen, die zumindest teilweise arbeiten, mindestens genauso hoch ist wie in Hamburg (26 %) und Innsbruck (27 %).
Ein Unterschied zwischen den drei Städten wird sichtbar, wenn die Arbeitssituation von Männern und Frauen getrennt betrachtet wird: Die beschriebenen Beschäftigungsformen nennt in Rotterdam nur eine Frau

als – zweitwichtigste – Einkommensquelle.[11] Alle anderen Beschäftigten sind Männer. In Innsbruck hingegen bejaht mit 26 % jeweils ein identischer Anteil der weiblichen und männlichen Befragten, einer der genannten Arbeitsformen nachzugehen. In Hamburg ist der Anteil der Männer in Beschäftigung mit 28 % zwar höher als der der Frauen (24 %), aber der Unterschied ist wesentlich geringer als in Rotterdam.

Tabelle 6.3
Einkommensverhältnisse der Rotterdamer Befragten

	Frauen (N=22)	Männer (N=45)	Insgesamt (N=67)
Sozialhilfe	68 %	58 %	61 %
Vermögensdelikte	36 %	64 %	55 %
Verkauf von Pillen usw.	32 %	44 %	40 %
Prostitution	100 %	2 %	34 %
Verkauf der Zeitung „Straatkraat"	0 %	47 %	31 %
Arbeit für einen Dealer	5 %	36 %	25 %
Arbeit über Topscore [a]	9 %	27 %	21 %
Andere legale Arbeit (schwarz)	5 %	18 %	13 %
Selbständiges Dealen	14 %	13 %	13 %
Unterstützung für Behinderte	9 %	13 %	12 %
Gewaltdelikte	9 %	7 %	8 %
Andere legale Arbeit (offiziell)	0 %	7 %	5 %
Anderes Einkommen	5 %	9 %	8 %

[a] Topscore ist eine Agentur, die Arbeit an Drogenabhängige vermittelt.

Zusammen mit den bereits festgestellten Unterschieden beim Alter der weiblichen DrogenkonsumentInnen deuten diese Differenzen auf eine recht unterschiedliche Situation der Rotterdamerinnen im Vergleich zu den Frauen in den beiden anderen Städten hin. Es ist allerdings zu beachten, dass die Einbeziehung des holländischen Konsumraums *De Buren/ Keetje Tippel*, der ausschließlich weiblichen Prostituierten offen steht, eine gewisse Verzerrung zugunsten dieser Personengruppe mit sich bringt.

---

[11] Prostitution bezeichnen 64 % der Rotterdamer Frauen als wichtigste und 40 % als zweitwichtigste Einkommensquelle. Keiner der befragten Männer erwähnt diese Geldquelle. Da zum Thema Prostitution in den beiden anderen Städten keine Fragen gestellt wurden, ist hier kein direkter Vergleich möglich.

NutzerInnenperspektive: Ergebnisse der KonsumentInnenbefragung

Partnerschaften

Ob jemand allein, mit vorübergehenden PartnerInnen oder in einer festen Beziehung lebt, hat ebenfalls einen Einfluss auf seine Lebenssituation. Als alleinstehend bezeichnet sich gut die Hälfte (53 %) der befragten HamburgerInnen. Dies sind deutlich mehr als in Innsbruck, wo nur 36 % keine PartnerIn haben. In einer festen Beziehung leben 44 % der österreichischen KonsumentInnen und 38 % der deutschen. Der Anteil derjenigen mit fester Beziehung, die mit ihrem Partner bzw. ihrer Partnerin zusammenleben, ist allerdings in Hamburg größer als in Innsbruck. In Rotterdam wurde nicht nach dem Bestehen einer Partnerschaft gefragt, sondern danach, ob und ggf. mit wem die KonsumentInnen zusammenwohnen. 21 % antworteten, dass sie mit ihrem Partner bzw. ihrer Partnerin in einem Haushalt leben. Dieser Anteil ist exakt so hoch wie in Innsbruck und weicht auch von dem Hamburger Wert (24 %) nur wenig ab.

In allen drei Städten leben anteilsmäßig mehr drogenkonsumierende Frauen als Männer in einer Partnerschaft. Als alleinstehend bezeichnen sich nur 38 % der Hamburgerinnen und 26 % der Innsbruckerinnen, aber 57 % der Hamburger und 41 % der Innsbrucker. In Rotterdam wurde zwar nicht direkt danach gefragt, ob die Gesprächspartner alleinstehend sind, aber der Anteil der Alleinlebenden (die sich trotzdem in einer Partnerschaft befinden können) ist bei den Männern mit 78 % deutlich höher als bei den Frauen mit 46 %. Mit der PartnerIn zusammen wohnen nur 13 % der männlichen, aber 36 % der weiblichen KonsumentInnen in Rotterdam. In Hamburg und Innsbruck geben dies verhältnismäßig etwas mehr Männer an: 20 % bzw. 16 %. Von den Hamburger drogenkonsumierenden Frauen leben 42 % mit einem festen Partner zusammen, in Innsbruck sind es nur 30 %.

Wohn- und Aufenthaltsorte der Hamburger Befragten

Für KonsumentInnen, die normalerweise zu Hause konsumieren, ist die Nutzung eines Konsumraums möglicherweise einfacher, je kürzer der Weg ist, den sie zurücklegen müssen, um dorthin zu gelangen. Aber auch für diejenigen, die sich tagsüber an einem anderen Ort – etwa auf der Szene – aufhalten, ist die Frage relevant, wie weit der nächste Konsumraum entfernt ist. In der Hamburger Erhebung wurden daher sowohl der Wohn- als auch der normale Aufenthaltsort festgehalten, um festzustellen, wie günstig die Einrichtungen in dieser Hinsicht gelegen sind.

Kapitel 6

Nur rund ein Viertel (26 %) der NutzerInnen der Einrichtungen wohnen in dem Stadtteil, in dem sich dieser befindet. Weitere 19 % wohnen immerhin in der Nähe, müssen also ebenfalls von zu Hause aus keinen sehr weiten Weg zurücklegen, um dorthin zu gelangen. Über die Hälfte der GesprächspartnerInnen leben jedoch weit weg von den Einrichtungen: 41 % in einem weit entfernten Stadtteil bzw. am Stadtrand von Hamburg, 13 % sogar außerhalb der Stadt. 2 % verfügen über keinen festen Wohnort. Wie zu vermuten, zeigen sich bei den Wohnorten keine deutlichen Unterschiede zwischen weiblichen und männlichen Befragten.

Geht man davon aus, dass die KonsumentInnen die Einrichtungen im Regelfall im Laufe des Tages nicht von zu Hause, sondern von dem Ort aus aufsuchen, an dem sie sich ohnehin gerade aufhalten (z. B. um sich dort Drogen zu besorgen), so erscheint die Nähe zu diesen Aufenthaltsorten entscheidend zu sein. Hier lässt sich festhalten, dass die Lage der Konsumräume für rund drei Viertel der Befragten als günstig einzuschätzen ist: Über die Hälfte (55 %) der GesprächspartnerInnen halten sich gewöhnlich in dem Stadtteil auf, in dem sich die Einrichtung befindet, weitere 18 % in der Nähe. Nur ein Viertel hat seinen Lebensmittelpunkt in einem weiter entfernten Stadtteil oder am Stadtrand (18 %) oder gar in einer anderen Stadt (7 %). 2 % nennen keinen festen Aufenthaltsort.

6.3 WELCHE SUBSTANZEN WERDEN WIE KONSUMIERT?

Beginn des regelmäßigen Drogenkonsums

Die Befragten haben in ganz unterschiedlichen Lebensabschnitten damit begonnen, regelmäßig harte Drogen zu nehmen: In den drei Städten sind DrogengebraucherInnen anzutreffen, die bereits vor oder während der Pubertät damit anfingen, aber auch solche, die erst sehr spät in ihrem Leben mit dem Drogenkonsum begannen (Tabelle 6.4).[12] Im Durchschnitt waren die HamburgerInnen und RotterdamerInnen 20,9 Jahre alt, als sie

---

[12] Für die Befragten in Hamburg und Innsbruck ist der früheste regelmäßige Konsum irgendeiner (harten) Droge angegeben. In Rotterdam wurde getrennt nach dem Beginn des regelmäßigen Konsums von Heroin, Kokain und Methadon gefragt. In der Tabelle 6.4 werden die Altersangaben für den ersten Heroinkonsum angegeben, da diese niedriger sind als für die beiden anderen Substanzen.

erstmals regelmäßig harte Drogen konsumierten, die InnsbruckerInnen jedoch haben im Durchschnitt mehr als drei Jahre früher angefangen: Sie waren zu diesem Zeitpunkt im Schnitt gerade einmal 17,6 Jahre alt.

Tabelle 6.4
Beginn des regelmäßigen Drogenkonsums

	Hamburg (N=598)	Innsbruck (N=72)	Rotterdam (N=67)
Frühester erster regelmäßiger Konsum	10 Jahre	11 Jahre	14 Jahre
Spätester erster regelmäßiger Konsum	49 Jahre	35 Jahre	38 Jahre
Durchschnittlicher Beginn des regelmäßigen Konsums	20,9 Jahre	17,6 Jahre	20,9 Jahre
Median	20 Jahre	17 Jahre	20 Jahre
k.A. (N)	18	17	-

Betrachtet man das Einstiegsalter für Männer und Frauen getrennt, so zeigt sich zum einen, dass Frauen im Durchschnitt früher angefangen haben: Die Hamburgerinnen begannen mit 20 Jahren regelmäßig zu konsumieren, die Hamburger mit 21,1 Jahren; in Innsbruck waren die weiblichen Befragten zu diesem Zeitpunkt im Durchschnitt sogar erst 16,2 Jahre alt, die Männer immerhin 18,5 Jahre. Zum anderen wird aber auch deutlich, dass einige Männer offenbar noch später im Leben mit dem Drogenkonsum beginnen: Der männliche Befragte mit dem höchsten Einstiegsalter war sowohl in Hamburg (49 gegenüber 35 Jahre) als auch in Innsbruck (35 gegenüber 23 Jahre) deutlich älter als sein weibliches Pendant.

Als Indiz dafür, wie lange die Befragten bereits Drogen konsumieren, kann die Differenz zwischen ihrem aktuellen Alter und dem Alter beim ersten Konsum harter Drogen herangezogen werden. Mögliche Cleanphasen können hierbei allerdings nicht berücksichtigt werden. Im Durchschnitt konsumieren die Hamburger Befragten demnach seit 11,9 Jahren Drogen, die Innsbrucker kaum kürzer – seit 11,4 Jahren. Die Hamburger Männer sind durchschnittlich bereits seit 12,1 Jahren abhängig, die Frauen seit 10,8 Jahren. In Innsbruck begannen die befragten Männer im Durchschnitt vor 11,7 Jahren mit dem Konsum, die Frauen vor 10,3 Jahren.

Kapitel 6

Aktueller Drogenkonsum

In Hamburg und Innsbruck beinhalteten die Erhebungen Fragen zum Drogenkonsum in den vorangegangenen 24 Stunden, in Rotterdam zu den vergangenen 30 Tagen. Von wenigen Ausnahmen abgesehen geben alle Befragten an, in dem besagten Zeitraum Drogen konsumiert zu haben. In allen drei Städten ist zu beobachten, dass die KonsumentInnen ein breites Spektrum an Drogen zu sich nehmen, wobei Heroin, Kokain, die Ersatzdroge Methadon, Cannabis und Alkohol am häufigsten genannt werden (Tabelle 6.5). In Hamburg und Innsbruck werden zudem Benzodiazepine relativ häufig erwähnt. Diese waren nicht Bestandteil des Rotterdamer Fragebogens; hier wurde allgemeiner danach gefragt, ob Medikamente

Tabelle 6.5
Aktueller Drogenkonsum nach Substanzen

	Hamburg (letzte 24 Std.) (N=616)	Innsbruck (letzte 24 Std.) (N=88)	Rotterdam (letzte 30 Tage) (N=67)
Heroin	84 %	35 %	99 %
Kokain	73 %	24 %	100 %
Methadon	32 %	27 %	73 %
DHC/Codein	3 %	14 %	k.A.
Benzodiazepine	26 %	63 %	k.A.
Barbiturate	2 %	3 %	k.A.
Speed, Amphetamine	3 %	10 %	k.A.
Cannabis	26 %	59 %	75 %
Alkohol [a]	27 %	44 %	25 %
Morphin/ andere Opiate	0 %	68 %	k.A.
Ecstasy / MDMA	3 %	7 %	0 %
Medikamente (aus nicht-medizinischen Gründen)	k.A.	k.A.	40 %
Anderes	4 %	6 %	k.A.
Keine Drogen	0,3 %	2,3 %	k.A.
k.A. (N)	0	1	0

[a] In Rotterdam nur, wenn mindestens fünfmal täglich konsumiert.

NutzerInnenperspektive: Ergebnisse der KonsumentInnenbefragung

aus nicht-medizinischen Gründen konsumiert werden. Dies wird ebenfalls häufig bejaht. Von geringerer Bedeutung sind hier andere Ersatzstoffe (DHC, Codein), Barbiturate, Amphetamine und Ecstasy. Einen Sonderfall stellt Morphin in der Innsbrucker Erhebung dar: Es wurde ausschließlich hier abgefragt und erreichte mit 68 % einen deutlich höheren Wert als Heroin, von dem nur 35 % der Befragten angeben, dass sie es in den vorangegangenen 24 Stunden genommen haben.

Ein direkter Vergleich ist aus den oben genannten Gründen nur zwischen den Innsbrucker und Hamburger Daten möglich. Es zeigen sich große Unterschiede zwischen dem Konsumverhalten in den beiden Städten: Während in Hamburg die große Mehrheit im Laufe des letzten Tages Heroin (84 %) und Kokain (73 %) genommen hat, taten dies in Innsbruck nur 35 % bzw. 24 %. Hinzu kommt in der österreichischen Stadt allerdings das oben erwähnte Morphin, von dem 68 % der GesprächspartnerInnen angeben, es konsumiert zu haben.

Der Anteil derjenigen, die in den vorangegangenen 24 Stunden Methadon nahmen, ist mit 32 % in Hamburg und 27 % in Innsbruck ähnlich groß. Andere Ersatzdrogen (DHC, Codein) haben allerdings mit 14 % mehr InnsbruckerInnen als HamburgerInnen (3 %) konsumiert. Deutlich höher ist in der österreichischen Befragung zudem der Gebrauch von Benzodiazepinen: 63 % sagen hier, dass sie diese Substanz im Laufe der letzten 24 Stunden genommen haben; in Hamburg sind es nur 26 %. Auch die Anteile der Cannabis- und AlkoholkonsumentInnen sind in Innsbruck deutlich höher als in Hamburg.

In Hamburg und Innsbruck wurden die allermeisten Drogen von verhältnismäßig mehr Frauen als Männern konsumiert. Besonders deutlich ist die Diskrepanz in Hamburg bei der Ersatzdroge Methadon, die 46 % der Frauen, aber nur 28 % der Männer genommen haben. In Innsbruck existieren gleich mehrere deutliche Unterschiede: So haben 46 % der Frauen, aber nur 29 % der Männer in den letzten 24 Stunden Heroin genommen. Methadon konsumiert haben 42 % der Frauen, aber nur 22 % der Männer, Benzodiazepine schluckten 73 % der Frauen gegenüber 59 % der Männer, Ecstasy genommen haben 15 % der Frauen und 4 % der Männer.

Da sich in Rotterdam die Frage nach dem Gebrauch der einzelnen Substanzen auf einen Zeitraum von 30 Tagen bezog, kann hier danach differenziert werden, an wie vielen dieser Tage jeweils konsumiert wurde. Der Vergleich der Angaben der weiblichen und männlichen holländischen KonsumentInnen ergibt ein anderes Bild als in Hamburg und Innsbruck: Die befragten Frauen haben zwar durchschnittlich an zwei Tagen mehr

Kapitel 6

Kokain genommen als die Männer, die anderen erfragten Substanzen haben jedoch die männlichen Befragten im Schnitt häufiger konsumiert. Um das Konsumverhalten der Befragten näher charakterisieren zu können, wurden sie auch danach gefragt, auf welche Art sie in den letzten 24 Stunden (Hamburg und Innsbruck) bzw. den vergangenen 30 Tagen die einzelnen Substanzen gebraucht haben (Tabellen 6.6 bis 6.8).

Tabelle 6.6
Häufigkeit[a] und Art des Drogenkonsums (Hamburg)

	Frauen (N=127)		Männer (N=460)		Insgesamt (N=594)	
	Häufigkeit	Anteil	Häufigkeit	Anteil	Häufigkeit	Anteil
IV: Heroin	3,0 x	41 %	2,7 x	43 %	2,8 x	43 %
IV: Kokain	3,1 x	27 %	2,8 x	31 %	2,8 x	30 %
IV: Benzodiazepine	3,5 x	2 %	2,0 x	3 %	2,2 x	2 %
IV: Heroin & Kokain	3,1 x	24 %	3,3 x	18 %	3,1 x	19 %
IV: Heroin & Benzodiazepine	2,5 x	5 %	2,3 x	10 %	2,3 x	9 %
IV: Heroin, Kokain & Benzodiazepine	3,9 x	6 %	2,2 x	4 %	2,7 x	4 %
IV: anderes	4,0 x	1 %	1,9 x	2 %	2,1 x	2 %
Kein IV-Konsum	-	34 %	-	28 %	-	31 %
Rauchen: Heroin	3,4 x	16 %	3,3 x	11 %	3,3 x	12 %
Rauchen: Kokain/Crack	7,4 x	24 %	7,6 x	18 %	7,5 x	20 %
Rauchen: Anderes [b]	2,6 x	9 %	2,8 x	6 %	2,8 x	7 %
Kein Rauch-Konsum	-	61 %	-	68 %	-	68 %
Sniefen: Heroin	1,9 x	13 %	2,7 x	10 %	2,5 x	11 %
Sniefen: Kokain	1,5 x	3 %	1,9 x	2 %	1,8 x	3 %
Sniefen: Anderes	1,0 x	2 %	2,1 x	1 %	1,6 x	1 %
Kein Snief-Konsum	-	83 %	-	88 %	-	87 %

[a] Die durchschnittlichen Häufigkeiten sind nur auf diejenigen bezogen, die auf diese Weise konsumieren.
[b] In 26 von 28 Fällen handelt es sich hierbei um Cannabis.

31 % der befragten HamburgerInnen geben an, während der letzten 24 Stunden keine Drogen gespritzt zu haben; 68 % sagen, dass sie in dieser Zeit keine der genannten Substanzen geraucht haben und 87 %, dass sie keine gesnieft haben. Bei der Analyse des Konsums soll zunächst der intravenöse Konsum betrachtet werden: Am verbreitetsten ist in Hamburg das Spritzen von Heroin (43 %) und Kokain (30 %), aber auch das Injizie-

ren von Mischungen aus Heroin und Kokain (19 %) sowie Heroin und Benzodiazepinen (9 %) ist recht verbreitet. Diejenigen, die einen „Cocktail" aus Heroin und Kokain spritzen, tun dies durchschnittlich von allen intravenösen Substanzen am häufigsten: im Schnitt 3,1 mal täglich. Betrachtet man die Konsummuster von Männern und Frauen getrennt, so zeigt sich, dass zwar nur 66 % der Frauen gegenüber 72 % der Männer sich im Laufe des letzten Tages überhaupt Drogen gespritzt haben, die Frauen jedoch in der Regel die verschiedenen Substanzen jeweils häufiger intravenös konsumiert haben als die Männer – immer bezogen auf die KonsumentInnen, die die Droge/Mischung überhaupt verwenden.

Beim Rauchen liegt der Anteil der KonsumentInnen, die Kokain auf diese Weise (als Base oder Crack) gebrauchen, mit 20 % vor Heroin (12 %). Im Vergleich zum Spritzkonsum fällt beim Rauchen auf, dass deutlich öfter konsumiert wird. Die höchste Frequenz wird beim Rauchen von Kokain bzw. Crack erreicht: durchschnittlich 7,5 mal täglich wird hier konsumiert; der höchste Wert, den die GesprächspartnerInnen nennen, liegt bei 30 Konsumakten in 24 Stunden.[13] Insgesamt ist der Anteil der weiblichen KonsumentInnen, die rauchen höher als der der Männer.

Heroin wird von einem deutlich größeren Anteil gesnieft als Kokain (11 % gegenüber 3 %). Die Konsumfrequenzen beim Sniefen schließlich sind deutlich geringer als beim Rauchen, sie liegen noch unterhalb der Spritzhäufigkeiten. Mehr weibliche als männliche Befragte, geben an, dass sie in den letzten 24 Stunden gesnieft haben. Frauen, die sniefen, konsumieren jedoch weniger oft als Männer.

Wie aus Tabelle 6.7 zu sehen ist, haben 63 % der Innsbrucker Befragten in den letzten 24 Stunden gespritzt, 41 % haben Drogen geraucht und 13 % gesnieft. Auffällig ist, dass bei allen Applikationsarten der Anteil der Frauen wesentlich höher ist als der der Männer. Besonders stark ist der Unterschied beim Spritzkonsum.

Die Innsbrucker Befragten, die Drogen injizieren, haben im Laufe des letzten Tages eher zu Heroin (28 %) und anderen als den genannten Drogen gegriffen (31 %; dabei handelt es sich den gemachten Angaben zufolge großteils um Morphin bzw. andere Opiate). Benzodiazepine spielen

---

[13] Bei den Befragten, die Kokain bzw. Crack rauchen, dürfte es sich vermutlich nur zum geringeren Teil um „typische" CrackkonsumentInnen handeln, die primär oder ausschließlich diese Droge konsumieren. Jene suchen vermutlich die untersuchten Einrichtungen nicht oder nur selten auf, da sich das dortige Angebot in erster Linie nicht an sie richtet.

hier bei den Injektionen – ganz anders als in Hamburg – noch eine größere Rolle als Kokain. Kokain wird in Innsbruck jedoch auf diese Weise wesentlich häufiger im Laufe eines Tages konsumiert: 4,5 mal, gegenüber 2,8 mal in Hamburg. Anders als in Hamburg lässt sich in Innsbruck nicht sagen, dass die Konsumfrequenz bei den spritzenden Frauen im Regelfall höher ist als bei den Männern.

Tabelle 6.7
Häufigkeit und Art des Drogenkonsums (Innsbruck)

	Frauen (N=25)		Männer (N=51)		Insgesamt (N=85)	
	Häufigkeit	Anteil	Häufigkeit	Anteil	Häufigkeit	Anteil
IV: Heroin	2,5 x	48 %	3,0 x	18 %	2,7 x	28 %
IV: Kokain	4,6 x	20 %	4,4 x	14 %	4,5 x	15 %
IV: Benzodiazepine	3,5 x	24 %	3,8 x	16 %	3,6 x	17 %
IV: Heroin & Kokain	2,6 x	20 %	3,5 x	4 %	2,4 x	11 %
IV: Heroin & Benzodiazepine	4,0 x	8 %	2,0 x	6 %	2,8 x	6 %
IV: Heroin, Kokain & Benzodiazepine	4,0 x	8 %	4,0 x	4 %	4,0 x	5 %
IV: anderes [a]	1,3 x	48 %	2,0 x	24 %	3,0 x	31 %
Kein IV-Konsum	-	20 %	-	47 %	-	37 %
Rauchen: Heroin	1,4 x	20 %	1,0 x	4 %	1,3 x	8 %
Rauchen: Kokain/Crack	4,0 x	12 %	6,0 x	6 %	5,0 x	7 %
Rauchen: Anderes [b]	3,4 x	19 %	2,2 x	39 %	2,5 x	34 %
Kein Rauch-Konsum	-	52 %	-	57 %	-	59 %
Sniefen: Heroin	1,5 x	16 %	1,0 x	4 %	1,3 x	7 %
Sniefen: Kokain	1,0 x	8 %	1,0 x	4 %	1,4 x	6 %
Sniefen: Anderes	1,3 x	12 %	1,3 x	6 %	1,3 x	7 %
Kein Snief-Konsum	-	80 %	-	90 %	-	87 %

[a] Beim Spritzen betrafen 16 von 20 Erläuterungen zu „anderes" Morphium bzw. Morphin.
[b] „Anderes" hieß beim Rauchen in allen Fällen, in denen der Befragte dies erläuterte, Cannabis.

Beim Rauchkonsum liegen Heroin und Kokain/Crack mit 8 % bzw. 7 % der KonsumentInnen etwa gleichauf. Nur beim Rauchen von Kokain bzw. Crack ist eine höhere Konsumintensität zu beobachten, die allerdings unter dem Hamburger Wert bleibt. Heroin wird von denjenigen, die es rauchen, im Schnitt nur 1,3 mal am Tag auf diese Weise konsumiert. Hier liegt somit ein deutlicher Unterschied zu den Hamburger Konsummustern vor.

Beim Sniefen sind wie in Hamburg vergleichsweise geringe Konsumintensitäten zu verzeichnen. Im Vergleich zu den dortigen KonsumentInnen sniefen die InnsbruckerInnen wiederum etwas weniger.

Die Rotterdamer Daten zu den Konsumformen (Tabelle 6.8), die wiederum auf Angaben für die letzten 30 Tage beruhen, machen einen zentralen Unterschied zu der Verbreitung der Konsumformen in den beiden anderen Städten deutlich: Ein Großteil der holländischen Befragten spritzt die Drogen nicht, sondern raucht sie. Im einzelnen geben 80 % an, Heroin zu rauchen („Chasing the Dragon"), 20 % injizieren die Droge. Kokain wird von 87 % der KonsumentInnen geraucht (66 % mit einer Base Pipe, 21 % „Chasing the Dragon"), 13 % der KokaingebraucherInnen spritzen.

Tabelle 6.8
Art des Drogenkonsums (Rotterdam)

	Frauen (N=22)	Männer (N=45)	Insgesamt (N=67)
Heroin (alle Konsumformen)	96 %	100 %	99 %
Heroin („Chasing the Dragon")	91 %	82 %	85 %
Heroin (gespritzt)	27 %	29 %	28 %
Kokain (alle Konsumformen)	100 %	100 %	100 %
Kokain (Basen)	86 %	98 %	94 %
Kokain („Chasing the Dragon")	27 %	69 %	55 %
Kokain (gespritzt)	18 %	29 %	25 %

Wird nicht zwischen den konsumierten Substanzen unterschieden, so ergeben sich folgende Werte: Insgesamt 81 % der Befragten rauchen die Drogen vom Blech („Chasing the Dragon"), 67 % rauchen sie mit einer Base Pipe und nur 23 % geben an, die Drogen zu injizieren. Betrachtet man die Konsumformen, die die Rotterdamer beim Gebrauch von Heroin und Kokain jeweils am häufigsten wählen, so tritt der geringe Stellenwert des Spritzens noch deutlicher zu Tage: Nur 19 % aller Rotterdamer Befragten geben an, dass sie Heroin meistens injizieren; nur 13 % behaupten das gleiche für Kokain.

Um ein zusammenfassendes Bild der Konsumgewohnheiten der Befragten zu erhalten, sind in den Tabellen 6.9 und 6.10 die Konsumdaten aus Hamburg und Innsbruck überblicksartig zusammengestellt.

Tabelle 6.9
Konsummuster und -frequenz in den letzten 24 Stunden (Hamburg)

	Frauen (N=127)		Männer (N=460)		Insgesamt (N=594)	
	Häufigkeit	Anteil	Häufigkeit	Anteil	Häufigkeit	Anteil
Konsumeinheiten insgesamt [a]	7,2 x	87 %	6,0 x	90 %	6,2 x	89 %
Konsumeinheiten gespritzt	4,7 x	65 %	4,3 x	70 %	4,3 x	69 %
Konsumeinheiten geraucht	6,7 x	39 %	6,8 x	30 %	6,6 x	32 %
Konsumeinheiten gesnieft	1,9 x	17 %	2,8 x	12 %	2,6 x	13 %
Konsumeinheiten Heroin	4,1 x	73 %	3,7 x	73 %	3,8 x	73 %
Konsumeinheiten Kokain	6,5 x	57 %	5,4 x	57 %	5,6 x	57 %
Kein Konsum	-	0,4 %	-	0,0 %	-	0,3 %

[a] Im Rahmen von Plausibilitätskontrollen wurde die Anzahl von Konsumeinheiten innerhalb der letzten 24 Stunden wie folgt korrigiert: *Insgesamt* höchstens 40 Einheiten, *Intravenös* höchstens 15 Einheiten, *Rauchen* höchstens 30 Einheiten, *Sniefen* höchstens 10 Einheiten, *Heroin* bis zu 15 Einheiten, *Kokain/Crack* bis zu 30 Einheiten (vgl. VERTHEIN et al. im Druck).
Darüber hinaus ist zu beachten, dass nicht von allen KonsumentInnen die Frage zur Konsumart korrekt beantwortet wurde: 22 Personen machten keine Angaben, weitere 63 UntersuchungsteilnehmerInnen gaben 0 Konsumeinheiten an, obwohl sie die Frage nach Drogenkonsum innerhalb der letzten 24 Stunden bejahten. Insofern ergibt sich ein Gesamtanteil von 89 % mit genannten Konsumeinheiten, keine Drogen konsumiert hatten aber nur 0,3 % der Hamburger BefragungsteilnehmerInnen.

Die meisten der Hamburger Befragten (69 %) haben Drogen gespritzt, 32 % haben sie geraucht und 13 % gesnieft (Mehrfachnennungen waren möglich). Im Vergleich haben etwas mehr Männer als Frauen gespritzt (70 % gegenüber 65 %), dafür vergleichsweise mehr Frauen geraucht (39 % gegenüber 30 %) oder gesnieft (17 % gegenüber 12%). Im Durchschnitt geben die Hamburger GesprächspartnerInnen an, in den vergangenen 24 Stunden 6,2 mal Drogen konsumiert zu haben, Frauen etwas öfter (7,2 mal) als Männer (6,0 mal). Diejenigen, die injiziert haben, taten dies im Durchschnitt 4,3 mal; geraucht wurde im Schnitt 6,6 mal und gesnieft 2,6 mal (diese Durchschnittswerte beziehen sich wiederum jeweils auf die

Befragten, die die jeweilige Konsumart angegeben haben). Im Durchschnitt wurde 3,8 mal Heroin und 5,6 mal Kokain konsumiert, wobei die weiblichen Befragten in beiden Fällen die Substanzen etwas häufiger gebraucht haben als die männlichen.

Tabelle 6.10
Konsummuster und -frequenz in den letzten 24 Stunden (Innsbruck)

	Frauen (N=25)		Männer (N=51)		Insgesamt (N=85)	
	Häufigkeit	Anteil	Häufigkeit	Anteil	Häufigkeit	Anteil
Konsumeinheiten insgesamt [a]	8,4 x	84 %	5,1 x	76 %	6,0 x	79 %
Konsumeinheiten gespritzt	5,3 x	80 %	4,5 x	53 %	4,6 x	64 %
Konsumeinheiten geraucht	3,8 x	48 %	3,0 x	43 %	3,3 x	41 %
Konsumeinheiten gesnieft	2,4 x	20 %	1,6 x	10 %	2,1 x	13 %
Konsumeinheiten Heroin	6,0 x	48 %	3,7 x	27 %	4,6 x	35 %
Konsumeinheiten Kokain	9,7 x	24 %	6,0 x	22 %	6,9 x	24 %
Kein Konsum	-	0,0 %	-	3,9 %	-	2,3 %

[a] Im Rahmen von Plausibilitätskontrollen wurde die Anzahl von Konsumeinheiten innerhalb der letzten 24 Stunden wie folgt korrigiert: *Insgesamt* höchstens 40 Einheiten, *Intravenös* höchstens 15 Einheiten, *Rauchen* höchstens 30 Einheiten, *Sniefen* höchstens 10 Einheiten, *Heroin* bis zu 15 Einheiten, *Kokain/Crack* bis zu 30 Einheiten.
Darüber hinaus ist zu beachten, dass nicht von allen KonsumentInnen die Frage zur Konsumart korrekt beantwortet wurde: 4 Personen machten keine Angaben, weitere 16 UntersuchungsteilnehmerInnen gaben 0 Konsumeinheiten an, obwohl sie die Frage nach Drogenkonsum innerhalb der letzten 24 Stunden bejahten. Insofern ergibt sich ein Gesamtanteil von 79 % mit genannten Konsumeinheiten, keine Drogen konsumiert hatten aber nur 2,3 % der Innsbrucker BefragungsteilnehmerInnen.

Für die Innsbrucker Befragten lassen sich im Vergleich zu den Hamburger KonsumentInnen einige Unterschiede feststellen: Der Spritzkonsum steht bei den Konsumformen auch in Innsbruck an erster Stelle, gespritzt haben 64 % der InnsbruckerInnen und damit etwas weniger als die Hamburger KonsumentInnen (69 %). Dafür haben in der österreichischen

Stadt mit 41 % deutlich mehr Drogen geraucht (Hamburg: 32 %). Das Sniefen spielt in beiden Städten mit 13 % keine große Rolle. Auffällig ist, dass die Innsbrucker Frauen alle Konsumformen anteilsmäßig häufiger benutzen als die Männer. Besonders deutlich zeigt sich dies beim Spritzkonsum: Der Anteil injizierender Frauen ist mit 80 % sehr viel höher als der der Männer mit 53 %. Die Frauen sniefen in Innsbruck zudem doppelt so häufig wie die Männer (20 % gegenüber 10 %) und rauchen auch etwas öfter Drogen (48 % gegenüber 43 %). Im Schnitt haben die InnsbrukkerInnen, die diese Substanzen gebrauchen, im Laufe des vergangenen Tages 4,6 mal Heroin und 6,9 mal Kokain konsumiert. Die Vergleichswerte für Hamburg sind mit 3,8 bzw. 5,6 deutlich niedriger. Wie in der Hansestadt so liegen auch in Innsbruck die Konsumfrequenzen der Frauen bei diesen Substanzen über denen der Männer.

Geplanter Drogengebrauch in den Hamburger Konsumräumen

Um in Erfahrung zu bringen, welche Drogen die Befragten nicht nur generell, sondern auch speziell in den Konsumräumen konsumieren, wurden sie in den Hamburger Fragebögen explizit danach gefragt, welche Substanzen sie auf welche Art und Weise und gegebenenfalls in welcher

Tabelle 6.11
Geplanter Drogenkonsum im Konsumraum (Hamburg)

	Frauen (N=104)	Männer (N=381)	Insgesamt (N=492)
IV: Heroin	28 %	30 %	30 %
IV: Kokain	14 %	18 %	17 %
IV: Heroin & Kokain	29 %	33 %	32 %
IV: Heroin & Benzodiazepine	10 %	7 %	8 %
IV: Heroin & Benzodiazepine	17 %	10 %	11 %
IV: anderes	2 %	1 %	1 %
IV: Nichts / k.A. (N)	24	99	124
	Frauen (N=27)	Männer (N=98)	Insgesamt (N=126)
Rauchen: Heroin (Blech)	59 %	50 %	52 %
Rauchen: Kokain (Steine)	33 %	40 %	38 %
Rauchen: Heroin & Kokain	7 %	10 %	10 %
Rauchen: Nichts / k.A. (N)	101	382	490

NutzerInnenperspektive: Ergebnisse der KonsumentInnenbefragung

Mischung in dem jeweiligen Konsumraum konsumieren wollen. Insgesamt 80 % der HamburgerInnen geben an, Drogen spritzen zu wollen, 20 % wollen rauchen. Für beide Konsumformen ist aus Tabelle 6.11 ersichtlich, welche Drogen die Befragten jeweils in den Räumen gebrauchen möchten: Am beliebtesten sind beim Injizieren demnach ein Cocktail aus Heroin und Kokain (32 %) sowie Heroin allein (30 %). Im Vergleich zwischen den Geschlechtern fällt auf, dass Frauen etwas häufiger einen Cocktail konsumieren möchten, der neben Heroin und möglicherweise Kokain auch Benzodiazepine enthält. Über die Hälfte (52 %) der RaucherInnen möchten Heroin vom Blech rauchen, 38 % Kokain und 10 % Kokain und Heroin zusammen. Bei den Frauen ist der Anteil der Heroinraucherinnen unter denjenigen, die eine der genannten Drogen rauchen, noch größer als bei den Männern.

Umgang mit Spritzen und anderen Utensilien

Eines der Ziele von Konsumräumen besteht darin, im Sinne von „Safer Use" riskante Konsumformen zu reduzieren bzw. zu verhindern. Es stellt sich daher die Frage, ob und gegebenenfalls in welchem Ausmaß die Befragten derzeit riskant konsumieren. Das mehrfache Verwenden einer Spritze und insbesondere das gemeinsame Benutzen einer Spritze, von Konsumutensilien oder Drogen aus einer Spritze stellt ein hohes Infektionsrisiko dar.
In Hamburg sowie in Innsbruck[14] wurden die KonsumentInnen im einzelnen gefragt:
- Wie häufig sie eine Spritze benutzen,
- wie häufig sie bezogen auf die letzten 30 Tage Spritzen oder andere Utensilien mit anderen teilen und
- wie häufig sie Drogen aus einer Spritze teilen (wiederum bezogen auf die letzten 30 Tage).

Wie aus Tabelle 6.12 ersichtlich, benutzen 44 % der befragten HamburgerInnen Spritzen grundsätzlich nur einmal; 18 % spritzen gar nicht. Die verbleibenden 38 % konsumieren riskant, denn sie verwenden Spritzen manchmal mehrfach. Der Vergleich zwischen den Geschlechtern ergibt,

---

[14] Da die Rotterdamer KonsumentInnen – wie oben dargestellt – primär rauchen, wurde in dieser Stadt auf eine Untersuchung des Umgangs mit Spritzen verzichtet.

Kapitel 6

dass ein etwas größerer Anteil der Frauen angibt, Spritzen grundsätzlich nur einmal zu gebrauchen.

Tabelle 6.12
Mehrfachnutzung der eigenen Spritze (Hamburg)

	Frauen (N=118)	Männer (N=448)	Insgesamt (N=574)
Grundsätzlich nur einmal	47 %	43 %	44 %
Manchmal auch zwei- oder dreimal	32 %	27 %	28 %
Es kommt vor, dass ich eine Spritze öfter als dreimal benutze	4 %	11 %	10 %
Ich spritze nicht	17 %	19 %	18 %
k.A. (N)	10	32	42

Die in Tabelle 6.13 zusammengestellten Innsbrucker Daten ergeben ein ähnliches Bild wie in Hamburg: 41 % verwenden Spritzen auch mehrfach, davon 6 % manchmal öfter als dreimal.

Tabelle 6.13
Mehrfachnutzung der eigenen Spritze (Innsbruck)

	Frauen (N=25)	Männer (N=52)	Insgesamt (N=81)
Grundsätzlich nur einmal	52 %	44 %	47 %
Manchmal auch zwei- oder dreimal	32 %	35 %	35 %
Es kommt vor, dass ich eine Spritze öfter als dreimal benutze	8 %	6 %	6 %
Ich spritze nicht	8 %	15 %	12 %
k.A. (N)	1	0	8

Auf die Frage, wie häufig sie in den letzten 30 Tagen eine Spritze oder andere Utensilien mit anderen geteilt haben, antworten 77 % der Hamburger KonsumentInnen, dass dies überhaupt nicht vorgekommen sei (Tabelle 6.14). 24 % haben jedoch mit anderen geteilt: 7 % nur ein- oder zweimal, 12 % hin und wieder einmal und 5 % sogar sehr oft. Der Anteil der Frauen, die gemeinsam mit anderen eine Spritze oder andere Utensilien genutzt haben, ist etwas höher als der der Männer.

Tabelle 6.14
Gemeinsame Nutzung einer Spritze oder anderer Utensilien in den letzten 30 Tagen (Hamburg)

	Frauen (N=119)	Männer (N=439)	Insgesamt (N=566)
Sehr oft, fast täglich	8 %	4 %	5 %
Hin und wieder mal	10 %	12 %	12 %
Nur ein- oder zweimal	10 %	6 %	7 %
Kam gar nicht vor / ich spritze nicht	71 %	78 %	77 %
k.A. (N)	9	41	50

Der Anteil derjenigen, die weder Spritze noch Utensilien geteilt haben, ist in Innsbruck genauso hoch wie in Hamburg: Er liegt ebenfalls bei 77 % (Tabelle 6.15). Auch die weitere Verteilung der Häufigkeiten ist sehr ähnlich: 5 % der Innsbrucker Befragten geben an, nur ein- oder zweimal geteilt zu haben, 13 % sagen, sie hätten dies hin und wieder getan und 5 %, dass sie es sogar sehr oft getan hätten. Interessanterweise sind unter den Innsbrucker KonsumentInnen die Frauen – anders als in Hamburg – offenbar etwas vorsichtiger als die Männer: Keine der befragten Frauen gegenüber 6 % der Männer sagt, dass sie sehr oft eine Spritze oder andere Utensilien gemeinsam mit anderen genutzt hätte.

Tabelle 6.15
Gemeinsame Nutzung einer Spritze oder anderer Utensilien in den letzten 30 Tagen (Innsbruck)

	Frauen (N=24)	Männer (N=51)	Insgesamt (N=78)
Sehr oft, fast täglich	0 %	6 %	5 %
Hin und wieder mal	13 %	14 %	13 %
Nur ein- oder zweimal	8 %	4 %	5 %
Kam gar nicht vor / ich spritze nicht	79 %	77 %	77 %
k.A. (N)	2	1	11

Auch beim Teilen von Drogen aus einer Spritze ist die Infektionsgefahr groß. Weitaus die Mehrheit (90 %) der befragten HamburgerInnen hat in den letzten 30 Tagen keine Drogen auf diese Weise geteilt; eine Minderheit geht dieses Risiko jedoch ein (Tabelle 6.16).

Kapitel 6

Tabelle 6.16
Teilen von Drogen aus einer Spritze in den letzten 30 Tagen (Hamburg)

	Frauen (N=117)	Männer (N=432)	Insgesamt (N=555)
Sehr oft, fast täglich	1 %	1 %	1 %
Hin und wieder mal	7 %	5 %	5 %
Nur ein- oder zweimal	6 %	3 %	4 %
Kam gar nicht vor / ich spritze nicht	86 %	91 %	90%
k.A. (N)	11	48	61

In Innsbruck antwortet zwar im Gegensatz zu Hamburg keiner der Befragten, sehr oft Drogen aus einer Spritze geteilt zu haben, aber der Anteil derjenigen, die dies überhaupt nicht getan haben, liegt hier mit 85 % etwas niedriger (Tabelle 6.17).

Tabelle 6.17
Teilen von Drogen aus einer Spritze in den letzten 30 Tagen (Innsbruck)

	Frauen (N=24)	Männer (N=51)	Insgesamt (N=78)
Sehr oft, fast täglich	0 %	0 %	0 %
Hin und wieder mal	4 %	10 %	8 %
Nur ein- oder zweimal	8 %	8 %	8 %
Kam gar nicht vor / ich spritze nicht	88 %	82 %	85 %
k.A. (N)	2	1	11

Zusammenfassend kann festgehalten werden, dass das Risikoverhalten der in Hamburg und der in Innsbruck befragten KonsumentInnen in Bezug auf den Umgang mit Spritzen und anderen Utensilien sehr ähnlich ist. Die Mehrheit der Befragten verhält sich in beiden Fällen zwar risikoarm, aber ein nicht unerheblicher Anteil von rund 15 % bis 40 % je nach Risikoverhalten beachtet nicht alle Safer-Use-Maßnahmen.

Veränderungen im Konsumverhalten

Während im letzten Abschnitt Aussagen der KonsumentInnen zum Status quo des Konsumverhaltens vorgestellt wurden, soll nun auf Veränderungen in diesem Verhalten eingegangen werden. Die Hamburger und Rot-

terdamer Fragebögen enthielten Fragen dazu, ob und inwiefern sich das Konsumverhalten der Befragten geändert hat, seit sie die Konsumräume nutzen.
Die Hamburger KonsumentInnen (Tabelle 6.18) geben am häufigsten an, dass sie mehr auf Hygiene und Sauberkeit achten, seit sie die Konsumräume nutzen (37 %). Am zweithäufigsten erwähnen sie, dass sie jetzt seltener in der Öffentlichkeit konsumieren (30 %). Bei der Mehrheit der Befragten hat sich somit das Konsumverhalten insoweit verbessert, als sie sowohl auf sich und ihren eigenen Körper mehr achten als auch weniger

Tabelle 6.18
Veränderungen im Konsumverhalten (Städtevergleich)

	Hamburg: Veränderungen seit Konsumraumnutzung (N=539)	Rotterdam: Veränderungen seit Konsumraumnutzung (N=67)	Innsbruck: Veränderungen letzte 12 Monate (N=80)
Achte mehr auf Hygiene/Sauberkeit	37 %	49 %	53 %
Konsumiere seltener in der Öffentlichkeit	30 %	83 %	36 %
Lasse mir mehr Zeit und Ruhe	28 %	67 %	38 %
Achte mehr auf meinen Körper	16 %	30 %	38 %
Nehme insgesamt weniger Drogen	15 %	13 %	36 %
Spritze seltener	8 %	3 %	k.A.
Nehme insgesamt mehr Drogen	5 %	k.A.	15 %
Spritze (wieder) häufiger	3 %	3 %	k.A.
Rauche jetzt seltener	2 %	10 %	k.A.
Rauche (wieder) häufiger	2 %	14 %	k.A.
Anderes	5 %	k.A.	5 %
Nein, keine Veränderung	36 %	59 %	6 %
k.A. (N)	15	-	9

häufig in der Öffentlichkeit konsumieren. Im Vergleich zwischen den Geschlechtern fällt auf, dass überproportional viele Frauen angeben, jetzt weniger in der Öffentlichkeit zu konsumieren und sich beim Drogenkonsum mehr Zeit und Ruhe lassen. Die befragten Rotterdamer KonsumentInnen nennen als häufigste Veränderung, dass sie seltener in der Öffentlichkeit konsumieren (83 %). Am zweithäufigsten sagen sie, dass sie sich jetzt mehr Zeit und Ruhe lassen (67 %). Erst an dritter Stelle steht hier die Feststellung von insgesamt 49 % der Befragten, dass sie mehr auf Hygiene und Sauberkeit achten, die bei den Hamburger KonsumentInnen an erster Stelle steht.

Da sich in Innsbruck bislang kein Konsumraum befindet, wurde hier danach gefragt, ob sich das Konsumverhalten in den letzten 12 Monaten verändert hat. Über die Hälfte (53 %) der Befragten geben an, dass sie jetzt mehr auf Hygiene und Sauberkeit achten. Jeweils 38 % sagen, dass sie sich mehr Zeit und Ruhe lassen und dass sie mehr auf ihren Körper achten. Und jeweils 36 % konsumieren seltener Öffentlichkeit als vor einem Jahr und nehmen insgesamt weniger Drogen. Nur 6 % geben an, dass sich ihr Konsumverhalten nicht verändert habe. Dieser Wert ist deutlich niedriger als in den anderen Städten und überrascht, da es offensichtlich auch in Innsbruck – ohne Konsumraum – zu insgesamt deutlich positiven Veränderungen im Konsumverhalten gekommen ist. Dies deutet darauf hin, dass andere schadensminimierende Angebote der Einrichtung *Komfüdro* zu solchen Veränderungen beigetragen haben.

6.4 WELCHEN STELLENWERT HAT DIE DROGENSZENE?

Um Aussagen zur Angemessenheit der Öffnungszeiten der Konsumräume und möglichen Einflüssen der Einrichtungen auf die Szene treffen zu können, soll dargestellt werden, wie oft und wann die Befragten auf die Szene kommen. Zudem wird der Frage nachgegangen, warum sie sich dort aufhalten. Szenebezogene Daten wurden ausschließlich in Hamburg und Innsbruck erhoben.

Aufenthalt auf der Drogenszene

Nicht ganz die Hälfte der Befragten gibt an, sich täglich auf der Szene aufzuhalten: 42 % der HamburgerInnen und 46 % der InnsbruckerInnen (Tabelle 6.19). Rechnet man 10 % bzw. 11 % hinzu, die in Szenenähe wohnen und deswegen zwangsläufig dort vorbeikommen, so ist davon auszugehen, dass über die Hälfte der Befragten in beiden Städten täglich auf der Szene anzutreffen sind. Insgesamt ist festzuhalten, dass sich die Mehrheit der KonsumentInnen sehr oft auf der Szene aufhält. Zwischen Männern und Frauen sind in dieser Hinsicht keine nennenswerten Unterschiede zu beobachten.

Tabelle 6.19
Häufigkeit der Szeneaufenthalte (Hamburg und Innsbruck)

	Hamburg			Innsbruck		
	Gesamt (N=602)	Frauen (N=126)	Männer (N=468)	Gesamt (N=85)	Frauen (N=25)	Männer (N=50)
Täglich	42 %	41 %	42 %	46 %	44 %	42 %
Mehrmals pro Woche	26 %	28 %	26 %	24 %	20 %	28 %
Einmal pro Woche	6 %	6 %	6 %	2 %	4 %	2 %
Seltener	16 %	11 %	17 %	18 %	20 %	16 %
Wohnort in Szenenähe	10 %	14 %	9 %	11 %	12 %	12 %
k.A. (N)	14	2	12	4	1	2

Da sich viele der Befragten dort regelmäßig aufhalten, stellt sich die Frage, welche Gründe sie für den Besuch der Drogenszene haben. In beiden Städten nennen die KonsumentInnen als häufigste Erklärung, dass sie auf der Szene Drogen besorgen möchten (Tabelle 6.20). 75 % der HamburgerInnen und 62 % der InnsbruckerInnen geben dies an. An zweiter und dritter Stelle stehen für die Hamburger Befragten der Drogenkonsum mit 70 % und „Leuten treffen" mit 50 %. In Innsbruck ist die Reihenfolge umgekehrt: Eine fast genauso große Rolle wie der Erwerb von Drogen auf der Szene spielt für die Befragten, dass sie dort Leute treffen (61 %). Den Drogenkonsum erwähnen sie als drittes (38 %). Aufschlussreich ist die geschlechtsspezifische Betrachtung der Gründe für den Besuch der Drogenszene. Für die Hamburger Drogenkonsumentinnen spielen der Drogenkauf, das Abwickeln von Geschäften, das Knüpfen neuer Kontakte und das Anbieten von Diensten auf der Szene eine vergleichsweise größere Rolle als für die Männer. Anders ist die Situation in Innsbruck: Hier sind zwar auch der Drogenkauf und das Abwickeln von Geschäften prozentual für mehr Frauen als Männer Grund für den Besuch der Szene, zudem nennen sie aber auch den Drogenkonsum, das Treffen anderer Leute und Langeweile häufiger als die Männer. Dass sie auf der Szene Dienste anbieten möchten, sagen die Innsbrucker Frauen genauso häufig wie die Männer und wesentlich seltener als die Hamburgerinnen.

Tabelle 6.20
Gründe für Szeneaufenthalt (Hamburg und Innsbruck)

	Hamburg			Innsbruck		
	Gesamt	Frauen (N=127)	Männer (N=458)	Gesamt	Frauen (N=25)	Männer (N=52)
Drogen besorgen	75 %	80 %	75 %	62 %	72 %	62 %
Drogen konsumieren	70 %	70 %	70 %	38 %	40 %	31 %
Leute treffen	50 %	48 %	51 %	61 %	68 %	64 %
Aus Langeweile	23 %	21 %	24 %	26 %	36 %	19 %
Geschäfte abwickeln	20 %	23 %	20 %	24 %	32 %	19 %
Kontakte knüpfen	15 %	16 %	15 %	18 %	16 %	21 %
Dienste anbieten (z.B. Vermittlung, Sex)	8 %	20 %	5 %	8 %	8 %	8 %
Weiß nicht genau	6 %	7 %	6 %	7 %	8 %	8 %
Anderes	9 %	11 %	9 %	11 %	4 %	12 %
k.A. (N)	23	1	22	4	1	0

Die KonsumentInnen wurden zudem danach gefragt, zu welchen Tageszeiten sie normalerweise auf die Drogenszene kommen. Die Antworten hierauf gestatten Rückschlüsse darauf, inwieweit die Öffnungszeiten der untersuchten Einrichtungen mit dem Besuchsrhythmus auf der Szene übereinstimmen. Aus Tabelle 6.21 ist herauszulesen, dass sich am Nachmittag die meisten Hamburger Befragten auf der Szene aufhalten. Abends (45 %) und in der Zeit von morgens bis mittags (36 %) sind ebenfalls viele dort anzutreffen. Nennenswert ist zudem der Anteil derer, die sich auch nachts auf der Szene aufhalten: Er liegt bei 20 %. Dafür geben 18 % an, zu keiner Tageszeit länger dort zu sein. Zu allen Tageszeiten bis auf nachmittags ist ein höherer Anteil der weiblichen als der männlichen Befragten auf der Szene anzutreffen. Besonders deutlich ist der Unterschied nachts: Insgesamt 29 % der Frauen geben an, nachts auf die Szene zu gehen, aber nur 17 % der Männer. Vergleicht man die Zeiten, zu denen sich die Hamburger KonsumentInnen auf der Szene aufhalten, mit den Öffnungszeiten der Einrichtungen (vgl. Kapitel 5.2.), so ist zweierlei festzustellen:
- Nachmittags, wenn am meisten BesucherInnen auf der Szene sind, sind die Hamburger Konsumräume fast durchweg geöffnet.
- Am Abend hält sich ebenfalls ein großer Teil der KonsumentInnen auf der Szene auf. Zu dieser Tageszeit sind die Konsumräume jedoch nur eingeschränkt zugänglich.

In der Tendenz kommen die Öffnungszeiten dem Tagesablauf der KonsumentInnen somit entgegen, eine Ausdehnung der Öffnungszeiten erscheint allerdings wünschenswert.

Tabelle 6.21
Szeneaufenthalte nach Tageszeiten (Hamburg und Innsbruck, Mehrfachangaben)

	Hamburg			Innsbruck		
	Gesamt (N=563)	Frauen (N=118)	Männer (N=437)	Gesamt (N=85)	Frauen (N=25)	Männer (N=50)
Morgens bis mittags	36 %	40 %	35 %	35 %	32 %	34 %
Nachmittags	69 %	67 %	70 %	64 %	76 %	62 %
Abends	45 %	50 %	44 %	27 %	16 %	34 %
Nachts	20 %	29 %	17 %	6 %	8 %	6 %
Gar kein langer Aufenthalt	18 %	20 %	17 %	21 %	24 %	20 %
k.A. (N)	53	10	43	4	1	2

Die Tabelle 6.21 enthält zum Vergleich eine Übersicht über die Aufenthaltszeiten der InnsbruckerInnen auf ihrer Drogenszene. Auch sie sind am häufigsten nachmittags dort anzutreffen. Am Abend sind es allerdings weniger: 27 % gegenüber 45 % in der Hansestadt. Auch nachts gehen weniger InnsbruckerInnen auf die Szene. Ein weiterer Unterschied zwischen den Städten: Nahezu umgekehrt zur Situation in Hamburg sind Frauen in Innsbruck nur am Nachmittag überproportional auf der Szene anzutreffen, am Abend ist der Prozentsatz der Männer dafür mehr als doppelt so hoch.

Gewünschte Öffnungszeiten für einen Konsumraum in Innsbruck

Speziell in Innsbruck wurden die KonsumentInnen gefragt, zu welchen Tageszeiten sie gern einen Drogenkonsumraum nutzen würden. Wie aus Tabelle 6.22 zu sehen ist, sind die Zeiten, zu denen die befragten InnsbruckerInnen einen Konsumraum aufsuchen würden, nicht identisch mit den Zeiten, zu denen sie sich ohnehin auf der Szene aufhalten. Am deutlichsten wird dies am Morgen: 67 % der KonsumentInnen sagen, dass sie morgens bis mittags gern einen Konsumraum nutzen würden. Dies ist der höchste Wert im Laufe des Tages. Bisher halten sich allerdings nur 35 % zu dieser Tageszeit auf der Szene auf. Anzunehmen ist somit, dass den

KonsumentInnen die Nutzung eines Konsumraumes so wichtig ist, dass sie dafür extra die entsprechende Einrichtung aufsuchen würden. Am zweithäufigsten würden die Befragten einen Konsumraum nachmittags nutzen. Dass sie den Raum überhaupt nicht nutzen würden, geben nur 8 % an. Bis auf abends würde zu allen Tageszeiten ein größerer Anteil der Frauen als der Männer die Konsumräume aufsuchen. Am Morgen ist der Unterschied am größten; er beträgt hier fast 30 Prozentpunkte. Wie in Kapitel 5.2 ausgeführt, sieht das Innsbrucker Konzept für einen Konsumraum bestimmte Öffnungszeiten ausschließlich für Frauen vor. Die hier vorgestellten Zahlen sprechen dafür, diese Öffnungszeiten nach Möglichkeit in den Vormittag und nicht – wie geplant – in die Abendstunden zu legen.

Tabelle 6.22
Gewünschte Öffnungszeiten eines Konsumraumes (Innsbruck, Mehrfachangaben)

	Frauen (N=50)	Männer (N=48)	Insgesamt (N=76)
Morgens bis mittags	88 %	56 %	67 %
Nachmittags	63 %	67 %	63 %
Abends	38 %	42 %	38 %
Nachts	17 %	15 %	15 %
Gar nicht	4 %	10 %	8 %
k.A. (N)	2	4	13

6.5 Wo werden Drogen konsumiert?

Wo es sie gibt, stellen Konsumräume im Rahmen ihrer Öffnungszeiten eine Alternative zum Drogenkonsum an öffentlichen Orten dar. Somit ist wichtig, zu erfahren, an welchen Orten DrogengebraucherInnen in den untersuchten Städten entsprechende Substanzen zu sich nehmen, um dann den möglichen Stellenwert der Konsumräume im Spektrum dieser Alternativen auszuloten. Im folgenden sind daher Ergebnisse zur Nutzung verschiedener Konsumorte sowie speziell zum Drogenkonsum in der Öffentlichkeit zusammengestellt. Zudem wird der Frage nachgegangen, aus welchen Gründen die Betroffenen ihre Drogen an öffentlichen Orten konsumieren.

NutzerInnenperspektive: Ergebnisse der KonsumentInnenbefragung

Konsumorte allgemein

In Hamburg und Innsbruck enthielten die Erhebungsbögen die Frage, wie oft innerhalb der letzten 24 Stunden die KonsumentInnen an bestimmten Orten Drogen konsumiert haben. Der wichtigste Konsumort der HamburgerInnen ist demnach ihr Zuhause (Tabelle 6.23). Hier haben 54 % von ihnen im Laufe des letzten Tages konsumiert, und zwar im Durchschnitt fast dreimal. An zweiter Stelle stehen die Konsumräume, denen somit ein großer Stellenwert zukommt. 47 % haben hier konsumiert, durchschnittlich gut zweimal. Eine große Rolle spielt jedoch auch der Konsum in der Öffentlichkeit: Hier haben in den letzten 24 Stunden immerhin 37 % der GesprächspartnerInnen konsumiert. Wenn, dann taten sie dies auch recht häufig: im Durchschnitt 4,2 mal. Nennenswerte Unterschiede zwischen den weiblichen und männlichen Befragten aus Hamburg bestehen bei den Konsumorten nicht.

Tabelle 6.23
Konsumorte in den letzten 24 Stunden (Hamburg, Mehrfachangaben)

	Frauen (N=126)		Männer (N=444)		Insgesamt (N=576)	
	Anteil	Häufigkeit	Anteil	Häufigkeit	Anteil	Häufigkeit [a]
In Konsumräumen	47 %	2,2 x	47 %	2,0 x	47 %	2,1 x
In der Öffentlichkeit	36 %	3,7 x	37 %	4,4 x	37 %	4,2 x
Zuhause	55 %	2,6 x	54 %	2,9 x	54 %	2,9 x
Bei Freunden/ Bekannten	14 %	3,2 x	11 %	3,1 x	12 %	3,1 x
Woanders [b]	7 %	2,9 x	5 %	3,8 x	5 %	3,5 x
k.A. (N)	2	-	36	-	40	-

[a] Durchschnittliche Häufigkeit des Konsums an diesem Ort bezogen auf diejenigen, die angeben, mindestens einmal dort konsumiert zu haben.
[b] Hier wurden explizit genannt: Apotheke (2 Nennungen), Auto (1), bei Freiern (1), egal (1), Hotel (2), Bahnhöfe (1) und WC (1).

In Tabelle 6.24 sind zum Vergleich die Innsbrucker Ergebnisse aufgeführt: Offensichtlich spielt hier der Konsum zu Hause eine noch größere Rolle als in Hamburg: 81 % haben dort im Laufe des letzten Tages durchschnittlich 3,2 mal Drogen gebraucht. Da es in dieser Stadt bisher keine Konsumräume gibt, fallen diese als Konsumort aus. An zweiter Stelle steht daher hier bereits der Konsum in der Öffentlichkeit, wo ein ähnlich hoher Anteil wie in Hamburg konsumiert (35 %), allerdings mit durchschnittlich 3 mal nicht ganz so häufig wie in der Hansestadt. Bei Freunden und Bekannten nimmt dafür ein deutlich größerer Anteil der InnsbruckerInnen Drogen: 28 % haben hier in den letzten 24 Stunden im Schnitt 3,4 mal konsumiert. Es fällt auf, dass jeweils ein höherer Anteil der Frauen angibt, an den einzelnen Orten konsumiert zu haben.

Tabelle 6.24
Konsumorte in den letzten 24 Stunden (Innsbruck, Mehrfachangaben)

	Frauen (N=51)		Männer (N=50)		Insgesamt (N=86)	
	Anteil	Häufigkeit	Anteil	Häufigkeit	Anteil	Häufigkeit [a]
Zuhause	84 %	3,4 x	80 %	3,0 x	81 %	3,2 x
Bei Freunden/ Bekannten	32 %	4,9 x	24 %	3,1 x	28 %	3,4 x
In der Öffentlichkeit	44 %	2,9 x	32 %	2,6 x	35 %	3,0 x
In Konsumräumen	-	-	-	-	-	-
Woanders	20 %	5,2 x	16 %	1,5 x	17 %	2,7 x
k.A. (N)	1	-	2	-	3	-

[a] Durchschnittliche Häufigkeit des Konsums an diesem Ort bezogen auf diejenigen, die angeben, mindestens einmal dort konsumiert zu haben.

In Rotterdam wurde zwar nicht die gleiche, aber eine ähnliche Frage gestellt: Hier geht es um den wichtigsten und den zweitwichtigster Ort beim Drogenkonsum im letzten Monat (Tabelle 6.25). Wie in den beiden anderen Städten ist das eigene Zuhause auch in Rotterdam der wichtigste Konsumort: 45 % der Befragten bezeichnen ihn so, für 15 % ist er immerhin am zweitwichtigsten. Fasst man die Ergebnisse für die verschiedenen Konsumräume zusammen, so stehen sie knapp dahinter an zweiter Stelle: 42 % nennen einen der Konsumräume als wichtigsten Ort, 45 % als zweitwichtigsten (wobei es möglich ist, dass als erst- und zweitwichtigster Raum einmal der Konsumraum in der *Pauluskerk* und einmal ein anderer genannt wird). Der Konsum in der Öffentlichkeit steht für 10 % an erster, für 16 % an zweiter Stelle.

Wenngleich ein direkter Vergleich aufgrund der abweichenden Fragestellung nicht möglich ist, so entsteht zunächst der Eindruck, dass der öffentliche Konsum bei den RotterdamerInnen einen geringeren Stellenwert hat als bei den Befragten in den anderen Städten. Dies mag einerseits als Erfolg der Konsumräume interpretiert werden, hängt aber andererseits auch mit der Anlage der Befragung zusammen, die ausschließlich KonsumentInnen einbezog, die einen Pass für einen der untersuchten Konsumräume besitzen, wobei PassinhaberInnen nur solche Menschen sein können, die die Räume auch regelmäßig nutzen. Ein weiteres Ergebnis relativiert diesen ersten Eindruck: Zwar geben nur 26 % der Befragten an, dass der Konsum draußen oder in der Öffentlichkeit für sie an erster oder zweiter Stelle steht. Der Anteil derjenigen, die in den letzten 30 Tagen überhaupt an diesen Orten konsumiert haben, beträgt immerhin 69 %. Die

Tabelle 6.25
Wichtigste Konsumorte im letzten Monat (Rotterdam)

	Frauen (N=22)		Männer (N=45)		Insgesamt (N=67)	
	Wichtigster Ort	Zweitwichtigster Ort	Wichtigster Ort	Zweitwichtigster Ort	Wichtigster Ort	Zweitwichtigster Ort
Zuhause	59 %	18 %	38 %	13 %	45 %	15 %
Drogenkonsumraum *Pauluskerk*	-	-	31 %	38 %	21 %	25 %
Drogenkonsumraum (organis. Suchthilfe)	27 %	41 %	18 %	2 %	21 %	15 %
Öffentlich/draußen	9 %	9 %	11 %	20 %	10 %	16 %
Selbstverwaltete Dealing-Adresse (Hausdealer/ "Lieferservice")	5 %	9 %	2 %	2 %	3 %	4 %
Bei einem Freund zu Hause	-	5 %	-	13 %	-	10 %
Dealing-Adresse	-	9 %	-	2 %	-	4 %
An einem anderen Ort	-	5 %	-	4 %	-	4 %
An keinem zweiten Ort		5 %		4 %		4 %

Rotterdamer Befragten, die in der Öffentlichkeit Drogen gebraucht haben, konsumierten dort durchschnittlich an 18 Tagen in dem Monat vor der Befragung (Männer: 21 Tage, Frauen: 11 Tage). Fast die Hälfte (43 %) gibt an, dies im letzten Monat täglich getan zu haben. Hier ist allerdings ein deutlicher Unterschied zu beobachten: Bei den Frauen sind es nur 20 % derjenigen, die überhaupt draußen konsumieren, bei den Männern hingegen 57 %. Rotterdamer Konsumentinnen und Konsumenten unterschieden sich noch weiter hinsichtlich ihrer präferierten Orte. So konsumieren die meisten Frauen ihre Drogen entweder zu Hause oder in einem Drogenkonsumraum der organisierten Suchthilfe. Für keine der befragten Frauen ist der Konsumraum der *Pauluskerk* ein wichtiger Ort. Die Männer hingegen konsumieren in erster Linie zu Hause oder aber in der *Pauluskerk*.

Konsumorte in der Öffentlichkeit

Nachdem im vorigen Abschnitt der generelle Stellenwert aufgezeigt worden ist, den öffentliche Konsumorte für die Befragten in den drei Städten einnehmen, soll nun für Innsbruck und Hamburg näher beleuchtet werden, an welchen öffentlichen Orten konsumiert wird.

Von den 43 % aller befragten HamburgerInnen, die in den letzten 24 Stunden überhaupt öffentlich konsumiert haben, suchten die meisten Parks oder Plätze auf: 28 % aller Befragten haben hier konsumiert, und zwar im Durchschnitt 3,1 mal. In der Nähe eines Konsumraums haben immerhin 16 % Drogen zu sich genommen – durchschnittlich 3,6 mal. Diese Zahl mag überraschen, hängt aber überwiegend damit zusammen, dass die Konsumräume wegen Wartezeiten und beschränkter Öffnungszeiten nicht jederzeit sofort verfügbar sind. Am dritthäufigsten werden Hauseingänge bzw. Treppenhäuser als öffentliche Konsumorte genannt (11 %). Bahnhöfe sowie S- und U-Bahnen spielen mit 7 % bzw. 5 % nur eine verhältnismäßig geringe Rolle. Bei der Wahl öffentlicher Konsumorte unterscheiden sich die Hamburger Männer und Frauen wenig: Frauen konsumieren etwas seltener in Parks und auf Plätzen (26 % gegenüber 29 %), dafür etwas häufiger in Hauseingängen und Treppenhäusern (14 % gegenüber 10 %).

Was die öffentlichen Konsumorte der Innsbrucker KonsumentInnen angeht, so spielen auch hier Parks und Plätze die größte Rolle: 32 % aller Befragten haben hier in den vorangegangenen 24 Stunden konsumiert. Am zweithäufigsten genannt wird der öffentliche Konsum „woanders", also an keinem der explizit aufgeführten Orte. An dritter Stelle steht der Drogengebrauch in Hauseingängen bzw. Treppenhäusern. Die InnsbruckerInnen konsumieren hier mit 16 % etwas häufiger als die HamburgerInnen mit 11 %. Bahnhöfe (11 % gegenüber 7 %) und S-Bahnen bzw. Straßenbahnen (7 % gegenüber 5 %) haben in Innsbruck ebenfalls einen etwas höheren Stellenwert. In der österreichischen Stadt unterscheiden sich die öffentlichen Konsumorte zwischen den Geschlechtern deutlicher als in Hamburg: Ein größerer Anteil der Frauen hat hier im Laufe des vergangenen Tages in Parks und auf Plätzen konsumiert (42 % gegenüber 26 % bei den Männern), ebenso an Bahnhöfen (14 % gegenüber 9 %) und an anderen als den aufgeführten Orten (27 % bzw. 21 %). Dafür geben die männlichen Befragten vergleichsweise häufig Straßenbahnen (9 % gegenüber 5 %) und Hauseingänge bzw. Treppenhäuser (21 % gegenüber 10 %) als Konsumorte an.

Da der öffentliche Konsum im Sinne der Allgemeinheit unerwünscht ist und zudem – besonders, wenn er allein und/oder in großer Hektik geschieht – auch für die KonsumentInnen risikobehaftet ist, stellt sich die Frage, aus welchen Gründen sie sich dafür entscheiden, dennoch öffentlich zu konsumieren. Am häufigsten (36 %) führen die Hamburger KonsumentInnen als Begründung an, dass sie meist in der Nähe des Ortes konsumieren, an dem sie die Drogen gekauft haben (Tabelle 6.26). Eng damit zusammen hängen dürfte die zweithäufigste Erklärung: 34 % sagen, sie konsumieren aufgrund von Entzugserscheinungen bzw. des Suchtdrucks öffentlich. Dies lässt sich so interpretieren, dass der Weg zu anderen, nicht-öffentlichen Konsumorten für sie in der jeweiligen Situation zu weit erscheint. Anders hingegen ist die Motivation im Falle der dritten Begründung: Immerhin 29 % geben an, dass sie ganz einfach keine andere Konsumgelegenheit haben. Ein vergleichsweise geringer Anteil der Befragten führt die folgenden weiteren Gründe an: 11% haben keine Möglichkeit, die Konsumräume zu nutzen, 8 % sagen, dass sie nicht wissen, warum sie öffentlich konsumieren, und 1 % lehnt Konsumräume ab.

Die Frauen erwähnen überproportional häufig, dass sie aufgrund von Suchtdruck bzw. Entzugserscheinungen öffentlich konsumieren und dass sie keine Möglichkeit zur Nutzung von Konsumräumen haben. Die Männer sagen vergleichsweise oft, dass sie meist in der Nähe des Besorgungsortes die Drogen gebrauchen. Als Erläuterung für „andere" Gründe nennen die HamburgerInnen am häufigsten, dass die Konsumräume zu voll oder geschlossen bzw. die Wartezeiten zu lang seien, dass sie bei schönem Wetter gern draußen konsumieren oder keine Zeit haben, woanders hin zu gehen.

Die rechte Hälfte der Tabelle 6.26 zeigt zum Vergleich die Begründungen der Innsbrucker GesprächspartnerInnen. Über die Hälfte der Befragten sagen, dass sie aufgrund eines zu großen Suchtdrucks bzw. aufgrund von Entzugserscheinungen öffentlich konsumieren. Diese Begründung steht bei den HamburgerInnen wie erwähnt nur an zweiter Stelle, hängt aber eng mit einer anderen zusammen, die die InnsbruckerInnen seltener nennen: Dass meistens in der Nähe des Besorgungsortes konsumiert wird. Am zweithäufigsten sagen die in der österreichischen Stadt befragten KonsumentInnen, dass sie in der Öffentlichkeit Drogen gebrauchen, weil sie keine Möglichkeit haben, einen Konsumraum zu nutzen. Zumindest

Tabelle 6.26
Gründe für öffentlichen Konsum (Hamburg und Innsbruck, Mehrfachangaben)

	Hamburg			Innsbruck		
	Gesamt (N=400)	Frauen (N=98)	Männer (N=337)	Gesamt (N=73)	Frauen (N=23)	Männer (N=45)
Keine andere Konsumgelegenheit	29 %	30 %	29 %	30 %	30 %	29 %
Konsum meistens in Nähe des Besorgungsortes	36 %	32 %	38 %	19 %	22 %	20 %
Keine Möglichkeit, Konsumräume zu nutzen	11 %	13 %	10 %	34 %	26 %	40 %
Mag keine Konsumräume/ lehne sie ab	1 %	2 %	1 %	b)	b)	b)
Suchtdruck/Entzugserscheinungen	34 %	42 %	32 %	70 %	53 %	58 %
Weiß nicht genau, mache ich immer so	8 %	6 %	9 %	4 %	4 %	4 %
Anderes [a]	25 %	29 %	25 %	13 %	13 %	14 %
k.A. (N)	176	30	143	3	7	16

[a] 31 Hamburger Befragte führten bei diesem Punkt unter „andere Gründe" missverständlicherweise an, dass sie überhaupt nicht öffentlich konsumierten – sie sind an dieser Stelle also nicht zu berücksichtigen.
[b] Dies wurde in Innsbruck aufgrund des fehlenden Konsumraums nicht gefragt.

die 34 %, die dieses Argument nennen, könnten somit durch die Schaffung eines solchen Konsumraumes möglicherweise dazu veranlasst werden, nicht mehr oder seltener öffentlich zu konsumieren. Wie in Hamburg so erwähnen auch in Innsbruck überproportional viele Frauen, dass sie aufgrund von Suchtdruck bzw. Entzugserscheinungen öffentlich Drogen gebrauchen. Männer nennen vergleichsweise häufiger als Grund für den öffentlichen Konsum, dass sie keine Möglichkeit haben, einen Konsumraum zu benutzen.

6.6 IN WELCHER GESUNDHEITLICHEN VERFASSUNG SIND DIE DROGENKONSUMENTINNEN?

Zur Charakterisierung der von den Einrichtungen erreichten Zielgruppe sind ihre gesundheitliche Verfassung und ihre ärztliche Versorgung ebenfalls von großer Bedeutung. Es soll daher zunächst dargestellt werden, wie die in den drei Städten Befragten ihren Gesundheitszustand selbst einschätzen und welche konkreten gesundheitlichen oder körperlichen Probleme sie haben, um dann darauf einzugehen, inwieweit sie medizinisch betreut werden.

Gesundheitszustand insgesamt

Die bewusst allgemein gehaltene Frage: „Wie schätzt Du insgesamt Deinen Gesundheitszustand ein?" liefert durchaus differenzierte Ergebnisse: Fast die Hälfte der befragten HamburgerInnen bezeichnen ihren aktuellen Gesundheitszustand als eher gut (30 %) oder sogar sehr gut (15 %). Ein gutes Drittel (38 %) antwortet mit „teils, teils", und 18 % sagen, dass es ihnen derzeit eher schlecht (13 %) oder sogar sehr schlecht (5 %) gehe. Dabei ist der Anteil der männlichen Befragten mit – der eigenen Einschätzung nach – guter oder sehr guter Gesundheit deutlich höher als der der weiblichen: 49 % gegenüber 32 %.

Im Vergleich zu den in der Hansestadt Befragten bezeichnen die Innsbrucker KonsumentInnen ihren Gesundheitszustand deutlich seltener als eher gut (27 %) oder sehr gut (6 %). Fast die Hälfte (48 %) und somit zehn Prozent mehr als in Hamburg beschreiben ihn als „teils, teils". Der Anteil, dem es schlecht geht, liegt in der österreichischen Stadt bei 19 % – dies entspricht in etwa dem Hamburger Wert. Werden in Innsbruck Männer und Frauen getrennt betrachtet, so bestätigt sich das Bild aus Hamburg, demzufolge die weiblichen Befragten sich seltener als gesund bezeichnen: Einen guten Gesundheitszustand sprechen sich selbst gerade einmal 19 % der Frauen, aber immerhin 41 % der Männer zu.

Die in der Rotterdamer Befragung angebotenen Auswahlmöglichkeiten, mit denen die KonsumentInnen ihren Gesundheitszustand beschrieben, weichen etwas von denen in den beiden anderen Städten ab. Trotzdem soll hier ein Vergleich versucht werden: 42 % der holländischen Befragten beschreiben ihren Gesundheitszustand als gut (39 %) oder sehr gut (3 %). Dieser Anteil liegt wenig unter dem Hamburger und deutlich über dem Innsbrucker Wert. Die Antwort „in Ordnung" war allerdings in den

Kapitel 6

beiden anderen Städten nicht vorgesehen. Wird sie für einen Vergleich mit der Rubrik „teils, teils" in Hamburg und Innsbruck mit „manchmal gut, manchmal schlecht" zusammengefasst,[15] so beinhaltet diese Gruppe mit 52 % einen deutlich größeren Anteil als in Hamburg und einen etwas größeren als in Innsbruck. Der Anteil der Rotterdamer, denen es ihrem eigenen Empfinden nach gesundheitlich schlecht geht, ist wesentlich geringer als in den anderen Städten: Er liegt gerade einmal bei 6 % gegenüber 18 % bzw. 19 %.

Gesundheitliche Probleme

Um die erste Einschätzung zu konkretisieren und die tatsächlichen körperlichen Probleme der KonsumentInnen benennen zu können, wurden in den Fragebögen in Hamburg und Innsbruck zusätzlich einzelne mögliche Krankheiten und Probleme in den letzten 30 Tagen abgefragt. 52 % der Hamburger DrogenkonsumentInnen sagen, dass sie im vergangenen Monat keine akuten gesundheitlichen Probleme hatten – im Umkehrschluss bedeutet dies, dass etwa die Hälfte aktuell mit solchen zu tun hat (Tabelle 6.27). Am häufigsten genannt wird Hepatitis bzw. Lebererkrankung, die 26 % der Hamburger Befragten erwähnen. Aufgrund von epidemiologischen Daten (vgl. Kapitel 4.1) ist allerdings davon auszugehen, dass weit mehr von einer Hepatitis-Infektion betroffen sind.[16] 19 % haben Krankheiten oder Behinderungen, die auf den Fragebögen nicht explizit aufgelistet sind, 8 % hatten in den letzten 30 Tagen mit Abszessen zu kämpfen. Immerhin 6 % sind so krank gewesen, dass sie ins Krankenhaus mussten. Jeweils 3 % haben in diesem Zeitraum eine Überdosierung überstanden und Probleme im Zusammenhang mit HIV/Aids gehabt. Einen lebensbedrohlichen Notfall hat 1 % der Befragten erlebt.

---

[15] Bei dieser Zusammenfassung ist davon auszugehen, dass sich einige derjenigen RotterdamerInnen, die ihre Gesundheit als „in Ordnung" charakterisiert haben, in Hamburg oder Innsbruck die Antwortalternative „eher gut" gewählt hätten. Dieser Vergleich ist somit vorsichtig zu bewerten – möglicherweise ist der Anteil der Rotterdamer mit guter Gesundheit also im Vergleich noch größer als in den anderen beiden Städten.
[16] Eine Erklärung für die verhältnismäßig geringe Zahl von Nennungen könnte in der Fragestellung liegen, die nach gesundheitlichen/körperlichen Problemen fragte. KonsumentInnen, die zwar infiziert sind, aber derzeit subjektiv keine gesundheitlichen Probleme deswegen haben, haben diesen Punkt hier möglicherweise verneint.

Tabelle 6.27
Gesundheitliche Probleme in den letzten 30 Tagen (Hamburg und Innsbruck)

	Hamburg			Innsbruck		
	Gesamt (N=567)	Frauen (N=116)	Männer (N=444)	Gesamt (N=79)	Frauen (N=25)	Männer (N=50)
Abszesse	8 %	13 %	6 %	9 %	12 %	8 %
Lebererkrankung, Hepatitis	26 %	32 %	25 %	52 %	60 %	47 %
Probleme mit HIV/ Aids	3 %	4 %	3 %	10 %	16 %	8 %
Andere Erkrankungen /Behinderungen	19 %	25 %	17 %	11 %	16 %	6 %
Überdosierungen	3 %	3 %	3 %	10 %	16 %	8 %
Lebensbedrohlicher Notfall	1 %	1 %	1 %	6 %	12 %	4 %
Krankenhausaufenthalt	6 %	7 %	5 %	17 %	32 %	10 %
Keine gesundheitlichen Probleme	52 %	45 %	54 %	28 %	12 %	37 %
k.A. (N)	49	12	36	10	1	2

Nur 28 % der Innsbrucker KonsumentInnen sagen, dass sie in den vergangenen 30 Tagen keine gesundheitlichen Probleme gehabt haben – dieser Anteil ist wesentlich geringer als in Hamburg. Am häufigsten von den aufgelisteten Krankheiten nennen auch sie Lebererkrankung bzw. Hepatitis. Der Anteil der InnsbruckerInnen, der davon betroffen ist, ist doppelt so hoch wie in Hamburg. Insgesamt 17 % der Befragten sind im letzten Monat im Krankenhaus gewesen – auch hier liegt der Anteil deutlich höher als der Hamburger Vergleichswert. Andere als die aufgeführten Erkrankungen erwähnen 11 % der InnsbruckerInnen. Probleme im Zusammenhang mit HIV/Aids und Überdosierungen nennen jeweils 10 %. Auch in diesen Fällen liegen die Anteile wesentlich über den in Hamburg ermittelten. Dies trifft auch für die Zahl der lebensbedrohlichen Notfälle in den letzten 30 Tagen zu: 6 % der befragten Innsbrucker KonsumentInnen waren davon betroffen. Die große Zahl dieser extrem gefährlichen Situationen für die Drogenabhängigen spricht für die Einrichtung von Konsumräumen auch in Innsbruck, in denen ausgebildetes Personal in solchen Situationen gezielt eingreifen und Leben retten kann.
In Rotterdam waren einige der verbreitetsten Infektionskrankheiten Thema der Befragung. Die meisten Befragten (87 %) sind auf TBC gete-

stet, auf die anderen Krankheiten jeweils gut 50 %. Unter den Getesteten ist die Hepatitis B-Infektionsrate am höchsten: Sie liegt bei 19 %. Knapp dahinter folgt Hepatitis C, bei der 17 % positive Testergebnisse angeben. Im Vergleich zu epidemiologischen Daten aus Hamburg ist dieser Anteil sehr gering (vgl. Kapitel 4.1) – möglicherweise ist die geringere Infektionsrate in Rotterdam auf den dort deutlich geringen Stellenwert des Spritzens als Applikationsform zurückzuführen. Der Anteil der HIV-Positiven liegt bei 14 %. STD und TBC hingegen spielen mit 8 % bzw. 2 % nur eine geringere Rolle. Männer sind überproportional häufig infiziert. Am größten ist der Unterschied zwischen Männern und Frauen im Falle von Hepatitis B (25 % gegenüber 13 %) und STD (14 % gegenüber 5 %).

Ärztliche Behandlung

Um festzustellen, wie gut die KonsumentInnen von ärztlicher Versorgung erreicht werden, wurden sie in Hamburg und Innsbruck zusätzlich um Auskunft dazu gebeten, ob sie, wenn sie gesundheitliche bzw. ärztliche Probleme haben, zur Zeit in ärztlicher Behandlung sind. Gut die Hälfte der Hamburger KonsumentInnen geben an, bei der HausärztIn in Behandlung zu sein bzw. einer ÄrztIn, die die Behandlung mit Ersatzdrogen durchführt (Tabelle 6.28). Immerhin 11 % suchen bei Bedarf eine ÄrztIn in einer Drogenhilfeeinrichtung auf; 5 % sind bzw. waren in einem Krankenhaus in Behandlung. In keinerlei ärztlicher Behandlung ist jedoch ein Drittel der Hamburger KonsumentInnen.

Tabelle 6.28
Bei gesundheitlichen Problemen in ärztlicher Behandlung (Hamburg und Innsbruck)

	Hamburg			Innsbruck		
	Gesamt (N=521)	Frauen (N=111)	Männer (N=403)	Gesamt (N=78)	Frauen (N=26)	Männer (N=49)
Beim Hausarzt/ substituierenden Arzt	51 %	54 %	51 %	50 %	46 %	49 %
In einer Klinik/ im Krankenhaus	5 %	5 %	5 %	23 %	31 %	20 %
Bei ÄrztIn in Drogenhilfeeinrichtung	11 %	16 %	10 %	17 %	15 %	18 %
Nein, nicht in ärztlicher Behandlung	33 %	24 %	35 %	10 %	8 %	12 %
k.A. (N)	95	17	77	11	0	3

NutzerInnenperspektive: Ergebnisse der KonsumentInnenbefragung

Der Anteil der Innsbrucker Befragten, in haus- oder substitutionsärztlicher Betreuung ist etwa so groß wie in Hamburg. In keiner Behandlung befinden sich jedoch deutlich weniger: nur 10 %. Dies hängt mit der größeren Bedeutung zusammen, die den InnsbruckerInnen zufolge der ärztlichen Versorgung durch Krankenhäuser und Ärzte in Drogenhilfeeinrichtungen zukommt.

6.7 IN WELCHEM MAßE WERDEN DIE KONSUMRÄUME GENUTZT?

Nachdem die Eigenschaften der BesucherInnen der untersuchten Einrichtungen ausführlich dargestellt worden sind, soll nun darauf eingegangen werden, wie sie die Einrichtungen im einzelnen nutzen: Wann und wie häufig suchen sie sie auf? Welche konkreten Angebote nehmen sie wahr? Welche Gründe halten diejenigen, die Konsumräume bislang nur selten nutzen, davon ab, von deren Angebot häufiger Gebrauch zu machen?

Nutzungshäufigkeiten der Konsumräume

Entsprechend der unterschiedlichen Situationen in den drei Städten wurden die Nutzungshäufigkeiten der Konsumräume unterschiedlich erhoben. In Hamburg wurden die KonsumentInnen, zu denen in einer Einrichtung Kontakt aufgenommen wurde, gefragt, wie häufig sie den Konsumraum in der jeweiligen Einrichtung nutzen. Wie aus Tabelle 6.29 hervorgeht, nehmen rund ein Drittel der Befragten das Konsumraumangebot minde-

Tabelle 6.29
Nutzung des jeweiligen Konsumraumes (Hamburg)

	Frauen (N=121)	Männer (N=447)	Insgesamt (N=575)
Mehrmals täglich	22 %	17 %	18 %
Einmal täglich	10 %	15 %	14 %
Mehrmals pro Woche	36 %	27 %	29 %
Einmal wöchentlich	8 %	9 %	9 %
Seltener	17 %	26 %	24 %
Gar nicht	7 %	6 %	6 %
k.A. (N)	7	33	41

stens einmal täglich war, ein weiteres knappes Drittel nutzt die Räume mehrmals pro Woche. Der Anteil der mehrmals pro Woche nutzenden Frauen ist deutlich höher als der der Männer.

In Rotterdam wurden die KonsumentInnen gebeten anzugeben, an wie vielen Tagen in der letzten Woche sie einen Konsumraum aufgesucht hatten. Wie in Tabelle 6.30 klar erkennbar, hat eine deutliche Mehrheit der Befragten – drei Viertel – die Konsumräume an jedem Tag genutzt. Dieser Prozentsatz ist bei den Männern noch höher als bei den Frauen. An weniger als jedem zweiten Tag haben lediglich 13 % der Befragten die Räume aufgesucht, wobei hier der Anteil der weiblichen KonsumentInnen deutlich höher ist.

Tabelle 6.30
Nutzung der Konsumräume innerhalb von 7 Tagen (Rotterdam)

	Frauen (N=22)	Männer (N=45)	Insgesamt (N=67)
An 7 Tagen	68 %	78 %	75 %
An 6 Tagen	-	9 %	6 %
An 5 Tagen	9 %	7 %	11 %
An 4 Tagen	5 %	-	2 %
An 3 Tagen	-	-	-
An 2 Tagen	9 %	2 %	7 %
An 1 Tag	9 %	4 %	6 %

Im Durchschnitt haben die holländischen PassinhaberInnen an 6,2 Tagen der vorangegangenen Woche einen Konsumraum besucht. Bezogen auf alle Hamburger Befragten liegt der Durchschnittswert bei 2,7 Tagen pro Woche. Dabei ist jedoch zu berücksichtigen, dass in Hamburg anders als in Rotterdam auch KonsumentInnen befragt worden sind, die keine Konsumräume nutzen. Betrachtet man ausschließlich diejenigen HamburgerInnen, die innerhalb der letzten sieben Tage einen Konsumraum aufgesucht haben, so liegt der Durchschnittswert bei 3,6 Tagen. Sie nehmen das Angebot also dennoch deutlich seltener wahr als die RotterdamerInnen.

Aufgrund der dortigen Situation wurden die Innsbrucker KonsumentInnen danach gefragt, wie oft sie einen Drogenkonsumraum nutzen würden, wenn es in ihrer Stadt einen gäbe (Tabelle 6.31). Gut die Hälfte der Befragten würde ihn mindestens täglich aufsuchen. Ein knappes Viertel käme mehrmals pro Woche. Etwa drei Viertel könnten somit als häufige NutzerInnen bezeichnet werden – ihr Anteil wäre demnach noch höher als in Hamburg. Die weiblichen Befragten würden die Räume etwas häufiger aufsuchen als die männlichen.

Tabelle 6.31
Gewünschte Nutzung eines Konsumraumes (Innsbruck)

	Frauen (N=24)	Männer (N=50)	Insgesamt (N=82)
Mehrmals täglich	38 %	26 %	29 %
Einmal täglich	21 %	28 %	24 %
Mehrmals pro Woche	21 %	22 %	23 %
Einmal wöchentlich	4 %	6 %	5 %
Seltener	13 %	10 %	11 %
Gar nicht	4 %	8 %	7 %
k.A. (N)	2	2	7

Nutzung weiterer Angebote der Einrichtungen

Welche weiteren Hilfeangebote der Einrichtungen über die Konsummöglichkeit hinaus von den Befragten wie stark nachgefragt werden, verdeutlicht Tabelle 6.32. Für jede der drei untersuchten Städte ist der Rangfolge nach geordnet herauszulesen, welche Angebote jeweils von wie viel Prozent der Befragten genutzt werden. An erster Stelle steht in jeder Stadt ein anderes Angebot: Die Hamburger KonsumentInnen nennen am häufigsten Essen und Trinken, die InnsbruckerInnen den Spritzentausch und die RotterdamerInnen die Möglichkeit, dort Leute zu treffen. Dieser Punkt ist den Hamburger und Innsbrucker Befragten am zweitwichtigsten. An dieser Stelle nennen die Rotterdamer DrogenkonsumentInnen Essen und Trinken. An dritter Stelle folgt in Hamburg der Spritzentausch, in Innsbruck mit der Sozialberatung bereits ein Beratungsangebot und in Rotterdam wiederum eine „Serviceleistung", nämlich Duschen und Wäsche waschen.

Kapitel 6

Tabelle 6.32
Rangfolge der weiterer Einrichtungsangebote im Städtevergleich

	Hamburg (N=599)	Innsbruck (N=81)	Rotterdam (N=67)
1	Essen/Trinken (68 %)	Spritzentausch (69 %)	Leute treffen (73 %)
2	Leute treffen (53 %)	Leute treffen (53 %)	Essen/Trinken (57 %)
3	Spritzentausch (52 %)	Sozialberatung (52 %)	Duschen, Wäsche waschen (46 %)
4	Medizin. Versorgung (28 %)	Essen/Trinken (49 %)	Beratung bei persönlichen Problemen (45 %)
5	Beratung bei persönlichen Problemen (25 %)	Beratung bei persönlichen Problemen (46 %)	Sozialberatung (39 %)
6	Duschen, Wäsche waschen (23 %)	Medizin. Versorgung (37 %) Duschen, Wäsche waschen (37 %), Rechtsberatung (37 %)	Medizin. Versorgung (37 %)
7	Drogenberatung (15 %)	-	Spritzentausch (24 %)
8	Sozialberatung (14 %)	-	Drogenberatung (19 %)
9	Rechtsberatung (12 %)	Drogenberatung (27 %)	Safer Use Infos (15 %)
10	Anderes (5 %) Safer Use Infos (5 %)	Anderes (5 %)	-
11	-	Safer Use Infos (3 %)	-
	Nur Konsum / keine weiteren Angebote (11 %)	Keine weiteren Angebote (1 %)	Nur Konsum / keine weiteren Angebote (30 %)

Eine geschlechtsspezifische Übersicht über die Nutzung der einzelnen Angebote der Hamburger Einrichtungen liefert Tabelle 6.33. Sie zeigt, dass das Nutzungsverhalten der befragten Männer und Frauen durchaus unterschiedlich ist: Bei jedem der aufgeführten Angebote ist der Anteil der weiblichen Befragten, die angeben, es zu nutzen, höher als der der Männer. Umgekehrt ist der Anteil der Frauen, die überhaupt keine weitergehenden Angebote nutzen, wesentlich geringer als der der Männer.
Eine rundum höhere Nutzungsintensität der einzelnen Angebote lässt sich für Innsbruck nicht bestätigen (Tabelle 6.34). Zwar gibt keine der Frauen an, überhaupt keine Angebote zu nutzen, aber ansonsten werden einige der Möglichkeiten stärker von den männlichen, andere vermehrt von den weiblichen KonsumentInnen wahrgenommen.

Tabelle 6.33
Nutzung weiterer Einrichtungsangebote (Hamburg)

	Frauen (N=126)	Männer (N=466)	Insgesamt (N=599)
Essen/Trinken	75 %	66 %	68 %
Leute treffen, Kontakte, reden	63 %	51 %	53 %
Spritzentausch	63 %	50 %	52 %
Medizinische Versorgung	41 %	24 %	28 %
Beratung bei persönlichen Problemen	33 %	23 %	25 %
Duschen, Wäsche waschen	28 %	22 %	23 %
Drogenberatung (Therapie, Entzug, Substitution, ...)	24 %	13 %	15 %
Sozialberatung (z.B. Job, Wohnen, Sozialhilfe, ...)	21 %	12 %	14 %
Rechtsberatung	18 %	11 %	12 %
Informationen über Safer Use	10 %	3 %	5 %
Anderes	11 %	4 %	5 %
Nur Konsum / keine weiteren Angebote	4 %	13 %	11 %
k.A. (N)	2	14	17

Tabelle 6.34
Nutzung weiterer Einrichtungsangebote (Innsbruck)

	Frauen (N=26)	Männer (N=51)	Insgesamt (N=81)
Spritzentausch	73 %	69 %	69 %
Leute treffen, Kontakte, reden	46 %	55 %	53 %
Sozialberatung (z.B. Job, Wohnen, Sozialhilfe, ...)	62 %	45 %	52 %
Essen/Trinken	42 %	53 %	49 %
Beratung bei persönlichen Problemen	39 %	51 %	46 %
Medizinische Versorgung	39 %	33 %	37 %
Duschen, Wäsche waschen	31 %	39 %	37 %
Rechtsberatung	27 %	39 %	37 %
Drogenberatung (Therapie, Entzug, Substitution, ...)	31 %	28 %	27 %
Informationen über Safer Use	4 %	2 %	3 %
Anderes	0 %	8 %	5 %
Keine weiteren Angebote	0 %	2 %	1 %
k.A. (N)	0	1	8

In Rotterdam wiederum zeigt sich ein ganz anderes Bild beim Vergleich zwischen den Geschlechtern (Tabelle 6.35): Hier ist der Anteil der Frauen, die die Einrichtungen lediglich zum Konsum aufsuchen, um ein Vielfaches höher als der der Männer (73 % gegenüber 9 %). Entsprechend nutzt auch ein jeweils geringerer Prozentsatz der weiblichen als der männlichen Befragten die einzelnen aufgelisteten Angebote.

Tabelle 6.35
Nutzung weiterer Einrichtungsangebote (Rotterdam)

	Frauen (N=22)	Männer (N=45)	Insgesamt (N=67)
Leute treffen, Kontakte, reden	46 %	87 %	73 %
Essen/Trinken	18 %	76 %	57 %
Duschen, Wäsche waschen	32 %	53 %	46 %
Beratung bei persönlichen Problemen	23 %	56 %	45 %
Sozialberatung / Informationen über das Drogenhilfesystem	9 %	53 %	39 %
Medizinische Versorgung	27 %	42 %	37 %
Spritzentausch	23 %	24 %	24 %
Drogenberatung / Informationen über Therapie	9 %	24 %	19 %
Informationen über Safer Use	9 %	18 %	15 %
Nur Konsum / keine weiteren Angebote	73 %	9 %	30 %

Da in Rotterdam die Konsumraumeinrichtung *Pauluskerk* den DrogenkonsumentInnen anbietet, dort von Hausdealern Drogen zu kaufen, wurde speziell in dieser Stadt die Frage mit aufgenommen, ob und ggf. wie häufig die Befragten in den letzten 30 Tagen in der *Pauluskerk* Drogen gekauft haben. 76 % der Männer, aber nur 9 % der Frauen bejahen dies (insgesamt: 54 %). Die Frauen mit positiver Antwort haben zudem durchschnittlich nur an 8 Tagen in dieser Zeit dort gekauft, die Männer hingegen an 25 Tagen.

In Innsbruck, der Stadt ohne Konsumraum, wurden die Wünsche für ein solches Angebot ermittelt: Die Ergebnisse sind in Tabelle 6.36 dargestellt. Dass sich die Innsbrucker Befragten zur möglichen Gestaltung von Konsumräumen durchaus eine Meinung gebildet haben, zeigt die Tatsache, dass lediglich 2 % antworten, dass ihnen diese egal sei. Im Vordergrund steht die Anonymität bei der Nutzung eines Konsumraumes (70 %). Darüber hinaus sollten getrennte Räume zum Spritzen und Rauchen vorhanden sein (65 %). Auch die Anbindung oder Integration in eine (bereits

NutzerInnenperspektive: Ergebnisse der KonsumentInnenbefragung

bestehende) Drogenhilfeeinrichtung wird von der Mehrheit der Innsbrukker UntersuchungsteilnehmerInnen gewünscht (54 %). Darüber hinaus fällt auf, dass zwei Drittel der befragten DrogenkonsumentInnen die Möglichkeit zum Drogentesten im Zusammenhang mit der Einrichtung eines Konsumraumes begrüßen würden.

Tabelle 6.36
Wünsche an einen Konsumraum (Innsbruck, Mehrfachnennungen)

	Frauen (N=26)	Männer (N=52)	Gesamt (N=83)
In jedem Fall anonym	81 %	64 %	70 %
Möglichkeit zum Testen der Qualität von Drogen	73 %	62 %	66 %
Verschiedene Räume zum Spritzen und Rauchen	65 %	67 %	65 %
An eine Anlaufstelle (z. B. Komfüdro)/ Beratungsstelle angebunden oder dort integriert	54 %	54 %	54 %
Möglichkeit zum Drogenkauf („Hausdealer")	46 %	46 %	47 %
Außerdem mehrere Hilfsangebote (Beratung, Informationen)	46 %	46 %	43 %
Aufenthaltsdauer beschränkt, damit möglichste viele nutzen können	42 %	42 %	41 %
Man sollte nur konsumieren können	12 %	27 %	22 %
Ausweis für die NutzerInnen, der garantiert, dort Platz zu haben	19 %	23 %	22 %
Beschränkung der NutzerInnenzahl, damit nicht zu voll	19 %	14 %	15 %
Anderes	8 %	0 %	2 %
Weiß nicht / egal	0 %	4 %	2 %
k.A. (N)	0	0	6

Gründe für eine seltene oder keine Nutzung der Konsumräume

Um Verbesserungsmöglichkeiten für das bisherige Angebot an Konsumräumen auszuloten, wurden diejenigen DrogengebraucherInnen, die die vorhandenen Konsumräume bislang gar nicht oder nur gelegentlich nutzen, gebeten, ihre Gründe dafür zu benennen (Tabelle 6.37). Am häufigsten führen sie als Begründung zu lange Wartezeiten vor Nutzung der Räume auf (57 %). Am zweithäufigsten nennen sie die Entfernung bzw. die ihrer Meinung nach zu geringe Anzahl der Konsumräume in Hamburg sowie zu kurze oder für sie unpassende Öffnungszeiten (jeweils 29 %). Alle drei meistgenannten Gründe lassen sich darin zusammenfassen, dass die Konsumräume für die Befragten nicht schnell genug verfügbar sind.

Tabelle 6.37
Gründe für seltene bzw. keine Konsumraumnutzung (Hamburg, Mehrfachangaben)

	Frauen (N=98)	Männer (N=356)	Insgesamt (N=460)
Zu lange Wartezeiten	57 %	57 %	57 %
Entfernung / zu wenig Konsumräume	28 %	30 %	29 %
Zu kurze/unpassende Öffnungszeiten	37 %	27 %	29 %
Schlechte/ungemütliche Atmosphäre	19 %	14 %	15 %
Durch andere gestört	15 %	14 %	14 %
Konsum am Besorgungsort	11 %	13 %	13 %
Zu wenig/keine Anonymität	6 %	4 %	5 %
Konsum in Gegenwart anderer	7 %	5 %	5 %
Drogen teilen nicht möglich	5 %	2 %	3 %
Konsum von Cocktails nicht möglich	3 %	1 %	2 %
Möchte nicht gesehen/ erkannt werden	5 %	3 %	4 %
Anderer Grund	25 %	22 %	22 %
k.A. (N)	30	124	156

Da lange Wartezeiten die KonsumentInnen teilweise davon abhalten, die Hamburger Konsumräume zu nutzen, wurde dort auch erhoben, wie häufig solche Wartezeiten sind. Konkret wurde gefragt, ob und wie häufig die UntersuchungsteilnehmerInnen in der letzten Woche wegen zu langer Wartezeiten oder begrenzter Öffnungszeiten nicht in einem Konsumraum konsumieren konnten. 48 % der Befragten geben an, dass dies vorgekommen sei, 29 % verneinen dies. Im Durchschnitt ist der Versuch, einen Konsumraum zu nutzen, 3,4 mal vergeblich gewesen. 22 % sagen, dass sie in der letzten Woche keinen Konsumraum aufgesucht haben, 2 % machen hierzu keine Angaben. 60 % der Rotterdamer Befragten mussten in der letzten Woche mindestens einmal warten, bevor sie einen Konsumraum nutzen konnten. Bei den Frauen lag der Anteil der Wartenden mit 86 % deutlich höher als bei den Männern mit 47 %.

6.8 ZUSAMMENFASSUNG

Die Gesamtheit der städtespezifischen quantitativen Daten zur aktuellen Lebenssituation, Konsumverhalten, Szeneaufenthalten, Gesundheitszustand und Nutzung von Einrichtungsangeboten gestattet eine Überprüfung der untersuchungsleitenden Hypothesen.

NutzerInnenperspektive: Ergebnisse der KonsumentInnenbefragung

Hypothese I: Das Angebot von Konsumräumen erreicht die Zielgruppe der i.v.-DrogenkonsumentInnen, die gesundheitlich riskant und öffentlich konsumieren.

Die Befragungen haben im wesentlichen fünf Erkenntnisse gebracht, die diese Hypothese bestätigen:

1. Bei den Befragten handelt es sich um DrogenkonsumentInnen, von denen in Hamburg und Innsbruck der größte Teil, in Rotterdam rund 23 % intravenös harte Drogen konsumieren. (Die übrigen Befragten rauchen oder sniefen Drogen.)
2. Ein nicht unerheblicher Teil der in Hamburg und Innsbruck Befragten praktiziert riskante Konsummuster wie das Injizieren von Drogencocktails, den mehrfachen Gebrauch von Spritzen, die gemeinsame Nutzung von Spritzen oder anderen Utensilien und das Teilen von Drogen aus einer Spritze. Da viele der GesprächspartnerInnen angeben, an öffentlichen Orten zu konsumieren, ist zu vermuten, dass sie auch unter hygienisch kritischen Umständen Drogen gebrauchen.
3. Viele der befragten KonsumentInnen nehmen auch in der Öffentlichkeit Drogen.
4. Der Gesundheitszustand einer Vielzahl der Befragten ist schlecht. Zudem berichten einige KonsumentInnen über Überdosierungen bis hin zu lebensbedrohlichen Notfällen im vergangenen Monat – dies ist als ein Zeichen extrem gesundheitlich riskanten Konsums sowie riskanter Konsumbedingungen zu interpretieren.
5. Die in Hamburg und Rotterdam Befragten nutzen zu einem großen Teil bzw. vollständig das Angebot der Konsumräume. In Innsbruck bekundet die Mehrzahl Interesse an der Nutzung eines solchen Angebots.

Hypothese II: Konsumräume führen bei dieser Zielgruppe zu positiven Veränderungen hinsichtlich eines gesundheitsbewussten Verhaltens (Verringerung des Risikoverhaltens über den Konsumakt hinaus, Nutzung weiterer Angebote im Sinne von Schadensminimierung).

Da jede KonsumentIn nur einmal befragt wurde, ist eine *direkte* empirische Betrachtung von Veränderungen aufgrund der Anlage der Untersuchung nicht möglich. Auf Basis der retrospektiven Befragung können jedoch vorsichtige Aussagen in Hinblick auf eingetretene Verhaltensänderungen getroffen werden. Folgende Ergebnisse der Befragung sind hier von Bedeutung:

1. Allein die Tatsache, dass die befragten KonsumentInnen in Hamburg und Innsbruck großteils die Möglichkeit nutzen, in den Konsumräumen

unter hygienisch einwandfreien Bedingungen und unter Aufsicht Drogen zu konsumieren, die sie ansonsten unter riskanteren Bedingungen und möglicherweise allein nehmen würden, stellt eine Reduktion der mit dem Konsum verbundenen Risiken dar.
2. Die in Hamburg und Rotterdam befragten KonsumentInnen berichten überwiegend von positiven Veränderungen ihres Konsumverhaltens, seit sie begonnen haben, die Konsumräume zu nutzen. Allerdings erwähnen auch die Innsbrucker Befragten solche Veränderungen im vergangenen Jahr, obwohl es in der österreichischen Stadt bislang keine Konsumräume gibt. Für die positiven Veränderungen können somit die Konsumräume nicht allein verantwortlich sein.
3. Die Mehrheit der Befragten nutzt weitere Angebote der Einrichtungen, zu denen auch schadensminimierende wie Spritzentausch und Safer-Use-Informationen gehören. Diese stehen allerdings hinter rein „service-orientierten" niedrigschwelligen Angeboten wie Essensausgabe und Kontaktbereich zurück.

Wenngleich ein kausaler Zusammenhang in den meisten Fällen nicht nachgewiesen werden kann, so sprechen die Ergebnisse der Befragungen zumindest dafür, dass die NutzerInnen dem Konsumraumangebot einen positiven Effekt zuschreiben.

Hypothese III: Konsumräume als Interventionsform im Harm-Reduction-Bereich leisten im Umfeld offener Drogenszenen einen relevanten Beitrag zur Reduktion öffentlicher Belastungen.

In Bezug auf die Auswirkungen der Konsumräume auf öffentliche Belastungen erbringen die Befragungen Hinweise für die Richtigkeit auch der dritten Hypothese:
1. Ein Großteil der GesprächspartnerInnen hält sich regelmäßig auf der Drogenszene auf.
2. Viele der befragten KonsumentInnen nehmen auch in der Öffentlichkeit Drogen.
3. Durch das Angebot der Konsumräume werden Drogenkonsum und Szeneansammlungen zumindest teilweise aus der Öffentlichkeit hinaus in die Einrichtungen hinein verlagert. Es ist davon auszugehen, dass dadurch auch die mit dem öffentlichem Drogenkonsum verbundenen Beeinträchtigungen (z. B. herumliegende Spritzen) reduziert werden.

Kapitel 7

MitarbeiterInnenperspektive: Ergebnisse aus den einrichtungsbezogenen Interviews

In diesem Kapitel werden die Ergebnisse der Analyse der Interviews vorgestellt, die in allen drei europäischen Großstädten mit jeweils zwei MitarbeiterInnen aus den untersuchten Einrichtungen durchgeführt wurden. Die Interviews fanden zwischen Juni und Dezember 2000 statt. In Hamburg wie in Innsbruck haben hauptamtliche MitarbeiterInnen, die über mehrjährige Erfahrungen in der Drogenhilfe verfügen und in allen Arbeitsbereichen der Einrichtungen tätig sind, an den Interviews teilgenommen. In Rotterdam wurden ebenfalls jeweils zwei langjährige MitarbeiterInnen aus jeder der vier Konsumraumeinrichtungen befragt. Dort haben die Projektleiter und jeweils ein Drogenhelfer oder Security Guard an den Interviews teilgenommen.

Im Mittelpunkt der ergebnisorientierten Analyse stehen Einschätzungen zur Wirksamkeit von Konsumraumangeboten aus Perspektive der MitarbeiterInnen. Die inhaltsanalytische Auswertung der verschriftlichten Interviews konzentriert sich auf Untersuchungsbereiche, die Aufschluss geben über die Akzeptanz und Inanspruchnahme der Konsumräume sowie präventiver Maßnahmen, über Konflikte mit diesem Angebot und Problembelastungen im Arbeitsalltag und über das Verhältnis der Einrichtungen zum öffentlichem Umfeld.

7.1 ERREICHUNG DER ZIELGRUPPE UND ZIELSETZUNGEN

Die nachfolgende Auswertung zu der Frage, inwieweit die Einrichtungen ihre jeweilige Zielgruppe und Zielsetzungen erreichen, basiert auf den Einschätzungen der befragten MitarbeiterInnen zu den KonsumentInnen, die ihre Einrichtungen vorwiegend aufsuchen. In den Interviews wurden die MitarbeiterInnen aufgefordert zu beschreiben, welche konsumspezifischen und psychosozialen Merkmale die BesucherInnen aufweisen und in welchem Ausmaß Versorgungsangebote über das Konsumraumangebot

Kapitel 7

hinaus in Anspruch genommen werden. Aus diesen Angaben lässt sich zum einen ein Profil der EinrichtungsnutzerInnen und zum anderen ein Profil der Einrichtungsnutzung aus Sicht der MitarbeiterInnen herausarbeiten. Anhand der Ergebnisse aus der KonsumentInnenbefragung zeigt sich, dass die Einschätzungen der MitarbeiterInnen mit dem tatsächlichen Nutzungsverhalten der Einrichtung durch DrogenkonsumentInnen wenig übereinstimmen (vgl. dazu Kapitel 6.7).

7.1.1 Zur Zielgruppe

Da für die meisten der untersuchten Rotterdamer Einrichtungen spezifische und regelmäßig nachgeprüfte Zugangskriterien wie Obdachlosigkeit und Prostitution bestehen, wird bereits durch diese konzeptionell bedingte Selektion gewährleistet, dass die intendierte Zielgruppe erreicht wird. Da zudem alle Passinhaber ihren Wohnsitz in dem Stadtteil haben müssen, in dem sich die Einrichtung befindet, ist davon auszugehen, dass der Großteil der KonsumraumnutzerInnen aus der lokalen Drogenszene stammt.

Die Frage nach der Erreichung der Zielgruppe stellt sich somit vor allem für die Hamburger Einrichtungen und die Innsbrucker Einrichtung. Aus Sicht der MitarbeiterInnen ist es allen diesen Einrichtungen gelungen, die konzeptionell vorgesehene Zielgruppe zu erreichen. Da die Konsumraumangebote in Hamburg an den Brennpunkten der offenen Drogenszene angesiedelt wurden, ging es vornehmlich darum, diese KonsumentInnengruppen an die Einrichtungen anzubinden. Die lokalen Drogenszenen rund um die drei untersuchten Einrichtungen unterscheiden sich hinsichtlich ihrer Sozialstruktur deutlich voneinander. Durch die Nähe des *Drob Inn* zum Hauptbahnhof, der ein Treffpunkt für eine äußerst heterogene Szenepopulation ist, setzt sich dort die erreichte Zielgruppe aus einem breiten Spektrum an DrogenkonsumentInnen zusammen. Nach Wahrnehmung eines Mitarbeiters wird das *Drob Inn* sowohl von langjährigen als auch von sehr jungen KonsumentInnen, von Konsumierenden mit einem abhängigen Konsum wie von solchen mit einem Gelegenheits- oder Wochenendkonsum und von verelendeten wie von sozial integrierten Konsumierenden aufgesucht. Allerdings schränkt er ein, dass gelegentliche und sozial integrierte KonsumentInnen nur einen geringen Anteil der KonsumraumnutzerInnen ausmachen.

> (DI): „Wir haben ja immer das Konzept gehabt, die offene Drogenszene in St. Georg am Hauptbahnhof zu erreichen. Und die erreichen wir auf jeden Fall. (...)

Mitarbeiterperspektive: Ergebnisse der einrichtungsbezogenen Interviews

> Die offene Drogenszene besteht aus allen möglichen Leuten, aus Uraltjunks und ganz jungen Fruchtzwergen und aus Wochenenddrogenkonsumenten. Das sind auch oft Leute, die von außerhalb kommen und sich am Bahnhof mit Drogen eindecken, eventuell bei uns reinkommen und konsumieren, Kontakte knüpfen und dann wieder fahren. Diejenigen, die den Konsumraum nutzen, sind im Prinzip ein Abbild der offenen Drogenszene. Hier konsumiert alles querbeet, das Wochenend- oder Samstagspublikum ist eigentlich auch immer ein bisschen anderes gewesen. Und alt und jung, gesettelt und verwahrlost. (...) Ich glaube, dass man die Gelegenheitskonsumenten und die beruflich Integrierten auch erreicht. Aber das sind wenige. Jemand der berufstätig ist, der arbeitet den ganzen Tag und konsumiert dann zu Hause. Der eine oder andere von denen trudelt mal am Abend herein. Aber vom Prozentsatz macht das nur einen ganz geringen Teil aus."

Von der Einrichtung *Stay Alive*, die sich inmitten des Hamburger Rotlichtviertels befindet, werden dagegen überwiegend KonsumentInnen erreicht, die ihren Lebensmittelpunkt in dem Viertel haben und sich teilweise untereinander bereits seit vielen Jahren kennen. Dies hängt damit zusammen, dass es in diesem Stadtteil keine sichtbare offene Drogenszene mit regelmäßig aufgesuchten Treffpunkten mehr gibt.

> (SA): „Das Merkmal, was auf viele zutrifft, ist, dass ein Großteil der Leute ihren Lebensmittelpunkt in St. Pauli hat. Das ist das gemeinsame Merkmal und da gibt es dann alle möglichen Variationen. Hier sind Leute, die zum Teil schon sehr lange hier sind und sich untereinander kennen. Es gibt hier diesen Szenetreffpunkt, aber der ist ziemlich klein und da sind die auch nicht andauernd. Man trifft sie auch nicht."

In allen untersuchten Einrichtungen müssen die BesucherInnen volljährig sein und vorhandene Konsumerfahrungen aufweisen. Diese Kriterien sind zwar einerseits durch die geltenden rechtlichen Bestimmungen vorgegeben, werden andererseits teilweise aber auch von den EinrichtungsmitarbeiterInnen begrüßt, um nicht durch das Angebot eines Konsumraumes zur Verfestigung des Drogenkonsummusters beizutragen. Einer der befragten Rotterdamer Drogenarbeiter schildert Konfliktsituationen angesichts seines Bestrebens, keinen „AnfängerInnen" einen Pass ausstellen zu wollen, zugleich jedoch auf kein wirkungsvolles Mittel zurückgreifen zu können, um einen Zugang zu verhindern.

> (MK): „Die meisten von ihnen sind seit 12 Jahren oder so süchtig. Eine lange Zeit, keine Anfänger. Ich versuche, Anfängern keinen Pass zu geben. (...) Wenn es nach mir geht, und jeder muss es selbst wissen, aber ich versuche ihnen zu sagen, dass dies kein Platz für dich ist, dass ich nicht weiß, wie du die Sache weiter siehst. Aber wenn diese bestimmte Person sagt, das geht dich

nichts an, dann kann ich nichts machen, aber ich versuche, sie hier rauszuhalten."

Aus Sicht der MitarbeiterInnen ist ein Großteil der KonsumraumnutzerInnen bereits seit mehreren Jahren drogenabhängig und praktiziert einen hochfrequenten Drogenkonsum auf täglicher Basis. Mit den Konsumräumen werden offenbar primär langjährig Abhängige mit verfestigten Konsummustern erreicht.

> (FS): „Die meisten sind schon richtig drauf. Die konsumieren den ganzen Tag. Zum Teil auch in mehreren Konsumräumen, also nicht nur hier. Die kommen etwa vom Hauptbahnhof nachmittags hierher. (...) Wir haben hier Leute, die 20-25 Jahre drauf sind. Wir haben aber auch sehr junge, vereinzelt."

> (DI): „Wenn man sich anguckt, wie lange ist eine Person durchschnittlich drauf, dann muss man schon vorsichtig von 10-15 Jahren ausgehen. Ich muss mich darauf einlassen, dass jemand – auch die Jüngeren – durchschnittlich 15 Jahre drauf ist."

Wie bereits aus Tabelle 5.3 (vgl. Kapitel 5.3) hervorging, konsumiert die überwiegende Mehrheit der Hamburger KonsumraumnutzerInnen ihre Drogen intravenös. Unter den konsumierten Substanzen nimmt Heroin zwar weiterhin eine wesentliche Bedeutung ein. Zugleich wird jedoch in allen Einrichtungen eine beträchtliche Zunahme des Kokainkonsums festgestellt, so dass der Kokainkonsum gegenwärtig ebenso verbreitet zu sein scheint wie der Heroinkonsum. Unklar bleibt allerdings, ob der zunehmende Kokainkonsum aus Sicht der MitarbeiterInnen einen Indikator dafür darstellt, dass Heroin den Stellenwert als primär konsumierte Droge eingebüßt hat. Während in einer der untersuchten Einrichtungen der Konsum von Crack sowie Konsummuster des Rauchens und Sniefens nach wie vor einen marginalen Stellenwert einnehmen, wird in einer anderen Einrichtung ein massiver Rückgang des Spritzentauschs und parallel dazu ein Anstieg des Crackkonsums beobachtet. Der verbreitete Crackkonsum wird unter anderem als problematisch bewertet, da i.v.-KonsumentInnen und CrackkonsumentInnen aufgrund ihrer – durch die verschiedenen Drogenwirkungen bedingten – höchst unterschiedlichen Verhaltensweisen nicht innerhalb einer Einrichtung integrierbar sind.

> (SA): „Überwiegend wird i.v. konsumiert. Der ganz, ganz große Anteil ist i.v.-Konsum. Wir haben einen ziemlich großen Kokainanteil. Ich würde sagen fast an die 50 %. (...) Es kommen auch Leute rein, die mal Heroin, mal Kokain konsumieren. Ansonsten haben wir Heroin. Wir haben relativ wenig Leute, die zu-

sammen mit Pillen aufkochen. Die anderen Konsummuster sind eigentlich auch marginal. Rauchen, sniefen etc. Crack ist bei uns so gut wie gar nicht bis jetzt."

(DI): „(...) wir haben hier mittlerweile ein Crackproblem. Einen massiven Rückgang von Spritzentausch. Die i.v.- und die Crackleute passen nicht zusammen. Die Erfahrung haben wir gemacht, deswegen haben wir es getrennt."

Unter den Innsbrucker Drogenkonsumierenden dominieren ebenfalls intravenöse Applikationstechniken. Neben dem Konsum von Heroin und Kokain ist hier auch der Konsum von Substitutionsmitteln weit verbreitet, was auf die gute Versorgungslage mit Substituten auf dem Schwarzmarkt zurückgeführt wird.

(KD): „Was das Konsummuster betrifft, sind die meisten eigentlich polytoxikoman. Es wird nicht nur Heroin oder Kokain intravenös konsumiert, sondern auch viele Substitutionsmittel, der Schwarzmarkt ist sehr gut versorgt mit diesen Substitutionsmitteln. (...) Die meisten sind doch opiat- und morphinabhängig, oder abhängig von anderen Substitutionsmitteln. (...) Primär wird schon intravenös konsumiert, würde ich behaupten, so Sachen wie Folien rauchen kommen bei uns sehr selten vor."

Von den Rotterdamer KonsumraumnutzerInnen konsumieren lediglich die PassinhaberInnen der Einrichtung *Het Buurthuis* mehrheitlich intravenös, wobei Drogen zugleich häufig aber auch geraucht werden. In allen anderen drei Einrichtungen injiziert nur eine Minderheit der PassinhaberInnen, während die überwiegende Mehrheit oral und zwar häufig mittels einer Base-Pfeife konsumiert.

(PK): „Viel mehr Konsumenten, die rauchen als solche, die injizieren. Man kann einen Durchschnitt errechnen, indem man einfach schaut, wie viele Personen jeden Tag hingehen. Vielleicht konsumieren 90 % durch Rauchen und 10 %, sogar weniger, durch Injizieren."

Insgesamt werden in allen Rotterdamer Einrichtungen vorwiegend Heroin und Kokain auf täglicher Basis konsumiert, der Konsum von Methadon kommt dagegen weit seltener vor. In der Regel wird Heroin von einer Folie geraucht („chasing the dragon") und Kokain durch die Technik des Basens inhaliert. Ebenso wie in den Hamburger ist auch in den Rotterdamer Einrichtungen die Tendenz zu einem verstärkten Kokainkonsum zu verzeichnen. Zudem ist die jeweilige Drogenszene im Umfeld einzelner Einrichtungen (wie z. B. *De Buren*) weitgehend vom Kokainmarkt beherrscht, so dass davon ausgegangen wird, dass in diesen Konsumräumen vermehrt Kokain anstelle von Heroin regelmäßig konsumiert wird.

Kapitel 7

Die gesundheitliche und psychische Verfassung der EinrichtungsnutzerInnen wird in den drei europäischen Metropolen sehr unterschiedlich beurteilt. Mitarbeiter zweier Hamburger Einrichtungen äußern, dass ihrem Eindruck nach Verelendungserscheinungen aufgrund der ausgeweiteten Methadonsubstitution und dem Rückgang des Konsums von Rohypnol (Benzodiazepin) sichtbar abgenommen haben. Zudem wird die körperliche und soziale Verfassung auch auf die bessere Nutzung der Hilfeangebote bzw. den Erfolg der eigenen Arbeit zurückgeführt. Darüber hinaus wird die Gewöhnung an das Erscheinungsbild von langjährigen DrogenkonsumentInnen problematisiert, so dass aus professioneller Sicht ein anderer Bewertungsmaßstab bei der Beurteilung von Verelendungserscheinungen gelegt wird, als das aus der Distanz der Fall wäre.

(DI): „Ich könnte mir vorstellen, dass die Verelendung im Laufe der letzten Jahre weniger geworden ist, weil ja auch die Hilfeangebote besser genutzt werden und weil sich das Konsummuster geändert hat. (...) Ich würde auch Verelendung höher ansetzen wollen, weil ich in der Arbeit ein anderes Level habe, als wenn ich von außen kommen würde und das dann beurteilen würde. Wir haben uns ein bisschen daran „gewöhnt", dass bestimmte Leute eben so rumlaufen mit fünf abgebrochenen Zähnen im Mund. (...) Je nachdem von welchem Blickpunkt aus, würde ich sagen, zwischen 30-50 % sind verelendet."

(SA): „Damals war nach meinem Eindruck die Verelendung sehr viel stärker. Es kann möglicherweise auch etwas mit der Änderung der Konsummuster zu tun haben, weil damals sehr stark Rohypnol auf der Szene war (...). Auch der Allgemeinzustand und das Erscheinungsbild der Klienten war damals um einiges schlimmer. Dass es sich verändert hat, ist zum Teil auch dadurch begründet, dass wir hier auf St. Pauli sind. Das liegt auch an uns als Einrichtung. Ich schreibe die Veränderung auch uns zugute. (...) Wir haben einen Großteil an Leuten, die nicht mehr so gehetzt und völlig verelendet sind. Viele haben sich auf verschiedenen Niveaus stabilisiert."

Eine Mitarbeiterin einer anderen Hamburger Einrichtung bewertet die soziale und gesundheitliche Situation dagegen eher als verelendet. Neben teils instabilen Wohnverhältnissen werde zudem der Gesundheitszustand zunehmend schlechter, was aus ihrer Sicht auf die abnehmende Drogenqualität und die Begleitumstände eines Lebens zurückzuführen ist, das um die Beschaffung von finanziellen Mitteln und Drogen kreist. Weiterhin stellt sie einen zunehmend schlechteren psychischen Zustand fest, wobei sie vermutet, dass dieser möglicherweise aus dem ansteigenden Kokainkonsum resultiert. Der Konsum von Kokain bewirkt nach Auffassung der Mitarbeiterin nicht nur eine rasche Schwächung der allgemeinen Konstitution, sondern oftmals zugleich eine mangelnde Ansprechbarkeit und Zugänglichkeit für sozialarbeiterische Hilfeangebote.

> (FS): „Zum Teil verelendet, prekäre Wohnsituation. Das heißt nicht unbedingt obdachlos, aber keinen ständigen Wohnsitz. (...) Der gesundheitliche Zustand wird zunehmend schlechter. Mag daran liegen, dass der Stoff schlechter ist. Ein schlechterer psychischer Zustand mag daran liegen, dass zunehmend Kokain konsumiert wird. (...) Sich immer in diesem Bereich zu bewegen, ich muss Stoff beschaffen, ich muss Geld besorgen. Das hinterlässt so schnell Spuren, dass die ganz schnell abbauen und auch oft nicht mehr ansprechbar sind. Wo es nur darum geht, Rauchen und Geld. Alles andere ist egal oder nicht mehr zugänglich, die argumentativen Sachen, die pädagogischen Angebote."

Von einem anderen Mitarbeiter werden ebenfalls negative psychische Auswirkungen durch den vermehrten Kokainkonsum bestätigt. Seiner Wahrnehmung nach verstärkt ein steigender Kokainkonsum psychische Störungen, indem etwa kokainbedingte Psychosen früher einsetzen und auch länger andauern. Davon abgesehen wird festgestellt, dass mittlerweile bei einer ganzen Reihe an DrogenkonsumentInnen Doppeldiagnosen auftreten.

> (DI): „Der psychische Zustand ist ‚von bis' würde ich sagen. Der variiert bei einigen Leuten auch je nach dem, was für Drogen sie genommen haben oder wie lange sie nichts von bestimmten Drogen konsumiert haben. (...) Oder durch den vermehrten Kokainkonsum kommen diese Kokainpsychosen bei einigen sehr viel früher auf. Früher brauchten die vielleicht zweimal Koks, um diese Psychose zu kriegen und jetzt dauert die auch noch länger, um da wieder raus zu kommen."

Vor dem Hintergrund der hohen Infektionsraten von DrogenkonsumentInnen beurteilen die MitarbeiterInnen der Innsbrucker Einrichtung die gesundheitliche Verfassung als schlecht. Aufgrund der guten sozialen Versorgungssituation in Innsbruck werden die soziale Situation und die Wohnsituation jedoch im Vergleich zu anderen Großstädten als entsprechend positiv eingeschätzt.

> (KD): „Ja, wobei gerade bei der körperlichen Verfassung die Zahlen schon für sich sprechen: 70 % der KlientInnen auf der Drogenambulanz sind Hepatitis positiv, bis zu 20 % sind HIV positiv. Also sehr viele sind körperlich schon schlecht drauf. (...) Die soziale Situation ist ganz anders hier in Innsbruck als in einer Großstadt wie Hamburg oder Zürich. Die soziale Versorgung ist recht gut, der Wohnungsmarkt ist sehr gut, so dass auch unsere KlientInnen Möglichkeiten haben, eine Wohnung zu bekommen."

Kapitel 7

Von den befragten MitarbeiterInnen der Rotterdamer Einrichtungen wird der gesundheitliche und psychosoziale Allgemeinzustand ihrer EinrichtungsnutzerInnen insgesamt als sehr schlecht bewertet. Dies hängt teils damit zusammen, dass alle PassinhaberInnen für die Einrichtungen *Moerkerkestraat* und *Het Buurthuis* obdachlos sind und für die weitere Nutzung des Konsumraums auch bleiben müssen. Neben den Problemen, die durch die Obdachlosigkeit entstehen, ist die dramatische gesundheitliche Verfassung teils aber auch auf die schlechte medizinische und soziale Versorgungssituation zurückzuführen. Nach Auskunft der MitarbeiterInnen gibt es im südlichen Teil von Rotterdam, wo sich diese Einrichtung befindet, fast keine Projekte oder Einrichtungen, und dies führt dazu, dass „südliche" DrogenkonsumentInnen weniger mit Drogenhilfeeinrichtungen vertraut sind. Fragen nach Hilfe beziehen sich meistens auf Grundbedürfnisse (z. B. Sozialhilfeanträge, Zahnarzt).

Auch die Mehrheit der Passinhaberinnen für die Einrichtung *De Buren* lebt nicht in festen oder kontinuierlichen Lebensumständen. Es wird angenommen, dass mehr als 20 % der Prostituierten auf der Straße leben. Manchmal leben sie mit einem Drogenhändler, manchmal mit einem „Beschützer", dann wieder mit einem Freund und so weiter. Wie in Hamburg wird festgestellt, dass die körperliche und psychische Gesundheit sich durch den Kokainkonsum verschlechtert. Der Konsum von Heroin allein ist „ruhiger". Mit der Bedeutung, die Kokain eingenommen hat, wird die Szene „härter". Darüber hinaus haben viele DrogenkonsumentInnen psychiatrische Probleme. Diese KonsumentInnen mit „Doppeldiagnose" rücken durch den Gebrauch von Kokain heute immer mehr ins Blickfeld.

Zusammenfassend bleibt festzuhalten, dass alle befragten MitarbeiterInnen konstatieren, mit ihren Versorgungsangeboten die konzeptionell vorgesehene Zielgruppe zu erreichen. Gleichwohl die Erreichung der Zielgruppe in den Rotterdamer Einrichtungen bereits durch die Zugangskriterien gewährleistet ist, gelingt es auch den Hamburger Einrichtungen, die im Umfeld sichtbare Gruppe der DrogenkonsumentInnen mit öffentlichem und gesundheitlich riskantem Drogenkonsum anzusprechen.

Während die überwiegende Mehrheit der Hamburger und Innsbrucker DrogenkonsumentInnen intravenös konsumiert, dominiert unter den Rotterdamer DrogenkonsumentInnen das Rauchen. Dort wird in der Regel Heroin von einer Folie geraucht („chasing the dragon") und Kokain durch die Technik des Basens inhaliert. Zugleich wird von den Hamburger und Rotterdamer MitarbeiterInnen eine deutliche Zunahme des Kokainkon-

Mitarbeiterperspektive: Ergebnisse der einrichtungsbezogenen Interviews

sums und in Hamburg teils auch des Crackkonsums festgestellt. Sowohl die Hamburger als auch die Rotterdamer MitarbeiterInnen konstatieren, dass sich der psychische Zustand von KonsumentInnen aufgrund des ansteigenden Kokainkonsums zunehmend verschlechtert. Ihrer Wahrnehmung nach treten vermehrt Doppeldiagnosen und kokainbedingte Psychosen unter den Drogenkonsumierenden auf.

7.1.2 Nutzung einzelner Angebotselemente

Die Analyse zur Nutzung einzelner Angebotselemente bezieht sich darauf, welche der Hilfeangebote mit Ausnahme des Konsumraumangebots in den untersuchten Einrichtungen in Anspruch genommen werden.

Von den MitarbeiterInnen der Hamburger Einrichtungen wird geäußert, dass diese selten lediglich aufgrund der Konsumräume aufgesucht werden. Ihrer Einschätzung nach nimmt die Mehrheit der KonsumraumnutzerInnen zugleich auch andere Angebotselemente der Einrichtungen wie etwa Drogen- und Sozialberatungsangebote in Anspruch.

(DI): „Es gibt nicht so wahnsinnig viele, die einfach nur herkommen, weil es hier einen Konsumraum gibt. Es gibt eher noch welche, die kommen einfach her, um ihre Spritzen zu tauschen. Es gibt weniger Leute, die nur herkommen, den Konsumraum nutzen und dann wieder verschwinden. Die gibt es zwar auch, aber das Gros ist einfach so, dass die alles andere auch nutzen."

(SA): „Leute, die den Konsumraum nutzen, nutzen auch andere Angebote. Bis hin, dass sie dann irgendwann in Beratung gehen und vielleicht sogar eine Therapie machen."

Aus den Äußerungen geht hervor, dass die MitarbeiterInnen davon ausgehen, ihrem Anspruch und Arbeitsauftrag als Beratungsstellen mit integriertem Konsumraumangebot gerecht zu werden. Diese Wahrnehmung der eigenen Arbeit wird auch durch die Bemerkung bekräftigt, in der Anzahl an durchgeführten Beratungsgesprächen klassischen Beratungsstellen in nichts nachzustehen. Anders als von den Rotterdamer wird es von den Hamburger MitarbeiterInnen als wenig sinnvoll beurteilt, die Hilfeangebote auf eine reine Basisversorgung zu beschränken und bei Bedarf nach weiterführenden Hilfen in andere Einrichtungen weitervermitteln zu müssen.

(DI): „Die Anzahl an Beratungsgesprächen, da können wir durchaus mithalten mit den ganzen anderen Einrichtungen auch. Hier kommen nun mal ganz viele aufgrund der Szenenähe, aufgrund des Hauptbahnhofes. Und es wäre unklug, hier nur eine reine Versorgung anzubieten und zu sagen, für 'ne Beratung musst du aber nach Altona."

Einer der befragten Mitarbeiter gibt an, dass insbesondere Maßnahmen der Suchtbegleitung von DrogengebraucherInnen nachgefragt werden, die keine Beendigung ihres Drogenkonsums anstreben, jedoch um Unterstützung zur Regulierung ihrer Alltagsbelange nachsuchen. Der Anteil an Vermittlungen in Entgiftungs- und Therapieeinrichtungen wird dagegen als gleichbleibend beschrieben, so dass die Einführung des Konsumraumangebotes offenbar nicht zu einer Veränderung des Nutzungsverhaltens in Richtung einer geringeren Nachfrage sozialarbeiterischer und ausstiegsorientierter Hilfeleistungen geführt hat. Beobachtete Veränderungen werden nicht auf das Verhalten der EinrichtungsnutzerInnen, sondern auf die mit dem Konsumraumbetrieb einhergehende strukturelle Veränderung der Arbeitsorganisation zurückgeführt. Die notwendige Umorganisation der Arbeitabläufe, um das Konsumraumangebot im Rotationssystem zu betreiben, hat nach Ansicht eines Mitarbeiters zu einem Verlust an Flexibilität bei der Beratungstätigkeit geführt. War es zuvor möglich, Beratungen nach Absprache mit anderen ArbeitskollegInnen terminlich zu verlängern, müssen Beratungen nunmehr unterbrochen werden, wenn die Zuständigkeit für die Arbeit im Konsumraum beginnt.

(SA): „Wir haben eine Nachfrage und auch große Intensität in dem Segment der Suchtbegleitung. D.h. dass die Leute, die konsumieren und auch nicht aufhören wollen, aber in einem regelmäßigen Kontakt zu einem Sozialarbeiter sind, dabei sind, ihre sozialen, teilweise auch beruflichen und sonstigen Verhältnisse zu regulieren. (...) Was Vermittlung, Entgiftung und Therapie anbelangt, ist die Nachfrage relativ gleichbleibend. Veränderungen sind eher durch die Veränderung von Arbeitsabläufen entstanden. (...) Z. B. ein Klient kommt in einem Moment, wo ich schon wieder auf dem Sprung in meine nächste Druckraumschicht bin. (...) Vorher war es eben so, dass wir flexibler waren, als das aktuelle Team. Vorher haben wir uns absprechen können, wenn jemand länger im Beratungszimmer war. Aber mit der Rotation jetzt mit dem Druckraum wird das etwas schwieriger."

Wenngleich aus Sicht der Hamburger MitarbeiterInnen alle Angebotselemente nach wie vor in Anspruch genommen werden, hat das Konsumraumangebot Auswirkungen auf die anderen Tätigkeitsbereiche, wobei diese Auswirkungen ambivalent beurteilt werden. So hat das Konsumraumangebot für einen der befragten Mitarbeiter nachteilige Effekte auf die personellen und zeitlichen Kapazitäten für die Beratungs- und Kon-

Mitarbeiterperspektive: Ergebnisse der einrichtungsbezogenen Interviews

taktarbeit, da beides nur außerhalb des Konsumraums zu bewerkstelligen sei. Hiermit kommt zum Ausdruck, dass eigene fachliche Ansprüche im Rahmen der Anforderungen im Konsumraum kaum oder nur schwer zu realisieren sind. Demgegenüber fördert nach Auffassung eines anderen Mitarbeiters gerade die Tätigkeit im Konsumraum den Aufbau von gegenseitigen Vertrauensverhältnissen. Durch die Teilhabe an der Intimität des Konsumvorgangs wird den EinrichtungsbesucherInnen Akzeptanz gegenüber dem Drogenkonsum demonstriert, was gute Vorraussetzungen für den Kontaktaufbau und letztlich die Nutzung weiterführender Hilfen schafft. Gleichermaßen als fachlich qualifizierte Ansprechperson im Konsumraum sowie für alle anderen Angebotselemente zur Verfügung zu stehen, hat sich nach Auffassung eines Mitarbeiters im Hinblick auf die Annahme weiterführender Hilfen bewährt.

(DI): „Ich kann im Konsumraum schlecht beraten. Deswegen machen wir diese stündliche Ablösung, um auch mit den Leuten in Kontakt treten zu können."

(SA): „Ich glaube, dass der Konsumraum für die Kontaktherstellung eine ganz gute Gelegenheit ist, weil das ja ein relativ intimer Moment ist. Und dann ergeben sich schon mal Gespräche, teilweise haben die Leute auch gerade, wenn sie Koka genommen haben, einen unheimlichen Redebedarf im Konsumraum. Ich glaube, dass das für die Kontaktarbeit und die weiterführenden Hilfen auch gut ist. Unter anderem sind wir auch der Meinung, dass das gut ist, dass wir da als Sozialpädagogen drin sitzen und das nicht zwei völlig getrennte Bereiche sind. Das bewährt sich auch im Zusammenhang mit weiterführenden Hilfen. (...) Es ist einfach ein anderes Verhältnis, weil die sitzen da und konsumieren und kriegen mit, es wird geduldet, es wird akzeptiert. Das schafft gute Voraussetzungen, da hin zu gehen, wenn noch andere Sachen sind."

Bei den Einschätzungen zur Nutzung der Rotterdamer Einrichtungen ist zu berücksichtigen, dass diese konzeptionell primär auf das Konsumraumangebot ausgerichtet sind und kein mit den Hamburger Einrichtungen vergleichbar breites Angebotsspektrum zur Verfügung stellen. Aus diesem Grunde ist es wenig erstaunlich, dass anders als in Hamburg von den befragten Rotterdamer MitarbeiterInnen angegeben wird, dass ein Teil der EinrichtungsnutzerInnen die Einrichtung ausschließlich zwecks Konsum im Konsumraum aufsucht. Hilfeleistungen, die über das Angebot an gesundheitlicher und praktischer Überlebenshilfe hinausgehen, bestehen zumeist in Weitervermittlungen an kooperierende Hilfeeinrichtungen. So berichten die MitarbeiterInnen der Einrichtungen *Het Buurthuis* und *Moerkerkestraat*, eine Vielzahl an Kontakten zu anderen Hilfeeinrichtungen herzustellen und häufig Vermittlungen einzuleiten. Unter den Vermittlungstätigkeiten werden vor allem drogenhilfespezifische Maßnahmen nachgefragt, die eine Erholungsphase und Auszeit vom Drogenkonsum ermöglichen oder eine weitere Rehabilitation vorbereiten.

(MK): „Wir vermitteln sehr viel weiter. (…) Einmal schickte ich eine Frau zu einer Frauenunterkunft, nur um sich auszuruhen, weil sie vier oder fünf Tage nicht geschlafen hatte. (…) Das tun wir auch, wenn sie eine Auszeit brauchen, wenn sie in eine Rehabilitation gehen wollen, wir schicken sie zu einer Einrichtung, und von dort aus können sie weitergehen; wollen sie wirklich eine Rehabilitation oder was wollen sie? Wissen Sie, ich nenne es ein Platz zum Ausruhen, und viele Leute bleiben dort vier Wochen lang, und dann kehren sie zurück."

Insgesamt wird in den Rotterdamer Einrichtungen davon ausgegangen, dass weniger ausstiegsorientierte Hilfen, sondern überwiegend überlebenshilfepraktische Angebote genutzt werden. Selbst in Einrichtungen wie *Keetje Tippel*, die Beratungen zu drogenbezogenen, gesundheitlichen und persönlichen Problemen anbieten, wird die Nachfrage nach diesen Angeboten eher als gering eingeschätzt. Diese Betrachtungsweise gründet sich nicht zuletzt auf den Feststellungen des Municipal Health Service und den Ergebnissen der Evaluationsstudie von INTRAVAL. Das Gesundheitsamt der Gemeinde Rotterdam schrieb 1999 in einem Memorandum, dass die Gruppe der drogenkonsumierenden Prostituierten Behandlungsangebote zumeist ablehne und dass sie die verschiedenen Einrichtungen und Programme gar nicht in Anspruch nehmen wollten. Die Ergebnisse von INTRAVAL, die sich auf 50 befragte Passinhaberinnen stützen, zeigten, dass ein Drittel der Passinhaberinnen die Einrichtung *Keetje Tippel* stärker nutzt, seit der Drogenkonsumraum eingerichtet wurde. Die Passinhaberinnen suchten *Keetje Tippel* hauptsächlich wegen der Essensangebote, Kondome und des sozialen Kontaktes auf oder um ein wenig auszuruhen (vgl. INTRAVAL 1998b).

Werden abschließend die Aussagen der MitarbeiterInnen aus der Innsbrucker Einrichtung betrachtet, dann wird zwar deutlich, dass sie alle Angebotselemente als gleichermaßen stark nachgefragt beurteilen. Zugleich bemängeln sie jedoch, dass das eigene professionelle Handeln und damit auch Nutzung und Wirkung insbesondere von Harm-Reduction-Maßnahmen aufgrund des fehlenden Konsumraumangebotes auf Grenzen stoßen. Mangels Konsumraum besteht nach Ansicht der befragten MitarbeiterInnen keine Möglichkeit zu einer konsequenten Durchführung gesundheitsfördernder Angebote.

Mitarbeiterperspektive: Ergebnisse der einrichtungsbezogenen Interviews

(KD): „Eigentlich waren alle Angebote, die wir bis jetzt machten, immer gut besucht, wir haben nie Probleme gehabt, Leute zu finden. Ein wichtiger Bereich, den wir anbieten, nämlich Safer-Use-Beratung und Gesundheitsprophylaxe, kann von uns nicht zur Gänze durchgeführt werden, weil wir keinen Konsumraum anbieten können und das somit nie mit letzter Konsequenz durchziehen können. Wir bieten den Leuten saubere Spritzen, aber müssen sie wieder auf die Straße schicken."

Zusammenfassend ist als Analyseergebnis festzuhalten, dass sowohl die MitarbeiterInnen der Hamburger Einrichtungen sowie der Innsbrucker Einrichtung die Einschätzung äußern, alle ihrer Angeboteselemente würden von den EinrichtungsbesucherInnen auch genutzt. Die befragten Hamburger MitarbeiterInnen konstatieren überdies eine zumindest gleichbleibende Nachfrage im Bereich der Drogen- und Sozialberatung und der Vermittlung in Entgiftungs- und Therapieeinrichtungen. Die befragten MitarbeiterInnen der Rotterdamer Einrichtungen geben an, dass zwar häufig Weitervermittlungen in andere Einrichtungen durchgeführt, ansonsten jedoch überwiegend praktische Angebote zur Überlebenshilfe genutzt werden.

Werden die Einschätzungen der MitarbeiterInnen in Bezug zu dem Nutzungsverhalten gesetzt, das die Auswertung der Szenebefragung von DrogenkonsumentInnen ergeben hat, dann stellt sich insbesondere das Nutzungsverhalten der Hamburger KonsumentInnen etwas anders dar. In der Reihenfolge der genutzten Angebote rangieren in allen drei europäischen Metropolen Ernährungs-, Kontakt- und Spritzentauschangebote ganz oben. Beratungsangebote, die laut Aussagen der Hamburger MitarbeiterInnen häufig genutzt werden, nehmen in der Rangliste von 12 Angebotselementen eher die mittleren Plätze der Häufigkeitsnennungen ein (vgl. Kapitel 6.7).

7.2 ZUR WIRKSAMKEIT DER KONSUMRAUMANGEBOTE

Um die Wirksamkeit der Konsumraumangebote aus Perspektive der MitarbeiterInnen zu analysieren, wurden sie in den Interviews aufgefordert, die Akzeptanz von Konsumräumen, ihre Auslastung, Konfliktbereiche beim Betrieb von Konsumräumen und den weiteren Bedarf zu beschreiben. Anhand dieser Beschreibungen ist es möglich, Erkenntnisse zu den Motiven für die Nutzung oder auch Nicht-Nutzung der Konsumräume, zu den Nutzungsfrequenzen sowie zur Notwendigkeit einer Ausweitung von

Kapitel 7

Konsumraumangeboten zu gewinnen. Die unterschiedlichen Analyseaspekte sind als praxisrelevante Einflussfaktoren beim Betrieb von Konsumräumen zu verstehen, die Anhaltspunkte für Beurteilungen zur Wirksamkeit dieser Angebote liefern.

7.2.1 Akzeptanz durch DrogenkonsumentInnen

Unter den EinrichtungsbesucherInnen wird eine große Annahmebereitschaft des Konsumraumangebotes festgestellt. Dass Drogenkonsumierende die Möglichkeit eines tolerierten und sicheren Konsums in den Einrichtungen prinzipiell eher begrüßen, gilt ebenso für die Hamburger wie für die Rotterdamer Einrichtungen. Als ein Indikator für die Akzeptanz seitens der NutzerInnen werten die MitarbeiterInnen der Einrichtungen wiederholte Forderungen, die Öffnungszeiten zu erweitern und weitere Einrichtungen mit Konsumraumangeboten zu schaffen. Aufschluss über die Akzeptanz geben für sie weiterhin die Motive für die Nutzung der Konsumräume. Neben allgemeinen Motiven wie sozialen Kontakten und der Nähe zum Drogenmarkt zur Drogenbeschaffung stellt aus Sicht der MitarbeiterInnen vor allem ein verstärktes Risikobewusstsein der KonsumentInnen einen wesentlichen Grund dafür dar, dass sich Konsumräume zu einem wichtigen Bestandteil der Drogenhilfe entwickelt haben. Der Konsum unter fachlicher Aufsicht bietet die Sicherheit, dass im Notfall entsprechende Maßnahmen ergriffen werden.

> (FS): „Unter NutzerInnen ist diese Einrichtung akzeptiert. Sehr akzeptiert. Immer wieder wird von unseren NutzerInnen auch gefordert, mehr Öffnungszeiten zu machen, auch am Sonntag aufzumachen, 'ne zweite oder dritte Einrichtung zu machen. (...) Einmal, weil man hier Leute trifft, weil man natürlich die Sicherheit hat, dass man hier in der Nähe Stoff kriegt. Aber auch aus dem Aspekt, dass sie sagen, wir haben keinen Bock, alleine zu ballern, weil es zu gefährlich ist. Also da hat sich was geändert, dass sie sagen, der Gesundheitsraum ist wichtig, denn wenn uns was passiert, dann sind da Erfahrene. Das hören wir auch ganz oft."

Dennoch werden auch strukturelle Gründe und Befürchtungen seitens der EinrichtungsnutzerInnen genannt, die auf eine geringe Nutzung und Annahmebereitschaft der Konsumräume schließen lassen. Ohne die genaueren Gründe zu kennen, scheint ein Teil der offenen Drogenszene die Konsumräume in einer der Hamburger Einrichtungen zu meiden. Vermutet wird, dass insbesondere bei Crack- und KokainkonsumentInnen die langen Wartelisten und die hektische und laute Atmosphäre im Konsumraum für die Nicht-Nutzung dieses Angebotes verantwortlich sind. Des Weiteren geben die MitarbeiterInnen einer anderen Hamburger Einrichtung an, dass eine bestimmte Gruppe unter den EinrichtungsnutzerInnen der Einführung des Konsumraumangebotes misstrauisch und ablehnend gegenüber stand und das Angebot ebenfalls nicht in Anspruch nimmt. Diese Ablehnung gründet sich vor allem darauf, dass KritikerInnen befürchten, durch das Konsumraumangebot könne sich die Atmosphäre im Cafébereich verschlechtern und ein Andrang auf die Einrichtung entwickeln wie das bei anderen szenenahen Einrichtungen in Hamburg zu beobachten ist.

(DI): „Es gibt sicherlich auch Leute in der offenen Drogenszene, die es vermeiden, im Konsumraum zu konsumieren. Aus unterschiedlichen Gründen, wir wissen es nicht. Wahrscheinlich weil explizit wir hier zu lange Wartezeiten haben. Es gibt viele, die i.v. Koka konsumieren, für die ist das zu rummelig und zu laut. Bei den Crackrauchern sind es wieder die Wartezeiten. Insgesamt hält sich die offene Drogenszene ein paar Stunden hier auf, und da kann man sich denken, dass die auch zwischendurch konsumieren müssen."

(SA): „Es gibt teilweise Leute, die hierher kommen, die benutzen den Konsumraum nicht. Das ist auch eine feste Gruppe. Wir haben es teilweise auch von Leuten gehört, die hier schon vorher Besucher waren, und als wir den Konsumraum einrichten wollten und das angekündigt haben, dass die gesagt haben, haben wir keinen Bock drauf, dann wird es ja wie im Drob Inn."

Angesichts der Zielsetzungen der Rotterdamer Konsumraumeinrichtungen wird die Akzeptanz dieser Angebote durch die Zielgruppe unter anderem vor dem Hintergrund beurteilt, in welchem Maße die PassinhaberInnen den Konsumraum nutzen und in welchem Maße sich der öffentliche Konsum dadurch reduziert hat. Da zwei der untersuchten Rotterdamer Einrichtungen jeweils durch das Forschungsinstitut INTRAVAL evaluiert wurden, liegen dazu empirische Ergebnisse vor.
Die Einrichtung *Het Buurthuis* wurde bereits vor ihrer eigentlichen Öffnung im Jahr 1997 von dem Forschungsinstitut INTRAVAL (1998a) evaluiert. Nach den damaligen Untersuchungsergebnissen haben 13 von 24 PassinhaberInnen ihren Pass schon in den ersten Monaten wieder verloren. Eine mögliche Erklärung dafür ist, dass die PassinhaberInnen auch vor Eröffnung des Konsumraumes so gut wie nie an öffentlichen Orten konsumiert haben. Für die Zielgruppe bestand somit offenbar keine Notwendigkeit, einen Konsumraum als Alternative zum öffentlichen Konsum aufzusuchen. Nach Aussagen der befragten MitarbeiterInnen wird die Einrichtung von den jetzigen PassinhaberInnen jedoch gut angenommen.

Kapitel 7

Bezogen auf die Einrichtung *Keetje Tippel/De Buren* stellen sich die Untersuchungsergebnisse anders dar. Laut INTRAVAL (1998b) berichteten mehr als die Hälfte der drogenkonsumierenden Prostituierten, dass sie vor Eröffnung des Konsumraumes gewöhnlich ihre Drogen bei einem Dealer oder draußen auf der Straße konsumiert haben. Nach der Eröffnung des Konsumraumes bestätigten mehr als 70 % der Passinhaberinnen, dass sie die Drogen gewöhnlich im Konsumraum nahmen. Im allgemeinen waren die befragten Frauen zufrieden mit der Tatsache, dass Drogenkonsum nunmehr innerhalb von *Keetje Tippel* erlaubt ist. Die Möglichkeit, ungestört und ohne Unterbrechungen Drogen konsumieren zu können und dies nicht draußen tun zu müssen, war daher der wichtigste Grund, diese Einrichtung aufzusuchen. Die kostenlose Versorgung mit Aluminiumfolie und Injektionsnadeln wurde ebenfalls geschätzt. Unzufriedenheit bestand lediglich in Bezug auf die Öffnungszeiten, die bereits verlängert wurden.

Aus den Interviewaussagen eines Security Guards der *Pauluskerk* geht wiederum hervor, dass InhaberInnen der weißen Pässe die Einrichtung seltener aufsuchen als die InhaberInnen der blauen Pässe, obgleich die KonsumentInnengruppe mit weißen Pässen doppelt so groß ist. Es wird vermutet, dass DrogenkonsumentInnen mit blauen Pässen deshalb stärker dazu bereit sind, die Einrichtung anzunehmen, weil sie sowohl das Recht haben, den Konsumraum zu nutzen als auch bei dem Hausdealer der *Pauluskerk* Drogen zu kaufen. Den InhaberInnen der weißen Pässe ist dagegen nur der Drogenkauf erlaubt. Zum anderen scheint die Gruppe mit blauen Pässen stärker an die Einrichtung angebunden zu sein, da die Berechtigung für einen blauen Pass an die Bedingung geknüpft ist, für die *Pauluskerk* kleinere Jobs auszuführen.

7.2.2 Auslastung und Nutzungsfrequenzen der Konsumräume

Die Auslastung der Einrichtungen mit Konsumraumangeboten ist in starkem Maße davon beeinflusst, welche Zugangsbedingungen in den Einrichtungen konzeptionell festgelegt wurden und in welcher räumlichen Nähe sich die Einrichtungen zur offenen Drogenszene befinden. Einrichtungen, die keinen limitierten Zugang haben, sondern prinzipiell allen DrogenkonsumentInnen offen stehen wie alle Hamburger Einrichtungen und die Rotterdamer Einrichtung *Pauluskerk* scheinen stärker ausgelastet zu sein, als Einrichtungen, in denen nur eine begrenzte Anzahl an KonsumentInnen die Konsumraumangebote nutzen darf. Gleiches gilt auch

Mitarbeiterperspektive: Ergebnisse der einrichtungsbezogenen Interviews

für Einrichtungen, die sich im Einzugsbereich einer offenen Drogenszene befinden wie die Hamburger Einrichtungen *Drob Inn* und *Fixstern* sowie die Rotterdamer Einrichtung *Pauluskerk*. Durch die Nähe zur offenen Drogenszene werden die Einrichtungen als ein in hohem Maße attraktives Angebot beschrieben. Diese Attraktivität birgt allerdings zugleich enorme Probleme, denn die Aufrechterhaltung des Einrichtungsbetriebs wird als zunehmend schwieriger beurteilt.

> (FS): „Es ist ein attraktives Angebot. Was es uns zunehmend schwieriger macht, es aufrechtzuerhalten. Wir sind zu attraktiv."

Eine der größten und sehr stark frequentierten Hamburger Einrichtungen befindet sich laut Interviewaussage bereits an der Grenze der Angebotsauslastung und personellen Belastung. Die mit dem Andrang der Drogenszene auf die Einrichtung verbundenen Schwierigkeiten werden dabei vor allem im logistischen und organisationsstrukturellen Bereich verortet. Durch die Vereinbarungen mit der Fachbehörde muss die Einrichtung jedoch bestimmte Öffnungszeiten gewährleisten und zeitliche wie personelle Kapazitäten für einzelne Angebotselemente einbringen, so dass der dazu erforderliche Personal- und Organisationsaufwand als außerordentlich hoch und mit einem Unternehmen vergleichbar definiert wird. Eine Verringerung der Belastung, indem etwa der Zugang stärker reguliert oder das Angebot reduziert wird, scheint jedoch auch zukünftig wenig realistisch zu sein.

> (DI): „Wir sind da an der Grenze. Wir würden lieber gerne weniger Klienten haben, damit wir nicht so einen großen Personalaufwand haben. Oder etwas weniger Öffnungszeit, das können wir uns aber einfach nicht leisten. Es ist ja so berechnet worden, dass das sozialpädagogische Personal 60 % der Arbeitszeit in den offenen Bereich steckt. Das ist eine Menge Holz. Das ist 'ne Menge Zeit, da auch Extratermine mit Klienten, Berichte schreiben für Klienten einen erheblichen Organisationsaufwand bedeuten. Das kann auch nicht mal eben eine Projektleitung alleine machen. Das ist einfach ein Riesen-Schuppen, wir sind ein mittleres Unternehmen geworden."

Die mit ähnlichen Problemen konfrontierte Rotterdamer Einrichtung *Pauluskerk* hat demgegenüber einen breiteren Handlungsspielraum, der ausgenutzt wird, um die Bedarfe der Drogenkonsumierenden und die Kapazitäten der Einrichtung miteinander in Einklang zu bringen. Im Laufe der Zeit hat die *Pauluskerk* mit mehreren Arten von Zulassungskriterien und anschließenden Pässen experimentiert. Die Zugänglichkeit der Kirche hängt vom geschätzten Bedarf der Drogenszene in Abhängigkeit von der Unterstützungskapazität der Kirche und ihrer MitarbeiterInnen ab. Wenn es in anderen Stadtteilen strenge Polizeiaktionen gibt, reagiert die *Pauluskerk* darauf mit einer Lockerung der Zulassungskriterien. Sollte die größere BesucherInnenzahl zu Problemen führen, könnte die Kirche die Zulassung wieder limitieren. Im April 2000 fand die letzte Revision des Zulassungssystems statt.

In Einrichtungen mit limitiertem Zugang oder einer geringeren BesucherInnenzahl sind die Konsumräume zwar ebenfalls ausgelastet, jedoch nicht überlastet. Ein Mitarbeiter der Hamburger Einrichtung *Stay Alive* gibt an, dass der Konsumraum zu bestimmten Tageszeiten wie am frühen Nachmittag regelmäßig stärker ausgelastet ist als in den Morgen- und Abendstunden. Darüber hinaus scheinen Nutzung und Auslastung des Konsumraumangebots von den finanziellen Mitteln zur Drogenbeschaffung abhängig zu sein, d. h., z. B. mit dem Tag der Auszahlung staatlicher Zuwendungen steigt zugleich der Andrang auf den Konsumraum. Des Weiteren wird beobachtet, dass je nach Tageszeit unterschiedliche KonsumentInnengruppen das Angebot nutzen, so dass sich etwa in den Abendstunden vorwiegend berufstätige KonsumentInnen im Konsumraum aufhalten.

(SA): „Der Konsumraum ist nicht meistens ausgelastet, der ist ziemlich gut ausgelastet in einer gewissen Kernzeit, die würde ich mal von 14 bis 17 Uhr kennzeichnen. Da haben wir es teilweise auch, dass Leute warten. Der nimmt von 17 bis 18 Uhr ziemlich stark ab. Von 18 bis 19 Uhr kommen dann hauptsächlich nur noch die Leute, die nach der Arbeit kommen, und das sind nicht so viele. Ebenso die erste Stunde ist auch mit Unterschieden, wenn es z. B. gerade Sozi gegeben hat, dann kommt gleich so ein ganzer Schwung um 13 Uhr an. Aber es ist auch häufig so, dass die erste Stunde eher mau ist. Noch mehr eigentlich die Zeiten, wenn wir früher auf haben. Das ist unterschiedlich und kann man auch ganz klar an Zeiten festmachen."

Neben verschiedenen Nutzungszeiten und Nutzungsgruppen scheinen auch die Nutzungsfrequenzen unterschiedlich zu sein. In der Regel sucht ein Großteil der DrogenkonsumentInnen die Hamburger und Rotterdamer Einrichtungen zwar täglich auf, bleibt zumeist mehrere Stunden dort und nutzt während des Aufenthaltes die Konsumräume auch mehrfach. Dennoch gibt es auch EinrichtungsbesucherInnen, die offenbar an ein paar Wochentagen oder in unregelmäßigen Abständen die Einrichtungen frequentieren. Insbesondere unter den Hamburger Drogenkonsumierenden scheint ein Teil von ihnen zwischen verschiedenen Einrichtungen mit Konsumraumangeboten zu pendeln.

Mitarbeiterperspektive: Ergebnisse der einrichtungsbezogenen Interviews

Laut Interviewaussagen suchen etwa die Konsumräume der Rotterdamer Einrichtung *De Buren* im Durchschnitt pro Nacht 60 bis 80 Passinhaberinnen auf. Manche kommen jede Nacht, andere kommen weniger häufig in der Woche. Einige Passinhaberinnen kommen einmal pro Nacht, andere nutzen ihren Pass maximal aus und kommen bis zu achtmal und mehr pro Nacht. Die Auswertung von *De Buren* zeigte, dass die Drogenkonsumentinnen den Konsumraum und was er ihnen bietet vielfach nutzten (vgl. INTRAVAL 1998b).

Ausgehend von den Interviewaussagen zeigt sich, dass in einigen Einrichtungen das Konsumraumangebot bis an die Grenze zur Überlastung genutzt wird, während die Konsumräume in anderen Einrichtungen in einem handhabbaren Maß ausgelastet sind. Die Mehrheit der DrogenkonsumentInnen scheint die Einrichtungen täglich aufzusuchen und die Konsumraumangebote mehrfach täglich zu nutzen, wobei bestimmte Tageszeiten offenbar die „rush hours" in den Konsumräumen bilden.

7.2.3 Konflikte im und mit dem Konsumraum

Die MitarbeiterInnen schildern vor allem Konflikte, die die Durchsetzung von Hausregeln, Streitigkeiten der EinrichtungsnutzerInnen untereinander, Anforderungen der MitarbeiterInnen zur Deeskalation, die Handhabung von Wartelisten sowie polizeiliche Aktionen im Eingangsbereich der Einrichtungen und schließlich die Notwenigkeit zur Einhaltung der Rechtsverordnungen betreffen.

Konflikte entzünden sich regelmäßig an der Nicht-Einhaltung von Regeln, die innerhalb der Konsumräume gelten. Regelverstöße wie die Überschreitung des Zeitlimits, Missachtungen der Hygienevorschriften beim Konsum oder Verletzungen des Dealereiverbots werden in der Regel mit einem Ausschluss aus dem Konsumraum sanktioniert. Dies ist insbesondere dann der Fall, wenn BesucherInnen selbst wiederholten Anweisungen durch die MitarbeiterInnen nicht Folge leisten und möglicherweise zusätzlich aggressiv auf das Personal reagieren. Aus Sicht der MitarbeiterInnen stellen Sanktionen durch Ausgrenzung das einzig erfolgreiche Instrument dar, die Hausordnung durchzusetzen und einen reibungslosen Betriebsablauf innerhalb der Konsumräume aufrechtzuerhalten.

(DI): „Wir erteilen auch Konsumraumverbote. Wie im übrigen Bereich und im Café auch. Wir sind leider dazu gezwungen. Jede Übeltat können wir auch nicht pädagogisch aufbereiten, sondern wir müssen sanktionieren. Das ist das einzige Mittel, was wir überhaupt haben. Und diese Sanktion ist meistens Ausgrenzen. (...) Weswegen man ein Konsumraumverbot kriegen kann, ist, wenn jemand überhaupt nicht auf die Anweisungen hört, wenn jemand schon längst fertig ist und man sagt, pack mal zusammen, und er meint, er müsste sich unterhalten und Zigaretten drehen und wohlmöglich das Personal noch anbrüllen. Dann würde ich eben sagen, bleib mal 'ne Woche draußen. Dann gibt es bestimmte Regeln, wie den anderen Löffel oder Filter zu nehmen oder Filterweitergabe. Auch dann gibt es Konsumraumverbot. Wer den anderen versucht, was auf den Löffel zu packen, also so einen informellen Deal durchzuziehen, dann ist das Dealerei und das wird mit einem Hausverbot für eine Woche sanktioniert. Sie dürfen bei uns – inoffiziell – auch teilen. Wenn sie zu zweit sind und sie kündigen es vorher an, bei der Anmeldung, dann dürfen die das."

Sowohl in den Hamburger wie auch in den Rotterdamer Einrichtungen werden relativ häufig Sanktionen aufgrund von Regelverstößen erteilt. Nach Auskunft des Security Guards in der Einrichtung *De Buren* sind es fast jeden Tag ein bis zwei Sanktionen. Die große Mehrheit der Sanktionen gilt für einen kurzen Zeitraum, meistens für ein oder zwei Stunden. Wenn jemand wiederholt gegen die Regeln verstößt, wird der Suspensionszeitraum länger. Selten werden PassinhaberInnen für einen langen Zeitraum ausgeschlossen, z. B. länger als einen Tag.

Einer der Security Guards der *Pauluskerk* berichtet, dass er während des letzten Monats neun Personen wegen Rauchens von Kokainbase suspendierte. Frühere Beobachtungen bestätigen, dass, obwohl verboten, das Rauchen von Kokainbasen regelmäßig im Raucherraum stattfindet (vgl. LEMPENS et al. 1999). Der Raucherraum wird nicht die ganze Zeit beaufsichtigt, die Sicherheitskräfte überprüfen die Vorgänge durch zufälliges Hereinkommen. Wenn es im Raum zu laut wird, kommt einer der Wächter herein und verlangt, dass die Leute ruhig sind. Seit kurzem wurde die Zulassungsprozedur für den Raucherraum strenger. Jetzt muss einem Mitarbeiter der Pass ausgehändigt werden, so dass es möglich ist festzustellen, wer den Raum am längsten benutzt hat. In der *Pauluskerk* ist nicht nur die Aufenthaltsdauer im Rauchraum, sondern auch die Nutzungshäufigkeit limitiert, um einen ununterbrochenen Konsum oder Überdosierungen zu vermeiden. Häufig kommt es zudem vor, dass KonsumentInnen aufgefordert werden, den Konsumraum zu verlassen, da sie bereits zu viele Drogen konsumiert haben.

(PK): „Nun, wenn ich nicht da bin, geht etwas schief. Immer wenn irgendjemand irgendwo Ärger macht, rufen sie mich, weil sie nicht hören, sie zeigen keinen Respekt, wissen Sie. (…) aber hier, wenn sie von Aluminiumfolie kon-

Mitarbeiterperspektive: Ergebnisse der einrichtungsbezogenen Interviews

sumieren, dürfen sie für fünfzehn Minuten herein und dann müssen sie sich fünfzehn Minuten draußen ausruhen. Und es ist nicht erlaubt, den ganzen Tag ein- und auszugehen; fünfzehn Minuten drinnen, fünfzehn Minuten draußen."

Neben Konflikten aufgrund von Regelverstößen berichten die befragten MitarbeiterInnen, dass eine angespannte Atmosphäre oftmals auch wegen Streitigkeiten zwischen den EinrichtungsbesucherInnen entsteht. Zumeist ist die schlechte Qualität der Drogen oder der Diebstahl von Drogen Gegenstand lautstark oder sogar aggressiv ausgetragener Streitigkeiten. Für die MitarbeiterInnen besteht in diesem Fällen die Notwendigkeit, deeskalierend einzugreifen und für Ruhe und einen geordneten Ablauf in der Einrichtung zu sorgen. Wenn sich die Streitigkeiten nicht regulieren lassen, werden die KonsumentInnen aufgefordert, ihre Auseinandersetzungen außerhalb der Einrichtung auszutragen. In seltenen Fällen wird auch der Konsumraum für eine kurze Zeit geschlossen.

(KT): „Schlechte Qualität, wenn die Qualität der Drogen schlecht ist, reagieren sie darauf, sie können aggressiv sein, sich prügeln. Wo hast du es gekauft und sie fluchen und schimpfen (…) und das geht dann einige Zeit so weiter. Wenn sie nicht aufhören, gehe ich in den Raum und sage Ruhe, wir wollen alle konsumieren. Und wenn ich glaube, dass alles von vorne anfängt, schließe ich die Bude. So wie gestern, ich machte zu, und eine halbe Stunde später konnten sie wiederkommen. Sie müssen es draußen austragen. Es kommt nicht oft vor, nur wenn die Qualität der Drogen schlecht ist."

Aus Sicht der befragten MitarbeiterInnen erfordert die Arbeit in den Einrichtungen eine beständige Aufmerksamkeit und die Bereitschaft zu intervenieren, um Ordnung und Ruhe in den Einrichtungen aufrechtzuerhalten. Die Rolle als Ordnungshüter, Vermittler und „Peace-Keeper" wird als eine Dauerbelastung empfunden, zumal eine notwendige Voraussetzung dafür ist, sich Respekt verschaffen und sich durchsetzen zu können. Um diese unterschiedlichen Anforderungen an das professionelle Handeln zu bewältigen, schildert einer der befragten Rotterdamer Mitarbeiter, lasse er sich nicht auf Diskussionen ein und erinnere an die Hausregeln.

(MK): „Man muss sehr wachsam sein in diesem Job. Jemand kann nett und lieb sein, und eine Minute später weißt du nicht, mit wem du es zu tun hast. (…) Es gibt Streitereien unter den Klienten, aber das hört auf, wenn du dein Gesicht oben im Raum zeigst. Ich bin der Typ, der nicht auf Dinge hört wie das war seine Schuld oder seine Schuld. Das einzige, was ich bei solchen Gelegenheiten verlange, ist Ruhe und Frieden, und wenn sie darüber reden wollen, bin ich unten, denn ich diskutiere oben nicht. Das sind die Regeln, die sie unterschrieben haben, Ruhe innerhalb der Einrichtung."

Ein weiterer Aspekt, der Konflikte provoziert, sind Wartelisten für die Nutzung der Konsumräume. Insbesondere wenn sehr lange Wartezeiten bestehen, sind Konflikte bereits vorprogrammiert, so dass in den Hamburger Einrichtungen immer wieder einzelne KonsumentInnen versuchen, sich einen besseren Platz auf der Warteliste zu verschaffen oder einfach in den Konsumraum vorzudringen. Auf Streitigkeiten aufgrund von Wartelisten wird in der Regel reagiert, indem ebenfalls Maßnahmen zur Wiederherstellung von Ruhe ergriffen werden und darauf geachtet wird, dass nicht innerhalb der Einrichtung an anderen Orten als dem Konsumraum konsumiert wird.

> (KT): „Es gibt drinnen Platz für vierzehn Leute, und nicht mehr als vierzehn, denn wenn etwas passiert, mischt sich jeder ein. Nun, versuchen Sie dann mal, die Ruhe wieder herzustellen (...). Wenn lediglich zwei oder drei Damen warten müssen, können sie neben mir an einem Tisch Platz nehmen. Sonst sage ich, wartet draußen, wartet in Keetje, und dann schließe ich die Tür, denn sonst hören sie nicht auf, rein- und rauszugehen, und sie versuchen, hier drin Base zu rauchen, und das ist gegen die Regeln."

In der Rotterdamer Einrichtung *Keetje Tippel/De Buren* wird darüber hinaus noch eine weitere Maßnahme zur Verkürzung von Wartezeiten praktiziert. Wenn bereits über einen gewissen Zeitraum regelmäßig Wartezeiten für die Nutzung der Konsumräume bestehen, wird manchmal ein zeitlich begrenzter Aufnahmestop bei der Ausstellung neuer Zugangspässe erlassen. Zumeist wird jedoch statt dessen die alternative Lösung vorgezogen, mit Zustimmung der Konsumentinnen die maximale Aufenthaltszeit in den Konsumräumen zu verkürzen, um einen Konsum an öffentlichen Orten zu vermeiden. Den Erfahrungen zufolge dauern Zeiten, in denen der Zugang zu oder der Aufenthalt in den Konsumräumen begrenzt werden muss, jedoch gewöhnlich nicht lange an.

Einen weiteren Konfliktbereich stellen ordnungspolitische Vereinbarungen und gesetzliche Rahmenbedingungen dar, die für den Betrieb von Konsumräumen festgelegt wurden. Unter die ordnungspolitischen Vereinbarungen fallen Absprachen mit der Polizei, die besagen, dass zum einen DrogenkonsumentInnen nicht im Eingangsbereich der Einrichtungen auf mitgeführte Drogen kontrolliert oder festgenommen werden. Zum anderen beinhalten die Kooperationsvereinbarungen eine Mitwirkungspflicht der Einrichtungen, Szeneansammlungen und den Drogenhandel im Eingangsbereich zu unterbinden. Damit erstrecken sich die Kontrollanforderungen der MitarbeiterInnen über den eigentlichen Arbeitsbereich in der Einrichtung hinaus, was die Befragten als eine schwierige Aufgabe deuten, da sich in der Praxis Ansammlungen und Drogenhandelsaktivitäten von KonsumentInnen nicht stets verhindern lassen. Entgegen den Absprachen kommt es somit immer wieder vor, dass die Polizei einschreitet und auch KonsumentInnen festnimmt. In diesen Fällen nehmen Leiter der Einrichtungen gewöhnlich mit der Polizei Kontakt auf, um sich gegenseitig über das polizeiliche Vorgehen zu verständigen.

Ein Mitarbeiter einer Hamburger Einrichtung gibt darüber hinaus an, dass die für Konsumräume geltende Rechtverordnung ein Missverhältnis zwischen dem eigenen professionellen Problemverständnis und der Verpflichtung zur Einhaltung rechtlicher Vorgaben produziere, insofern als diese Bestimmungen Aspekte der Lebensrealität von KonsumentInnen außer Acht ließen. Als einen Bestandteil dieser Lebensrealität sieht er das Teilen von Drogen und das gegenseitige Assistieren beim Konsum an, was in den Konsumräumen jedoch verboten ist. Eine nach eigenem Verständnis widersinnige Regel vertreten zu müssen, führe zu Rollenkonflikten.

> (SA): „Drogen teilen und sich gegenseitig assistieren ist im Konsumraum verboten. Ich persönlich habe mit dem Drogenteilen arge Probleme, weil ich denke, dass der Konsumraum für die Konsumenten ein ziemlich wichtiger Teil ihres Lebens ist. (...) Das ist ein Aspekt der Lebenswelt von Drogenkonsumenten, und das ist natürlich eine Sache, die wir unterbinden müssen. Das finde ich, sollte man flexibler regeln, dass man darauf eingehen kann. Es ist völlig einsichtig, dass nicht gedealt werden soll. Aber in dem Punkt Drogenteilen gehen die gesetzlichen Vorgaben oder diese Qualitätsvorgaben und die Lebenswirklichkeit der Adressaten meilenweit auseinander. Das ist ein Konflikt, in dem wir sind, weil wir dann immer diese Regeln vertreten müssen."

7.2.4 Einschätzungen zum weiteren Bedarf

Bei den Einschätzungen zum weiteren Bedarf handelt es sich vor allem um Forderungen, in der Stadt Hamburg weitere Konsumräume einzurichten und in der Stadt Innsbruck den seit Jahren geplanten Konsumraum umzusetzen.

Bezogen auf die Stadt Hamburg äußern insbesondere die MitarbeiterInnen der beiden Einrichtungen *Drob Inn* und *Fixstern* die Notwendigkeit, im Umfeld ihrer Einrichtung weitere Konsumraumkapazitäten zu schaffen, während die Einrichtung *Stay Alive* keinen weiteren Bedarf an Konsumräumen in ihrem Stadtteil sieht. Hintergrund für den formulierten Bedarf nach weiteren Konsumräumen sind die anhaltenden Belastungen,

Kapitel 7

die aus der Auslastung der Konsumräume, dem Andrang von BesucherInnen und der Ansammlung von DrogenkonsumentInnen vor der Einrichtung resultieren. Aufgrund dieser Faktoren ist zum einen der Einrichtungsbetrieb nur durch zeitweilige Schließungen aufrecht zu erhalten. Zum anderen führen sie aber auch zu Dauerkonflikten mit der Nachbarschaft im unmittelbarem Umfeld der Einrichtungen. Aus Sicht der MitarbeiterInnen verspricht die Schaffung weiterer Konsumräume sowohl eine Entlastung für die Einrichtungen selbst als auch für das Umfeld.

(FS): „Wir sind so ausgelastet, dass ein Bedarf nach weiteren Räumen, nicht nach größeren, da ist. Wir sind täglich mehr als 100 % ausgelastet. Wir sind an der Grenze zur Überlastung. Wir schließen die Tür zeitweilig. Spätestens am Nachmittag ist die Tür zu, weil es einfach sonst hier nicht mehr handelbar ist im Laden. Und die Forderung geht eigentlich schon seit drei Jahren dahin, eine zweite oder dritte kleinere Einrichtung in der Schanze zu haben. Nicht eine riesengroße. Weil man dann noch 'ne Riesenszene vor der Tür hat. Also das Drob Inn hat ja draußen mehr Leute als drinnen. Hier ist das noch nicht so, weil der Bürgersteig nicht so breit ist. Aber wir haben zum Teil auch 20-30 Leute vor der Tür, wenn schönes Wetter ist. Und um das ein bisschen zu entzerren und zu entspannen, wäre es sinnvoll."

Aus fachlichen und ordnungspolitischen Erwägungen heraus werden zwei weitere lokal dezentralisierte Konsumräume in den betroffenen Stadtteilen für erforderlich gehalten, um gleichermaßen die Einrichtungen von ihren Versorgungsfunktionen zu entlasten, dadurch mehr Kapazitäten für die Beratungstätigkeiten zu schaffen und zudem die Drogenszene zu entzerren. Die bisherige Praxis, an Brennpunkten der offenen Drogenszene jeweils eine Einrichtung mit Konsumraumangebot zu installieren, die den gesamten Bedarf abdecken soll, hat sich nach Einschätzung eines Mitarbeiters als wenig effizient erwiesen. Um die öffentliche Belästigung durch Szeneanballungen wirksam zu reduzieren, hält er es für notwendig, dem Beispiel anderer Städte wie etwa Frankfurt zu folgen und in einem Stadtteil mehrere Standorte mit Konsumraumangeboten zu errichten.

(DI): „Es besteht der Bedarf nach weiteren Konsumraumkapazitäten. Wenn ich träumen dürfte und ich würde sagen, die Stadt hat genug Geld, dann würde ich sagen, wir brauchen genau noch mal so eine Einrichtung wie das Drob Inn mit allen anderen Angeboten. Ansonsten würde ich sagen, realistisch gesehen, wir brauchen eine abgespeckte Version. Wir brauchen nicht noch mal einen Arzt, es reicht, wenn dann da ein Krankenpfleger ist, um eine Notversorgung zu machen. Wir brauchen auch nicht noch mal die Kapazität für Beratungsangebote. Es würde uns hier eher genügen, wir wären hier auf dem Versorgungssektor entlastet und könnten unsere Kapazitäten mehr in die Beratung reinsetzen. Es

Mitarbeiterperspektive: Ergebnisse der einrichtungsbezogenen Interviews

hat sich gezeigt, dass Einrichtungen auch dazu genutzt werden können, um Szenen lokal zu dezentralisieren. Es muss nicht sein, dass sich vor einem Platz 60 Leute treffen, das gibt immer Ärger. Wenn wir drei Einrichtungen hätten, dann wären es immer nur 20 pro Einrichtung, und keiner würde was sagen. Frankfurt hat vier Einrichtungen in unmittelbarer Nähe zum Hauptbahnhof. Und Rotterdam genauso. Das ist alles entzerrt und verteilt. Also nur so kann es gehen. Es geht einfach nicht, einen Standort zu nehmen und zu sagen, da packen wir alles rein. Das funktioniert nicht."

Der Bedarf nach Eröffnung eines Konsumraumes in Innsbruck wird von den dort befragten MitarbeiterInnen aus den Erfahrungen abgeleitet, dass die KonsumentInnen ein großes Bedürfnis nach Informationen zu einem risikobewussten Drogengebrauch haben und sich Konsumgewohnheiten im Sinne von Harm-Reduction verändern lassen. Durch den fehlenden Konsumraum sind die professionellen Interventionsmöglichkeiten zu einer konsequenten Gesundheitsförderung jedoch stark eingeschränkt.

(KD): „Gerade erfahrungsmäßig aus diversen Freizeitveranstaltungen, die auch akzeptierend konzipiert sind, können wir sagen, dass gerade in Bezug Safer-Use noch ein großer Informationsbedarf da ist, und dass man, wenn man dabei ist, alte Gewohnheiten bei den KonsumentInnen noch verändern kann. Ansonsten können wir in letzter Konsequenz natürlich nie dabei sein, da bleibt einfach nur die Beratung beim Spritzentausch. Wie die Leute schlussendlich konsumieren, wie hygienisch sie konsumieren usw., da ist es für uns nur beschränkt möglich zu intervenieren."

Im Zusammenhang mit weiterreichenden Maßnahmen zur Risikominimierung steht auch der Bedarf nach Qualitätskontrollen durch ein Angebot des Drug-Checking für KonsumraumnutzerInnen. Die Möglichkeit, Drogentests einzuführen, ist in der Hamburger Rechtsverordnung zwar verankert, die Übernahme der Kosten für ein solches Angebot wird jedoch abgelehnt.

(FS): „Im Grunde genommen wäre es sinnvoller, für den Konsumraum ein Drug-Checking zu haben. Wir haben gesagt, das müsste eine 100 %-Finanzierung von der Fachbehörde sein. Die haben aber gesagt, das zahlen wir euch nicht. Drug-Checking wird auch immer wieder nachgefragt."

Prinzipiell stellt Drug-Checking eine sinnvolle Ergänzung gesundheitsfördernder Angebote dar, da sich durch eine genauere Kenntnis des Wirkungsgehaltes das Risiko einer Überdosierung verringern lässt und zudem Substanzanalysen Safer-Use-Beratungen auf einer Informationsgrundlage ermöglichen.

7.3 ZUR WIRKSAMKEIT VON HARM-REDUCTION-MAßNAHMEN

Im Rahmen der vorliegenden Studie wird die Wirksamkeit von Harm-Reduction-Maßnahmen anhand verschiedener Kriterien ermittelt, wie etwa dem Risikoverhalten beim Drogenkonsum, der Vermittlung und Annahme präventiver Botschaften und der Art und dem Ausmaß von Drogennotfällen. Risikoreiche Konsumformen (wie z. B. öffentlicher Konsum, Gemeinsamnutzung von Spritzen und Utensilien) und Änderungen im Konsumverhalten durch die Nutzung des Konsumraumangebotes wurden auf Grundlage der Szenebefragung analysiert (vgl. Kapitel 6.3). Aus Perspektive der MitarbeiterInnen werden im folgenden Einschätzungen zur Wirksamkeit von Harm-Reduction-Maßnahmen anhand von Interviewaussagen zu den Präventionsaktivitäten sowie zu den Erfahrungen und dem Umgang mit Notfällen vorgestellt.

7.3.1 Vermittlung präventiver Botschaften

In den untersuchten Einrichtungen sind Harm-Reduction-Maßnahmen primär auf die Verringerung von Infektionsrisiken und gesundheitsriskanter Verhaltensweisen durch Angebote zu Safer-Use und Safer-Sex gerichtet. Zu den instrumentellen Safer-Use- und Safer-Sex-Präventionsangeboten gehören im wesentlichen der Spritzentausch, die Ausgabe konsumrelevanter Utensilien (Ascorbinsäure, Alkoholtupfer, Abbinder, steriles Wasser, Alufolie etc.) sowie die kostenlose Abgabe von Kondomen und Gleitgels. Darüber hinaus ist die medizinische Versorgung ein elementarer Bestandteil der Präventionsangebote.

Zwar sind die erwähnten instrumentellen Angebote zur Harm-Reduction in den untersuchten Einrichtungen der drei Metropolen mehr oder weniger vergleichbar, die Inhalte und Vermittlung von präventiven Botschaften weisen jedoch deutliche Unterschiede auf.

Aufgrund des fehlenden Konsumraumes stellen für die Innsbrucker Einrichtung vor allem der Spritzentausch und die Wundversorgung zentrale Anlässe dar, an denen der persönliche Kontakt zu den DrogenkonsumentInnen gezielt für eine Vermittlung von präventiven Botschaften zu gesundheitsbewussten Konsumtechniken und zur Venenpflege genutzt wird.

> (KD): „Ein ganz zentraler Punkt ist der Spritzentausch und -verkauf. (...) Es sollte hier nicht nur eine Abgabe stattfinden, sondern auch eine Aufklärung, ein Gespräch über das richtige Konsumieren. Eine gute Möglichkeit zum Aufklären gibt es auch während der Wundversorgung, wie man mit den Venen umgeht."

Mitarbeiterperspektive: Ergebnisse der einrichtungsbezogenen Interviews

In den Hamburger Einrichtungen werden Präventionsbotschaften ebenfalls hauptsächlich in persönlichen Gesprächen zwischen Fachkraft und DrogenkonsumentIn vermittelt. Laut Aussagen der befragten MitarbeiterInnen findet eine Safer-Use-Beratung jedoch weniger an bestimmten Orten, als vielmehr kontinuierlich zu den Gelegenheiten statt, in denen ein direkter Kontakt entsteht und in denen ein gesundheitsriskantes Konsumverhalten offensichtlich zu Tage tritt. Da risikohafte Konsumformen insbesondere im Konsumraum sichtbar werden, werden DrogenkonsumentInnen vor allem dort verstärkt auf Maßnahmen zu einem verbesserten Schutzverhalten hingewiesen. Insgesamt sind die Präventionsaktivitäten in den Hamburger Einrichtungen abhängig von den jeweiligen situationalen Umständen. Bemühungen um Aufklärung über geeignete Spritzen- und Nadeltypen, die richtige Injektionstechnik und Übertragungswege von Infektionen zeigen, dass präventive Botschaften lebensweltnah, praxisbezogen und sachlich im Sinne einer VerbraucherInneninformation vermittelt werden.

> (SA): „Wir machen im Konsumraum Safer-Use-Beratung. (...) Im Prinzip wird es da gemacht, wo es sich ergibt. Wir sagen nicht, du musst mal, aber da, wo es Anknüpfungspunkte gibt, die werden auch genutzt. Also in persönlichen Gesprächen. Das erfolgt kontinuierlich und sogar im Spritzentausch, der mit Aushilfen besetzt ist. (...) Wir weisen auch immer darauf hin, wenn es angezeigt ist. Manchmal sind das auch Kleinigkeiten. Eine Einstichstelle vorher zu desinfizieren und nicht hinterher. Oder in Richtung des Herzens zu spritzen. Nach der Injektion mit dem Tupfer lange genug abdrücken, dass kein Blut ins Gewebe fließen kann. Diese kleinen Sachen sind durchaus wichtig. Oder die Infektionsrisiken mit Hepatitis C, weil das ja von der Gefährlichkeit her lange Zeit unterschätzt worden ist. Oder mal einen Arzt aufzusuchen. Je nachdem wie die Situation ist, sind da schon große Möglichkeiten und in stärkerer Ausprägung im Konsumraum selber, weil da Sachen in stärkerem Maße augenfällig werden."

> (DI): „Man hält im Konsumraum keine Referate. Aber eine Safer-Use-Beratung findet insofern statt, wenn man sieht, dass jemand in die verkehrte Richtung drückt, wenn jemand nicht trifft oder wenn jemand die blöden roten Insulinspritzen haben will. Dann wird einem das erklärt, die Zusammenhänge der unterschiedlichen Kanülen und, und, und. Von daher findet permanent Safer-Use-Beratung statt. Eben nicht als Vortrag, was man eben machen kann, sondern punktuell."

Im Rahmen der Safer-Use-Beratung wird von einer der Hamburger Einrichtungen zudem eine Dosisberatung im Konsumraum vorgenommen, indem MitarbeiterInnen die Konsummenge abschätzen und im Einzelfall eine Minderung oder Aufteilung der beabsichtigten Konsumdosis empfehlen. Die Dosisabschätzung beruht nach Aussage einer Mitarbeiterin auf Erfahrungswerten, die sich die Fachkräfte durch die langjährige Tätigkeit in der Drogenhilfepraxis erworben haben. Das Wissen um die konsumierte Drogenart und Drogenmenge befähigt aus ihrer Sicht außerdem dazu, auf einzelne KonsumentInnen besser Acht zu geben und auf potenziell erforderliche Interventionen vorbereitet zu sein. Eine andere Hamburger Einrichtung lehnt es jedoch ab, eine Dosisberatung durchzuführen, da sich die MitarbeiterInnen eine Beurteilung der Konsummenge nicht anmaßen. Anstelle dessen beschränken sich Präventionsbotschaften dort auf Ermahnungen der KonsumentInnen, eine geringere Dosierung auszuprobieren.

> (FS): „Wir machen aber auch Interventionen im Druckraum selbst, was die Drogen betrifft. Wenn wir jemanden sehen, der schon ziemlich angeknallt ist, dann sagen wir, mach dir weniger auf den Löffel oder knall dir das in zwei Malen weg. Also eine schätzende Dosisberatung. (...) jeder von uns arbeitet schon ziemlich lange in dem Bereich oder im Druckraum und kann ziemlich gut abschätzen, wie viele Päckchen der sich da auf den Löffel haut. Ich kann das sehen, was die sich auf den Löffel tun, ob es Kokain ist, ob es Heroin ist, ob es Tabletten sind. Dann weiß ich schon, muss ich ein bisschen mehr aufpassen."

> (DI): „Ob die Konsummenge vielleicht zu viel ist, das kann ich ja nicht beurteilen. (...) Klar sagen wir auch mal zu jemandem, muss das sein oder überlege doch mal, du nimmst wahrscheinlich jedes Mal mehr und mehr, kommst du nicht mal mit weniger aus. Das kommt auch vor."

In der Hamburger Einrichtung *Drob Inn* besteht für KonsumentInnen die Möglichkeit, über allgemeine konsumrelevante Informationen zur Prävention hinaus eine intensive Safer-Use-Beratung bei dem dort tätigen Krankenpfleger in Anspruch zu nehmen. Die Präventionsaktivitäten des Krankenpflegers beinhalten das Angebot, bei einem schlechten Venenstatus einen Venentest durchzuführen und KonsumentInnen medizinisch-fachliche Hinweise zur richtigen Injektionstechnik zu geben.

> (DI): „Der Krankenpfleger macht einen Venentest, zeigt denen das mit so einer Kanüle. Das ist dann noch eine intensivere Safer-Use-Beratung. Wenn jemand z. B. sagt, er trifft gar nicht mehr, jetzt will ich in die Leiste. Dann kann man ein paar Mal sagen, dass in die Leiste drücken ziemlich beknackt ist. Das kann man sich irgendwann schenken, weil sie es dann trotzdem tun."

Abgesehen von persönlichen Safer-Use-Beratungen stehen in allen Hamburger Einrichtungen auch Faltblätter und Broschüren wie z. B. zum Kokain- oder Crackkonsum zur Verfügung, die zur Vermittlung von Präventionsbotschaften eingesetzt werden. Nach Einschätzung der MitarbeiterInnen ist die Wirkung präventiver Botschaften in persönlichen Gesprächen allerdings wesentlich höher als mittels der Verteilung von Informationsmaterialien.

> (SA): „Wir haben auch Infomaterialien. (...) Aber mein persönlicher Eindruck ist, dass dieses Gespräch eine wesentlich höhere Wirkung hat als die Verteilung von Infomaterialien. Gerade das Beispiel mit den Spritzen, da ist es etwas anderes, wenn man das persönlich sagt, als wenn man das vom Zettel liest."

In den Rotterdamer Einrichtungen erfolgt die Vermittlung von präventiven Botschaften dagegen primär über Informationsmaterialien zu Safer-Use, Safer-Sex und STDs, die in den Einrichtungen ausliegen. Das Lesen dieser Materialien bleibt dabei der Eigeninitiative der KonsumentInnen überlassen. Präventionsaktivitäten, die sich überwiegend auf die Ausgabe schriftlicher Informationen stützen, erweisen sich allerdings als wenig effektiv, wenn es den KonsumentInnen an Kompetenzen zum Lesen und Verstehen der niederländischen Sprache mangelt, wie dies bei ausländischen EinrichtungsbesucherInnen häufig der Fall ist. Zwar bemühen sich die MitarbeiterInnen zusätzlich, Safer-Use-Botschaften in persönlichen Gesprächen zu vermitteln, jedoch in der Regel nur, wenn sie von KonsumentInnen danach gefragt werden. In keiner der vier untersuchten Einrichtungen werden folglich Aufklärungen oder präventionsrelevante Beratungen in einer systematischen Weise durchgeführt. Insgesamt scheinen sich die MitarbeiterInnen außerdem wenig Hoffnung zu machen, dass ihre Safer-Use-Ratschläge befolgt werden.

> (MK): „Ich bin wirklich informativ, wenn es um sicheres Injizieren geht, das ist etwas, was ich erklären möchte. Und wir haben Kondome, die wir weggeben und in diesem Sinne. Auch wenn wir davon hören, dass diese Person wirklich schlechten Koks bekommen hat, und wir geben diese Information weiter an die Klienten, das ist so ziemlich alles, was man für sie tun kann."

Da die beschriebenen Präventionsaktivitäten der MitarbeiterInnen in den Hamburger und Rotterdamer Einrichtungen auf Appellen zur Praktizierung eines risikoarmen, „safen" Drogenkonsums basieren, ist ihre Wirksamkeit von der Einsicht und Bereitschaft der KonsumentInnen abhängig, ihr Drogenkonsumverhalten entsprechend zu verändern. Neben diesen auf Freiwilligkeit setzenden Präventionsbemühungen werden in der Praxis aber auch Druckmittel und Zwangsmaßnahmen eingesetzt, um präventiv einzugreifen. So wird beispielsweise KonsumentInnen, die bereits unter einer starken Drogenwirkung stehen, eine weitere Nutzung des Konsumraumes für den aktuellen Tag verweigert. In der Rotterdamer Einrichtung *Pauluskerk* werden wiederum regelmäßig KonsumentInnen von den Sicherheitsbediensteten angetrieben, den Injektionsraum zu verlassen, gleichwohl für dessen Nutzung kein Zeitlimit besteht. Diese Druckmittel haben den Zweck, Überdosierungen vorzubeugen und einen pausenlosen Drogenkonsum zu unterbinden.

> (DI): „Wir lassen die Leute nicht in den Konsumraum, die zugetoxt sind. Da machen wir dann Schluss. Wenn jemand schon 'ne halbe Überdosis hat, da sagen wir dann auch gleich, für heute brauchst du bei uns nicht mehr konsumieren."

> (PK): „Sie geben Injektionsbelehrungen an Leute, die schon seit 25 Jahren injizieren (…) Aber es ist wegen der Sicherheit, obwohl die Jungs aus Erfahrung mehr oder weniger wissen, was bei Überdosierung zu tun ist. Aber manchmal sind sie so stoned, dass jemand anders kommen muss, sonst geht es schief."

Wie bereits an anderer Stelle erwähnt, ist die Nutzung des Konsumraumes in der Einrichtung *Keetje Tippel/De Buren* an die Bedingung geknüpft, dass sich die Straßenprostituierten alle drei Monate ärztlich untersuchen lassen. Die Verpflichtung zu einer regelmäßigen ärztlichen Untersuchung ist als Bestandteil präventiver Aktivitäten zu verstehen, bei denen Gesundheitsförderung nicht alleine den Konsumentinnen selbst überlassen, sondern mittels Zwang und Sanktionen sichergestellt wird.

> (KT): „Ich bekomme vom Arzt eine Liste der Leute, die den Arzt aufsuchen müssen. Weil sie schon lange nicht mehr dort waren. Wir verwarnen diese Frauen dreimal, und wenn sie beim dritten Mal nicht beim Arzt waren, dann verweigere ich ihnen den Zutritt, sie können nicht in den Konsumraum kommen. Geh erst zum Arzt. Und dann rennen sie, dann gehen sie."

Fazit: In den Hamburger Einrichtungen und in der Innsbrucker Einrichtung erfolgt die Vermittlung präventiver Botschaften primär im persönlichen Gespräch mit den EinrichtungsbesucherInnen. Die Präventionsbotschaften sind dabei lebensweltnah und praxisorientiert ausgerichtet und umfassen vielfältige Aktivitäten zur verbraucherorientierten Aufklärung über geeignete Spritzen- und Nadeltypen, die richtige Injektionstechnik, Venenpflege und Übertragungswege von Infektionen. Eine der Hamburger Einrichtungen bietet zudem eine Dosisberatung an. In den Rotterdamer Einrichtungen beschränken sich Präventionsaktivitäten dagegen überwiegend auf die Ausgabe von schriftlichen Präventionsmaterialien.

Darüber hinaus werden sowohl in den Hamburger wie in den Rotterdamer Einrichtungen verschiedene Druckmittel zur Prävention eingesetzt wie etwa der Ausschluss aus dem Konsumraum, die Beschränkung der Aufenthaltsdauer im Injektionsraum (*Pauluskerk*) oder die Verpflichtung zu einer regelmäßigen ärztlichen Untersuchung (*Keetje Tippel*).

7.3.2 Akzeptanz präventiver Botschaften

Aus den Interviewaussagen der befragten Hamburger MitarbeiterInnen geht hervor, dass sie unterschiedliche Erfahrungen mit der Annahmebereitschaft ihrer präventiven Botschaften machen. Ein Teil der EinrichtungsbesucherInnen scheint Informationen zu einem gesundheitsorientierten Drogenkonsum dankbar aufzugreifen, um so vorhandene Wissensdefizite ausgleichen können. Ein anderer Teil der BesucherInnen reagiert jedoch ablehnend auf professionell vermittelte Ansprüche zum risikoarmen Konsum. Diese ablehnende Haltung resultiert vor allem aus der Selbsteinschätzung der KonsumentInnen, aufgrund ihrer langjährigen Konsumerfahrung kompetent und sachkundig zu sein. Nicht konsumerfahrenen Professionellen wird somit jeglicher Handlungsspielraum, im Sinne von Harm-Reduction korrigierend Einfluss zu nehmen, abgesprochen.

(SA): „Da gibt es auch alle möglichen Reaktionsweisen. Manche Leute sagen, sie wussten das gar nicht und es wäre gut, dass du mir das erzählst. Und andere sagen auch, ich hab das schon immer so gemacht und bin bis jetzt gut damit gefahren und warum soll ich das jetzt ändern, nur weil du mir das sagst. Da gibt es keine Faustregel. Und die Bereitschaft, das wirklich anzunehmen, ist unterschiedlich. Wenn ich sage, das machst du falsch, dann sagen ja auch welche, ich spritze schon seit 20 Jahren, wie oft spritzt du schon. Das kann durchaus auch passieren."

Für die MitarbeiterInnen entsteht in diesen Fällen die schwierige Situation, dass individuelle Konsumgewohnheiten und -praktiken den hygienischen und gesundheitsbewussten Konsumanforderungen widersprechen. Aus Sicht einer Mitarbeiterin ist die Akzeptanz präventiver Botschaften dann gut, wenn es sich dabei um Hinweise zur Benutzung einer anderen Nadel oder Vene handelt. Ein anderer Mitarbeiter argumentiert dahingegen, dass bereits die geringe Nachfrage zu Safer-Use-Tipps Ausdruck einer geringen Annahmebereitschaft ist. Aus diesem Grund kann dem Auftrag zur Gesundheitsförderung nur nachgekommen werden, indem KonsumentInnen stets erneut präventive Botschaften aufgedrängt und sie auf gesundheitsschädigendes Verhalten hingewiesen werden.

(FS): „Die Beratung im Druckraum gestaltet sich manchmal schwierig, weil viele Konsumenten meinen, sie wissen's eben ganz genau, sie konsumieren schon seit zehn Jahren. Aber es wird schon gut angenommen, wenn man sagt, versuche mal die Nadel, das geht vielleicht besser. Oder nimm mal 'ne andere Vene. Wir dürfen ja nicht helfen, aber wird dürfen schon beraten."

(DI): „Was heißt angenommen. Es ist ja so, dass die Leute das noch nicht einmal fordern, weswegen wir denen das aufs Auge drücken. Wenn ich sehe, dass jemand ganz grob fahrlässig mit sich umgeht, dann versuche ich, ihm das klar zu machen."

Ein Indikator nicht nur für die Annahmebereitschaft, sondern auch für die Wirkung präventiver Aktivitäten ist der deutliche Rückgang der ehemals in Hamburg verbreiteten Nutzung von Insulinspritzen zugunsten der Nutzung venenfreundlicherer Spritzentypen. Durch eine nicht-bevormundende, jedoch kontinuierliche Aufklärung ist es den MitarbeiterInnen nach eigener Einschätzung gelungen, die anfänglich geringe Akzeptanz gegenüber einer Umstellung der Gewohnheiten schrittweise zu wandeln. Gegenwärtig werden offenbar nur noch zu 50 % Insulinspritzen verwendet, wobei dieser Anteil im Konsumraum noch geringer zu sein scheint.

(DI): „Man kann vielleicht mal was zur Entwicklung von Spritzennutzung sagen. Wir haben ja damals schon Flyer zum richtigen Umgang mit Spritzen ausgegeben. Den haben sehr, sehr viele interessiert gelesen. Wir haben es aber nie mit erhobenen Zeigefinger getan, sondern immer mit Aufklärung. Hamburg war eine Hochburg der Insulinspritzenkonsumenten, es gab nichts anderes. Wenn jemand sich einfach nur mal nach einer anderen Spritze erkunden wollte, dann hat der gleich von anderen gehört, die sind aber Scheiße. Hier wurden zu 95 % diese Rotkappeninsulinspritzen benutzt. Das ist mittlerweile nur noch bei 50 %. Im Konsumraum sogar noch weniger. Das hat, glaube ich, mit unserer Kampagne zu tun. Das in vielen Gesprächen immer wieder deutlich zu machen. (...) Das hat dann eine Kettenreaktion gegeben."

In der Innsbrucker Einrichtung werden laut Aussage der MitarbeiterInnen vor allem Angebote an Alkoholtupfern und Natriumchlorid regelmäßig angenommen, was ebenfalls auf ihre kontinuierlichen Präventionsbemühungen und den gegenseitigen Informationsaustausch zwischen MitarbeiterInnen und KonsumentInnen zurückgeführt wird.

(KD): „Es ist ein ständiger Austausch, die MitarbeiterInnen informieren sich bei den BesucherInnen über den Gebrauch neuer Substitutionen und die BesucherInnen beginnen unsere Angebote, wie Tupfer oder das Natriumchlorid regelmäßig zu verwenden, aufgrund des regelmäßigen Hinweisens unsererseits. Es ist einfach ein gegenseitiges Lernen."

Mitarbeiterperspektive: Ergebnisse der einrichtungsbezogenen Interviews

Während die in Hamburg und Innsbruck befragten MitarbeiterInnen angeben, dass die EinrichtungsbesucherInnen immerhin einen Teil der hygienischen und gesundheitsorientierten Präventionsbotschaften annehmen und umsetzen, scheint die Akzeptanz präventiver Botschaften unter den Rotterdamer KonsumentInnen ausgesprochen gering zu sein. Aus Sicht der befragten Rotterdamer MitarbeiterInnen zeigen die PassinhaberInnen wenig Bedarf nach Informationen zu einem hygienischen und gesundheitsorientierten Drogenkonsum.

7.3.3 Ausmaß und Art von Notfällen

Insbesondere das Ausmaß, aber auch die Art der Notfälle, die in den untersuchten Einrichtungen im Jahr 1999 aufgetreten sind, weisen zwischen den Hamburger und Rotterdamer Einrichtungen signifikante Unterschiede auf. Von allen untersuchten Einrichtungen mit Konsumräumen werden Drogennotfälle am häufigsten von den in Hamburg befragten MitarbeiterInnen berichtet. Dahingegen treten Drogennotfälle laut Aussage der MitarbeiterInnen in den Rotterdamer Einrichtungen eher selten auf. Trotz häufiger Drogennotfälle in den Hamburger Einrichtungen ist an dieser Stelle nochmals darauf hinzuweisen, dass Todesfälle seit Eröffnung dieser Einrichtungen nicht vorgekommen sind.

Von den Hamburger Einrichtungen ist das *Drob Inn* mit Abstand diejenige Einrichtung, wo die meisten Drogennotfälle passieren. Für das Jahr 1999 wurden dort insgesamt 168 Notfälle gezählt, wobei sich diese Anzahl gegenüber den Vorjahren bereits verringert haben soll. Die Hälfte der Drogennotfälle ist innerhalb der Einrichtung, die andere Hälfte unmittelbar vor der Einrichtung eingetreten. Bei den Notfällen handelte es sich einem Mitarbeiter zufolge zu 70 % um Heroinüberdosierungen begleitet von einer massiven Atemdepression, die eine Reanimierung notwendig machten. In der Hamburger Einrichtung *Fixstern* sind im gleichen Jahr zwar vergleichsweise weniger, aber mit insgesamt bis zu 80 Notfällen immer noch sehr viele Drogennotfälle dokumentiert worden, zumal hierbei nur die Fälle berücksichtigt wurden, die den Einsatz eines Notarztes erforderten. Werden all diejenigen Fälle hinzugezählt, die Interventionen seitens der MitarbeiterInnen verlangten, scheinen wöchentlich zwei bis drei Drogennotfälle aufzutreten.

> (DI): „Wir hatten 1999 168 Drogennotfälle. Der Notarzt ist dabei nicht entscheidend. Wir zählen Notfälle, die auch Notfälle sind. Also wenn jemand raustaumelt, ist er deswegen kein Notfall. Bei 70 % aller Notfälle herrscht mas-

sive Atemdepression vor. Das sind schwere Notfälle, wo wir mit einem Ambu-Beutel beatmen müssen. (...) Cracknotfälle sind eher so, dass die psychotisch sind und krampfen. Und durch den Krampf bewusstlos werden. (...) Von diesen 168 Notfällen passieren 50:50 draußen und drinnen."

(FS): „Letztes Jahr hatten wir hier um die 70 bis 80 Notfälle. Das sind allerdings nur die Fälle, wo wir auch einen Notarzt geholt haben. Die sind protokolliert. Die anderen Fälle, wo jemand sehr weit weg war, wachgehalten werden musste, durch den Garten geführt werden musste, die sind nicht protokolliert. Wenn die noch dazu kommen, sind es bestimmt 2-3 pro Woche."

Während in der Einrichtung *Drob Inn* offenbar überwiegend Heroinüberdosierungen zu einem Notfall führen, gibt eine Mitarbeiterin des *Fixstern* an, dass diese abgenommen haben. Statt dessen wird beobachtet, dass die Mehrheit der Drogennotfälle in dieser Einrichtung auf einen Kokainkonsum zurückzuführen ist. Kokainbedingte Notfälle wirken sich anders als Heroinüberdosierungen aus und gehen mit Symptomen wie Herzklopfen, Angstgefühlen, paranoiden Wahnzuständen oder anderen Verhaltensauffälligkeiten einher.

(FS): „Auch die Muster haben sich verändert. Es waren früher eigentlich überwiegend Heroinüberdosierungen. Das ist weniger geworden. Das ist nur ganz selten, und dann sind es an mehreren Tagen 2-3, wo dann wirklich guter Stoff auf dem Markt ist. Die meisten Überdosierungen sind jetzt wirklich Kokainkonsum. Wo die Leute dann Herzklopfen kriegen, Angstschübe, Paranoia."

In der Hamburger Einrichtung *Stay Alive* und in der Innsbrucker Einrichtung scheinen Drogennotfälle aufgrund von Heroinüberdosierungen eher selten vorzukommen. Die MitarbeiterInnen beider Einrichtungen berichten, seit Bestehen ihrer Einrichtung lediglich ein paar Male einen Notarzt wegen Heroinintoxikationen benötigt zu haben. In der Hamburger Einrichtung treten allerdings in unterschiedlichem Schweregrad häufiger Kokainpsychosen auf, die jedoch von den MitarbeiterInnen nicht als Notfall dokumentiert werden.

(SA): „Bis jetzt kann man die noch an einer Hand abzählen. (...) Das waren Atemdepressionen, Heroinüberdosierungen. Dann haben wir in unterschiedlichen Abstufungen Kokapsychosen, die haben wir gar nicht als Notfälle gezählt. In den meisten Fällen äußern die sich relativ harmlos, dass die sich merkwürdig verhalten, die Wand angucken oder sich die Ohren zuhalten. Das haben wir zwei-, dreimal gehabt, dass die Leute dann richtig ausgetickt sind. Aber das war auch relativ selten. Wir hatten bislang zwei, drei Notfälle, wo wir den Notarzt holen mussten."

Mitarbeiterperspektive: Ergebnisse der einrichtungsbezogenen Interviews

(KD): „Es kommt zum Glück sehr selten zu Überdosierungen. (...) In den letzten fünf Jahren haben wir wegen akuten Überdosen fünf-, sechsmal die Rettung gebraucht, bei nicht akuten Überdosierungen auch noch einige Male."

Bezogen auf die untersuchten Rotterdamer Einrichtungen zeigen die Interviewaussagen, dass Drogennotfälle dort eine Ausnahme darstellen. In der Einrichtung *Het Buurthuis* sind in den 27 Monaten ihres Bestehens lediglich drei Drogennotfälle aufgetreten, zwei aufgrund einer Überdosierung mit Heroin und eine aufgrund einer Überdosierung mit Tabletten. In der *Pauluskerk* ist während eines Jahres nur ein einziger Drogennotfall vorgekommen, und in der Konsumraumeinrichtung *Moerkerkestraat* ist in ihrem bislang einjährigen Betrieb noch kein einziger Drogennotfall vorgefallen.

Das Ergebnis, dass Drogennotfälle in den Hamburger Einrichtungen offenbar häufig, in den Rotterdamer Einrichtungen dagegen nur selten vorkommen, wirft Fragen nach einer Erklärung für diesen bedeutenden Unterschied auf. Da die vorliegenden Daten darüber keinen Aufschluss geben, lässt sich lediglich vermuten, dass der in Hamburg verbreitete intravenöse Drogenkonsum möglicherweise eher zu Überdosierungen führt als das in Rotterdam vorherrschende Rauchen von Heroin und Kokain. Des Weiteren ist es denkbar, dass die geringen Drogennotfälle in Rotterdam auf die strengen Konsumregeln zurückzuführen sind, die in den Konsumräumen gelten. Eine ebenso plausible Erklärung für die Unterschiede kann jedoch auch sein, dass die Wahrnehmung der MitarbeiterInnen dessen, was als Notfall definiert wird, unterschiedlich ist. Werden lediglich Fälle als Notfall wahrgenommen, in denen eine Atemdepression auftritt oder ein Notarzt verständigt werden muss, ergibt sich ein anderes Bild, als wenn auch kokainbedingte Notfälle mitgezählt werden.

7.3.4 Umgang mit Notfällen

Wie bereits an anderer Stelle erwähnt, verfügen alle MitarbeiterInnen der untersuchten Einrichtungen in den drei europäischen Großstädten über eine Ausbildung in der Ersten Hilfe, die zudem in regelmäßigen Zeitabständen aktualisiert wird. Diese theoretischen Kenntnisse über Maßnahmen zur Erstversorgung stellen eine Grundvoraussetzung dar, um im Notfall adäquat reagieren zu können. In der Regel existiert in den Einrichtungen ein Notfallplan, mit dem geregelt ist, was in Notfällen jeweils zu tun ist. Bei kritischen Situationen, die die MitarbeiterInnen nicht mehr

Kapitel 7

mit ihren Kompetenzen und den zur Verfügung stehenden Notfallgeräten meistern können, sind sie instruiert, einen Notarzt herbeizurufen.

(SA): „Wir haben an drei Tagen die Woche einen Arzt im Hause. Wir haben alle eine Ersthelferausbildung, kriegen regelmäßig Auffrischungslehrgänge, um dieses lebensrettende Wissen zu aktualisieren und auf den neuesten Stand zu bringen. Wir sind auf Notfälle vorbereitet, wir haben einen Notfallplan, so dass jeder weiß, was zu tun ist, und sind auch mit den entsprechenden Geräten ausgestattet."

Die genannten Rahmenbedingungen im Umgang mit Notfällen sind in allen Einrichtungen gleich. Da die Betriebsstrukturen in den Einrichtungen und vor allem Ausmaß und Art der Drogennotfälle in der Praxis höchst unterschiedlich sind, stellen sich an die MitarbeiterInnen dementsprechend unterschiedliche Anforderungen an den Umgang mit Notfällen. In Einrichtungen, in denen Drogennotfälle selten auftreten, besteht auch nur selten die Notwendigkeit, Erste-Hilfe-Maßnahmen anzuwenden. Somit haben sich die befragten MitarbeiterInnen der Rotterdamer Einrichtungen nicht weiter zu ihrem Umgang mit Notfällen geäußert, da diese Situationen in ihrer Alltagspraxis nur eine untergeordnete Rolle einnehmen. In Einrichtungen, wo jedoch Drogennotfälle an der Tagesordnung sind, wurden in Abhängigkeit von den Praxisbedingungen verschiedene Umgangsweisen mit Drogennotfällen etabliert.

Ein Mitarbeiter der Hamburger Einrichtung *Drob Inn* schildert, zur Versorgung von Notfällen mit allen erforderlichen Mitteln und qualifiziertem Personal ausgestattet zu sein, um adäquat Reanimationen durchzuführen und gegebenenfalls bei Heroinüberdosierungen ein Gegenmittel zu verabreichen. Trotz der fachlichen Kompetenzen und technischen Geräte zur Wiederbelebung wird die Versorgung von Notfällen strikt auf ein Mindestmaß an erforderlichen Maßnahmen zur Ersten Hilfe beschränkt. Diese Vorgehensweise wird damit begründet, einerseits nicht die zeitlichen und personellen Kapazitäten für eine intensivere Versorgung erübrigen zu können, andererseits nicht die Verantwortung für eine Person nach einem Notfall übernehmen zu wollen. In kritischen Fällen, bei Krampfanfällen und wenn ein Notfall eine intensivere Versorgung erfordert, wird prinzipiell somit ein Notarzt verständigt. Weigern sich die KonsumentInnen dann, sich in ein Krankenhaus einliefern zu lassen, wird ihnen eine weitere Nutzung des Konsumraumes kategorisch verboten.

(DI): „Wir haben eigentlich alles. (...) Wir haben einen Arzt, einen Krankenpfleger. Wir haben Narcanti im Hause. Wir haben ausgebildete Sozialarbeiter.

Mitarbeiterperspektive: Ergebnisse der einrichtungsbezogenen Interviews

Bei Heroinüberdosis ist es meistens sowieso so, die ersten Minuten sind entscheidend. Wenn ich den dann wieder wach kriege, ihn beatme und womöglich links und rechts an die Backen haue, dann hat man schon die halbe Miete. Trotz alledem machen wir es so, wo es uns kritisch vorkommt, vor allem auch bei Krampfanfällen, dass wir parallel den Notarzt rufen. Der kommt relativ schnell, das geht relativ reibungslos. Das hat auch damit zu tun, die Kapazität haben wir hier nicht. Wenn wir jemanden „gerettet" haben, uns noch eine ganzen Stunde um den zu kümmern. Deswegen sagen wir einfach, wir machen die Erste Hilfe und dann ist auch gut, dann sieh zu, dass du ins Krankenhaus kommst. Auch da sind wir schon rigide und sagen, wenn du da nicht mitgehst ist der Konsumraum für dich gestorben. Die Verantwortung wollen wir nicht übernehmen."

In der Hamburger Einrichtung *Fixstern* wird dagegen generell nur bei Notfällen aufgrund von Krampfanfällen ein Notarzt angefordert. Ansonsten ist die Verständigung eines Notarztes von der Einschätzung der Lage durch die MitarbeiterInnen abhängig, die im Konsumraum tätig sind. Laut Aussagen eines Mitarbeiters wird mit Notfällen nach der Devise umgegangen, besser einmal zuviel einen Notarzt zu rufen, als zu wenig.

(FS): „Wenn die Leute Krampfanfälle haben, holen wir den Notarzt. Sonst nicht. Das ist abschätzig von den Leuten, die im Druckraum arbeiten, die in der Schicht sind. Wenn die meinen, dass man das nicht mehr handeln kann, dann wird ein Notarzt gerufen. Wir stehen auf dem Standpunkt, lieber einmal zu oft als zu wenig. Wenn wir anrufen und sagen, wir haben einen Notfall, dann kommen die innerhalb von 2-3 Minuten. Das ist wirklich schnell. (...) Wir sind auch so fit, dass wir die Leute versorgen können, bis der Notarzt da ist."

Für die MitarbeiterInnen der Innsbrucker Einrichtung gestaltet sich der Umgang mit Drogennotfällen als ungleich schwieriger, da der Drogenkonsum mangels Konsumraum in den Sanitärräumen der Einrichtung heimlich stattfindet und somit auch eher die Gefahr besteht, dass Notfälle unentdeckt bleiben. Um dem weitestgehend vorzubeugen, wurden bestimmte Kontrollmechanismen etabliert, die den MitarbeiterInnen ein gewisses Maß an rechtzeitigen Interventionen im Notfall ermöglichen.

(KD): „Wir haben es so geregelt, dass sich die BesucherInnen den Schlüssel für die Nasszellen an der Bar holen und kontrolliert wird, wie lange die Dusche oder das Klo belegt ist. Nach einer gewissen Zeit wird geklopft und nachgefragt. Diese Regeln haben sich im Großen und Ganzen bewährt, nur dass beim Duschen – nach 20 Minuten wird geklopft – immer die Gefahr gegeben ist, dass etwas passiert, und das verursacht natürlich viel Stress."

Im Unterschied zu Heroinüberdosierungen, die mit geübten Maßnahmen in einer überschaubaren und erlernbaren Abfolge versorgt werden können und von den MitarbeiterInnen daher als relativ unproblematisch zu handhaben beurteilt werden, bereitet der Umgang mit kokainbedingten Notfällen erheblich mehr Schwierigkeiten und auch Unsicherheiten. Zum einen können sich Kokainnotfälle in einem sehr unterschiedlichen Verhalten der betroffenen KonsumentInnen äußern, zum anderen greifen klassische Notfallpläne in diesen Fällen nicht. Darüber hinaus ist die Versorgung von Kokainnotfällen überaus zeit- und personalintensiv und erfordert von den Fachkräften ein sensibles Gespür für die individuellen Bedürfnisse der Betroffenen, die je nachdem in Ruhe, Gesprächen oder Körperkontakt bestehen können. Während zwei der Hamburger Einrichtungen auch eine intensive Notfallversorgung bei Kokainpsychosen durchführen, wird selbiges von der dritten Einrichtung nur geleistet, wenn entsprechende Kapazitäten in der Situation verfügbar sind.

> (SA): „Bei Kokapsychosen kann man nicht viel machen. Dann kann man sie entweder in Ruhe lassen, wenn sie selbst ruhig sind. Dass wir Leute fernhalten. Und wenn es dann ganz schlimm wird, dann kann man versuchen, auf sie beruhigend einzureden. Teilweise haben sich die Klienten auch gegenseitig geholfen, dass einigen nach Körperkontakt war und das dann auch jemand stehen geblieben ist und sich eine halbe Stunde hat festhalten lassen. Und der schlimmste Fall war, da ist eine Frau rausgerannt auf die Straße. Dann wurde die mit fünf Leuten eingefangen."

> (DI): „Es kommt auch auf die Zeit drauf an. Wir sind teilweise nur zu viert oder zu zweit hier, dann geht eine intensive Notfallbetreuung nicht. Dann kann man nicht einen Mitarbeiter für diese eine Person abstellen, wo man sich stundenlang drum kümmern muss, weil jemand psychotisch ist. Dann bricht hier der Laden zusammen."

Generell zeigen die Interviewaussagen, dass sich mit zunehmender Versorgung von Notfällen und der Erfahrung, dass die Versorgung erfolgreich verlaufen ist, zugleich eine zunehmende Routine und Selbstsicherheit im Umgang mit Drogennotfällen einstellt. MitarbeiterInnen mit wenig eigenen praktischen Erfahrungen in der Versorgung von Notfällen fühlen sich zwar kompetent im Umgang mit Notfällen, jedoch nicht gleichermaßen routiniert und sicher.

> (DI): „Wir sind mit Sicherheit routiniert. So viele Notfälle, die man selber schon beatmet hat, das ist teilweise eine ganze Menge. Dadurch sieht man, es geht immer gut und es geht auch ziemlich easy gut. Man muss nur das und das machen, und es klappt. Deswegen geht man auch immer selbstsicherer da ran. Bei einer Herzmassage würde mir mulmig werden, weil ich habe es noch nie in

Mitarbeiterperspektive: Ergebnisse der einrichtungsbezogenen Interviews

der Praxis gemacht. Ich würde es aber trotzdem machen, man hat es irgendwie gelernt."

(SA): „Nur ich denke, in Einrichtungen, wo das mehr vorkommt, die haben auch eine Routine, und die haben wir natürlich überhaupt nicht so. Wir haben zwar alle das geübte Wissen, aber in der Praxis ist das noch nicht so erprobt worden."

7.4 PROBLEMBEREICHE DES ARBEITSALLTAGS

Aus der Praxis niedrigschwelliger akzeptanzorientierter Drogenhilfeeinrichtungen ist bekannt, dass MitarbeiterInnen über Burn-Out-Effekte klagen, oftmals nach zwei bis drei Jahren ihre Tätigkeit in diesem Arbeitsfeld beenden und in den Einrichtungen der Krankenstand und die Personalfluktuation insgesamt hoch sind. Wie auch einer der befragten Hamburger Mitarbeiter unmissverständlich darlegt, sind diese Faktoren eindeutige Merkmale für die enorme Arbeitsbelastung, der sich die MitarbeiterInnen in niedrigschwelligen Einrichtungen ausgesetzt sehen.

(DI): „Wenn man die hohe Personalfluktuation sieht, dann ist die Frage nach dem Umgang mit den Belastungen erst einmal beantwortet. Bei uns ist die Personalfluktuation relativ hoch. Bedeutend höher als in allen anderen Einrichtungen. Auch der Krankenstand ist bedeutend höher als in anderen Einrichtungen. Das hat was mit der Arbeitsbelastung zu tun. (...) Ich hatte Phasen, wo ich gedacht habe, ich muss hier weg. (...) Ich war mit den Nerven am Ende. Bei jedem lauteren Geräusch herumgefahren, und ich war wirklich durch."

Zur Bewältigung der Arbeitsanforderungen, als Hilfestellung zur Regulierung der Belastungen sowie als Forum zur Thematisierung von Konflikten und Problemen in der Arbeit erhalten die MitarbeiterInnen der Hamburger Einrichtungen und der Innsbrucker Einrichtung regelmäßig Supervision. Die Hamburger MitarbeiterInnen beurteilen den Nutzen der Supervision jedoch kritisch. Ihrer Meinung nach bewirkt Supervision keine Entlastung, wenn sich nicht zugleich die auslösenden Bedingungen für die Belastung ändern, bzw. wenn die Qualität und Wertschätzung der Supervision nicht mehr gegeben ist.

(DI): „Wir haben Supervision. Aber das bringt keine Entlastung. Es kann mal ganz kurzfristig so sein, dass es schön ist, dass es anderen Leuten auch so geht. Aber wenn ich dann zwei Tage später wieder in dieser Situation stecke, dann ist das dahin."

(FS): „Wir haben Supervision, regelmäßig. (...) aber uns ist gerade der Sinn von Supervision abhanden gekommen. Wir wissen, glaube ich, gar nicht mehr so genau, warum wir das eigentlich machen. Wir wissen, dass es wichtig ist, aber es läuft irgendwie nicht richtig."

Vor dem geschilderten Hintergrund wurden die MitarbeiterInnen befragt, welche Belastungen und Konflikte sie in ihrem Arbeitsalltag zu bewältigen haben und welche Veränderungen und Verbesserungen sie sich in der Arbeit wünschen würden.

7.4.1 Belastungen durch die Frequentierung der Einrichtung

Durch die starke Frequentierung der Einrichtungen und den Andrang auf die Konsumraumangebote sind insbesondere die Hamburger Einrichtungen derart ausgelastet, dass die MitarbeiterInnen es zunehmend als schwierig empfinden, ihre Handlungsfähigkeit zu bewahren und einen geordneten Betriebsablauf aufrechtzuerhalten. Insgesamt verdichten sich die Anforderungen an die MitarbeiterInnen, da parallel für die Abdeckung der Angebote, die Einhaltung der Hausregeln, die Regulierung von Konflikten mit der Nachbarschaft und die Aufrechterhaltung der Arbeitsorganisation gesorgt werden muss. Arbeitsabläufe lassen sich unter diesen Bedingungen kaum mehr routiniert durchführen, so dass vor allem aus der Notwendigkeit zu gleichzeitigen, verschiedenartigen und schnellen Interaktionen eine Arbeitsbelastung entsteht.

(FS): „Wir sind völlig überlaufen. Wir müssen innerhalb kürzester Zeit unmögliche Sachen erfüllen, ganz verschiedene Sachen. Wir müssen mit jemandem im Café reden, gleichzeitig müssen wir verhindern, dass jemand dealt, gleichzeitig müssen wir verhindern, dass jemand auf den Toiletten ballert oder raucht. Dann müssen wir Beratung machen, dann gucken wir auf die Uhr, in 5 Minuten fängt meine Druckraumschicht schon wieder an. Dann kommen die Nachbarn und beschweren sich, da steht jemand im Hausflur."

Mit der Fülle an EinrichtungsnutzerInnen werden darüber hinaus auch die räumliche Enge, der Lärm und die Hektik als eine Belastung erfahren. Zudem resultieren Schwierigkeiten aus der Anforderung, mit einer Vielzahl problematischer, psychisch angespannter und teils gewalttätiger Menschen umzugehen. Insgesamt erfordern die Dynamik des Alltagsgeschehens und die Unkalkulierbarkeit weiterer Geschehnisse von den MitarbeiterInnen eine beständige Wachsamkeit und Einsatzbereitschaft, die als anstrengend, nervenaufreibend und ermüdend erlebt wird.

Mitarbeiterperspektive: Ergebnisse der einrichtungsbezogenen Interviews

(DI): „Es ist nicht belastender geworden, seitdem wir den Konsumraum haben. Der hat dabei keine Relevanz. Was hier belastet, ist die Fülle. (...) Das Belastende ist tatsächlich diese Masse an schwierigen Menschen. Die offene Drogenszene ist auch schwierig, da haben wir die Crackraucher, da haben wir Leute, die psychisch schon so am Ende sind, sich dadurch auch in die Ecke gedrängt fühlen, gewalttätig sind. (...). Für mich ist die Hektik, diese Massen, der Lärm belastend. (...) Belastend ist das schnelle Schalten und Walten im Café. Ich muss überall meine Augen haben, (...). Nach drei Seiten muss man völlig unterschiedliche Interventionen machen. Dieser kunterbunte Cafébetrieb ist eine sehr belastende Angelegenheit. Es ist auch häufig so, dass ich nach dem Dienst ziemlich müde und erschöpft bin."

(KD): „Es ist ein dynamisches Arbeitsfeld, in dem man nie vorhersehen kann, was passiert. Man sitzt vier Stunden da und ist irgendwie jederzeit bereit, das ist sehr anstrengend, und man ist am Abend irrsinnig müde."

Die von den MitarbeiterInnen geäußerten Veränderungswünsche zur Reduktion ihrer Arbeitsbelastungen richten sich vornehmlich auf Veränderungen der strukturellen und politischen Rahmenbedingungen. Welche konkreten Verbesserungsvorschläge und Wünsche für die zukünftige Arbeitspraxis genannt werden, ist dabei von der jeweilig spezifischen lokalen Situation in den Städten abhängig.

Neben einer besseren räumlichen Ausstattung besteht ein zentrales Anliegen der MitarbeiterInnen in der Innsbrucker Einrichtung darin, dass ein Konsumraumangebot in der Stadt realisiert wird.

(KD): „Ein großer Wunsch ist natürlich der Konsumraum. Davon erwarte ich mir auch sehr viel. Entlastung auch für mich, nicht nur für die BesucherInnen. Dann bessere räumliche Bedingungen würde ich mir auch wünschen."

Die MitarbeiterInnen der beiden Hamburger Einrichtungen *Drob Inn* und *Fixstern* äußern dahingegen das Bedürfnis nach mindestens zwei weiteren Konsumraumeinrichtungen in ihrem jeweiligen näheren Umfeld. Von einer Erweiterung des Konsumraumangebotes erhoffen sie sich eine Entlastung ihrer Einrichtung, so dass implizit von drogenpolitischen Entscheidungsträgern gefordert wird, das Dezentralisierungskonzept aufzugeben und den Handlungsbedarf vor Ort zu erkennen und zu berücksichtigen. Im Zusammenhang mit dem Bedürfnis nach weiteren Konsumraumeinrichtungen werden zudem konzeptionelle Vorschläge zur Differenzierung und Spezialisierung zukünftiger Konsumraumangebote unterbreitet, wobei zielgruppenspezifische Angebote für Kokain- und CrackkonsumentInnen für sinnvoll erachtet werden. Darüber hinaus werden strukturelle Veränderungen bis hin zu einer räumlichen und personellen

Kapitel 7

Verkleinerung der Einrichtung sowie eine Verringerung der Anzahl an EinrichtungsbesucherInnen zwar zur besseren Verständigung innerhalb des Teams sowie zur Abdeckung der Versorgungsangebote mit dem vorhandenen Personalbestand für wünschenswert, zugleich jedoch für unrealistisch gehalten.

> (DI): „Speziell in dieser Lage eine Entlastung. Entlastung dadurch, dass es vor Ort Handlungsbedarf gibt. Dass es hier zwei bis drei Einrichtungen geben muss. (...) Wenn nur die Hälfte der Leute kommen würde, dann wäre das alles nicht so ein Problem. (...) Ich kann auch so weit gehen, dass wir hier abspecken. Wenn wir so entlastet werden, dass wir sogar Personal abbauen „müssen", gerne. Wir sind damals mit 6 Sozialpädagogenstellen angefangen. Das war eine überschaubare Einrichtung. Mittlerweile sind wir 38 Personen mit allen Aushilfen. Dann immer wieder Diskussionen über Teamstrukturen, Hierarchien, Hahnenkämpfe."

> (FS): „Die Belastungen ließen sich ändern, wenn man diesen Dezentralisierungsbeschluss rückgängig machen würde, wenn man in der Schanze mehr kleinere Einrichtungen hätte, eine oder zwei kleine Einrichtungen, wo man sich spezialisieren könnte. Dass man vielleicht Rauchende oder die Koksszene von den anderen etwas abtrennt. (...) wenn wir es so umsetzten würden, wie es unser Konzept vorsieht, dass wir maximal 16 Leute im Café haben und noch 10 Leute sonst in der Einrichtung haben, dann ist das Personal vollkommen ausreichend. Bloß dann haben wir keine Akzeptanz im Viertel mehr, weil die Leute wirklich auf der Strasse stehen."

Da in der aktuellen politischen Debatte derzeit Auseinandersetzungen über die Eröffnung eines zweiten Konsumraumangebotes in dem Hamburger Stadtteil St. Georg geführt werden, scheint die Schaffung einer zweiten Einrichtung mit Konsumraumangebot im Umfeld des *Drob Inn* gegenwärtig näher an die Realität gerückt zu sein. Gleiches gilt jedoch nicht für die Hamburger Einrichtung *Fixstern*. Die Haushaltmittel für eine zweite Einrichtung sind zwar bereits bereitgestellt, Unklarheit herrscht allerdings noch bezüglich der Standortwahl, der Konzeption und dem Zeitpunkt der Eröffnung. Aufgrund der veränderten Konsummuster in der offenen Drogenszene besteht ein fachlicher Klärungsbedarf hinsichtlich der Frage, ob spezielle Angebote für CrackkonsumentInnen geschaffen werden sollten und wie diese zu konzipieren wären. Davon abgesehen existiert ein gravierender politischer Dissens im Hinblick auf den Willen zur Einrichtung eines weiteren Konsumraumes. Während Polizei, Fachbehörde und Stadtteilgruppen ein zweites Konsumraumangebot befürworten, wird selbiges von dem zuständigen Verwaltungsbezirk Hamburg Mitte eindeutig abgelehnt.

7.4.2 Belastungen durch die Angst vor Notfällen

Ein weiterer Belastungsfaktor besteht für die MitarbeiterInnen in der beständigen latenten Angst vor Notfällen. Der Konsumraum wird als ein Arbeitsplatz beschrieben, wo jederzeit die Gefahr einkalkuliert werden muss, dass ein Notfall eintritt, so dass die dort tätigen MitarbeiterInnen unter einer permanenten unterschwelligen Anspannung stehen. Schwierigkeiten bereiten auch Auseinandersetzungen mit KonsumentInnen über das einzuhaltende Zeitlimit im Konsumraum, die zu Aggressionen führen können.

(DI): „Die latente Angst vor Notfällen. (...) Das ist eine Belastung (...). Oder wenn man die Grenze setzt, so 20 Minuten sind um, du weißt draußen warten die Leute, pack zusammen und du musst dich wieder anmelden, wenn du jetzt einen zweiten Druck machen willst. Das gibt natürlich auch schon aggressive Situationen im Druckraum. Oder die Überdosierungen, die Notfälle, das ist auch nicht immer nur einfach."

(SA): „Und wenn wir im Konsumraum arbeiten, dann ist das ein Arbeitsplatz, wo wir latent immer mit der Möglichkeit rechnen müssen, dass ein Notfall eintritt. Das ist immer ein latentes Gefühl von Anspannung. Es ist eben doch eine andere Situation, als wenn man im Kindergarten arbeitet."

7.4.3 Konflikte durch die politischen Rahmenbedingungen

Für alle befragten MitarbeiterInnen stellt die Anforderung, einerseits Vertrauensverhältnisse zu den KonsumentInnen aufzubauen und Hilfe anzubieten, andererseits zugleich Regeln und Sanktionen durchzusetzen, einen fortwährenden Konfliktbereich dar. Aus ihrer Sicht ist ihr Arbeitsalltag von einem Spannungsverhältnis zwischen den konträren Funktionen als Helfende und Kontrollierende gekennzeichnet, so dass es als enorm schwierig empfunden wird, dieser Rollenambiguität gerecht zu werden. Kontrollaufgaben werden dabei nicht per se als Widerspruch zu dem eigenen Selbstverständnis erlebt, sondern vor allem deshalb als konfliktträchtig erfahren, weil diese in der Regel Streitigkeiten und Kontroversen zwischen MitarbeiterInnen und BesucherInnen nach sich ziehen.

(KD): „Unser Raum ist irrsinnig eng und begrenzt, dadurch entsteht eine körperliche Nähe zum Klienten bei jedem Konflikt, bei jedem Gespräch, und man ist aber trotzdem in dem Spannungsverhältnis Hilfe anzubieten und gleichzeitig Regeln einzufordern, Streit zu schlichten und zu kontrollieren. Das erweist sich als irrsinnig schwierig, diesen Spagat zu schaffen."

Kapitel 7

(DI): „Also immer dann, wenn man in so einem überfüllten Haus auch sanktionieren muss. (...) Dass wir hier so ein Regelwerk haben, hat was damit zu tun, weil, wenn wir das nicht tun würden, müssten wir den Schlüssel hier abgeben. Dann könnten die sich selbst verwalten. Aber der Nachteil ist, dass das natürlich auch wieder andere Probleme nach sich zieht. Diese ewigen Konflikte, diese ewigen Streitereien und Diskussionen, das ist wahnsinnig belastend."

Bereits an anderer Stelle dieser Untersuchung wurde erläutert, dass die Hamburger und Rotterdamer Einrichtungen mit Konsumräumen jeweils spezifischen Rahmenbedingungen der städtischen Drogenpolitik unterliegen. Zentraler Bestandteil für die Hamburger Drogenpolitik in Bezug auf den Betrieb von Konsumräumen ist das sogenannte Dezentralisierungskonzept. Gemäß dieser Politik werden Konsumräume dezentral auch in Stadtteilen angesiedelt, die nicht von Belastungen durch eine offene Drogenszene betroffen sind, was mit der Absicht begründet wird, auf diese Weise die Drogenszene entzerren und durch ein attraktives Angebot über einzelne Stadtteile gleichmäßig verteilen zu wollen.

Aus Sicht der Hamburger MitarbeiterInnen ist die Dezentralisierungspolitik jedoch als gescheitert zu erklären, da sich die Drogenszene nicht dem politischen Willen entsprechend mobilisieren lässt, sondern sich dadurch lediglich die Problematik der Einrichtungen in räumlicher Nähe zur Drogenszene verschärft. Insbesondere Einrichtungen mit einer hohen BesucherInnenfrequenz wie das *Drob Inn* und der *Fixstern* sehen sich als Opfer des Dezentralisierungsansatzes, so dass ihrer Meinung nach ein wesentlicher Teil der Belastungen durch die strukturellen politischen Rahmenbedingungen produziert wird. Durch die Auslastung der Einrichtung wird es für die MitarbeiterInnen offenbar zunehmend schwieriger, ihre Arbeit entsprechend eigenen konzeptionellen Vorstellungen zu gestalten. Zudem potenzieren sich gleichzeitig Konflikte mit der Anwohnerschaft im Umfeld der Einrichtungen. Darüber hinaus kritisieren sie, durch die rechtlichen Leitlinien zum Betrieb von Konsumräumen gezwungen zu sein, ordnungspolitische Funktionen auf das Umfeld ausdehnen zu müssen. Vor diesem Hintergrund wird das Resümee gezogen, dass die Arbeitsbedingungen in der Zeit rechtlicher Unsicherheiten beim Betrieb von Konsumräumen ungleich besser waren, da die Einrichtungen mehr eigene Entscheidungs- und Handlungsfreiräume hatten.

(FS): „Was mich persönlich belastet ist, dass wir die Leidtragenden sind für die gescheiterte Hamburger Dezentralisierungspolitik. Wir brauchen hier ein verstärktes Angebot und nicht irgendwo da, wo keine Szene ist. Das heißt, durch die Menge der Menschen, die zu uns kommen, haben wir diese Probleme hauptsächlich. Wir können uns fast nicht mehr abschotten. (...) Wir sind nicht mehr in der Lage aufgrund der gescheiterten Dezentralisierungspolitik, unser Konzept wirklich so zu fahren, wie wir uns das vorstellen. (...) Jetzt nach diesen neuen Richtlinien zum Konsumraumbetrieb haben wir noch weitere Aufgaben mit dem gleichen Personalschlüssel offensichtlich zu erfüllen. Danach haben wir jetzt auch noch im Umfeld wirklich repressive Aufgaben. Das ist nicht mehr unser Ding. Da kann ich nur sagen, in den Zeiten der Illegalität haben wir wirklich besser gearbeitet als jetzt, wo es legalisiert ist."

Im Zuge der veränderten drogenpolitischen Rahmenbedingungen kam es zwischen verschiedenen Hilfeträgern zu Konkurrenzkämpfen, weil sie um die finanzielle Absicherung und damit die Existenz der Einrichtungen fürchten, wenn sie sich nicht den politischen Richtungsvorgaben unterordnen. Neben dieser Existenzbedrohung resultieren Belastungen auch aus dem Umstand, dass nach Auffassung der MitarbeiterInnen für die Drogenhilfepraxis relevante politische Entscheidungen nicht auf Basis von sachlichen Erwägungen, sondern in Abwägung öffentlicher Interessen getroffen wurden.

(SA): „Lange Zeit waren die Belastungen, die von außen gesetzt wurden, also veränderte Rahmenbedingungen für das Drogenhilfenetzwerk, was dann soweit ging, dass dann letztendlich die Existenz eines jeden potentiell auf dem Spiel stand. Das engt natürlich auch die Reaktionsmuster ein, wenn die Behörde oder Politik versuchen, das Drogenhilfenetzwerk in gewünschter Richtung zu verändern. Wo es nach unserer Auffassung nicht mehr um Sachkompetenz und sachgemäße Veränderungen ging, sondern einfach um die Frage von Selbstdarstellung gegenüber Öffentlichkeit."

Aufgrund der Zweckbestimmung der Rotterdamer Konsumraumeinrichtrungen, neben der Gesundheitsförderung zur Entlastung der Stadtteile beizutragen, sind zwei der untersuchten Einrichtungen – *Moerkerkestraat* und *Het Buurthuis* – bei dem Betrieb ihrer Konsumräumen auf den gegenseitigen Austausch und Absprachen mit einem Komitee angewiesen, welches aus unterschiedlichen Interessengruppen besteht und weitreichende Mitsprachemöglichkeiten hat. Das Kontrollkomitee der Einrichtung *Het Buurthuis* besitzt ein Vetorecht, das im ungünstigsten Fall zur Schließung der Einrichtung eingesetzt werden kann. Die Möglichkeit, dass von dem Vetorecht Gebrauch gemacht wird, stellt aus Sicht der dort tätigen MitarbeiterInnen eine Hauptbelastung in ihrer Arbeit dar.

Kapitel 7

7.5 Akzeptanz der Einrichtungen im Stadtteil

Zum Abschluss dieser Auswertung der Interviews mit den MitarbeiterInnen werden diese in Hinblick auf Einschätzungen zur regionalen Integration von Konsumraumangeboten in das Umfeld analysiert. Im Zentrum der Analyse steht dabei die Überprüfung der für das Erkenntnisinteresse formulierten dritten Hypothese, dass Konsumräume als Interventionsform im Harm-Reduction-Bereich im Umfeld offener Drogenszenen einen relevanten Beitrag zur Reduktion öffentlicher Belastungen leisten.

Die befragten Hamburger MitarbeiterInnen stufen die Akzeptanz oder zumindest die Toleranz ihrer Einrichtung durch das Umfeld als überwiegend hoch ein. Allerdings weisen sie zugleich einschränkend darauf hin, dass die Akzeptanz zum einen von bestimmten Bedingungen abhängig und zum anderen das Meinungsbild im Stadtteil nur teilweise bekannt ist.

Nach Einschätzung eines Mitarbeiters ist eine Grundvoraussetzung für die Akzeptanz seitens des Umfeldes, dass keine besonderen Vorkommnisse auftreten und für das Umfeld keine sichtbaren Beeinträchtigungen von der Einrichtung ausgehen. Da jedoch nahezu keine offene Drogenszene im Umfeld dieser Einrichtung existiert, die Polizei bestätigt, dass keine Beschwerden über die Einrichtung vorliegen und sich zudem Befürchtungen von AnwohnerInnen relativiert haben, werden diese Faktoren als Indikator für die Integration der Einrichtung in den Stadtteil gewertet.

> (SA): „Ich glaube, dass unsere Einrichtung relativ gut akzeptiert ist. Das muss man immer etwas vorsichtig formulieren. Solange von unserer Einrichtung keine sichtbaren Beeinträchtigungen ausgehen, passiert hier auch nichts. In dem Moment, wo das passieren könnte, können wir auch ziemlich schnell Ärger bekommen. (...) Aber im Prinzip kommt es kaum vor, dass Leute aus unserer Einrichtung hier im Umfeld besonders auffallen. Es gibt keine Beschwerdelage, was uns auch die Polizei bestätigt. Es war jedes Mal so, wenn wir uns einen neuen Standort suchen mussten, dass dann die größten Befürchtungen laut wurden. Und wenn wir danach die Leute gefragt haben, dann haben die gesagt, es geht eigentlich so."

Von einem Mitarbeiter aus der Einrichtung *Drob Inn* wird wiederum festgestellt, dass es nicht nur eine hohe Akzeptanz der Einrichtung gibt, sondern seitens des Umfeldes zugleich eine Dringlichkeit, die Öffnungszeiten der Angebote und die Konsumraumkapazitäten im Stadtteil zu erweitern. Seiner Meinung nach trägt insbesondere der szenenahe und gleichermaßen anwohnerferne und somit sozialverträgliche Standort der Einrichtung zu dieser hohen Akzeptanz bei. Des Weiteren wird die Auffassung vertreten, dass die Annahmebereitschaft der Einrichtungsangebote durch die offene Drogenszene maßgeblich zur Verringerung öffentlicher Belastungen im Stadtteil geführt hat und der ordnungspolitische Nutzen von Konsumraumangeboten auch von der Anwohnerschaft und der Polizei gesehen wird. Aus diesem Grunde scheint die Polizei derzeit die wichtigste Bündnispartnerin zu sein, die Forderungen nach weiteren Konsumraumangeboten unterstützt.

> (DI): „Es gibt ja viele schweigende Menschen, von denen man eben nicht weiß, was ist eigentlich ihre Meinung. Ansonsten gibt es eine hohe Akzeptanz. Sogar auch eine Dringlichkeit. Die Dringlichkeit geht soweit, dass wir noch länger geöffnet haben sollen und noch mehr Plätze. Auch dieser Stadtteil drückt und drängt. Zum Glück mehr in Richtung auf weitere Einrichtungen, aber wenn das nicht geht, dann eben auch auf uns. Die haben ihren Eigennutz durch so eine Einrichtung, und den wollen sie auch auskosten. Ansonsten ist dieser Standort relativ sozialverträglich. Das ist ein sehr guter Standort, der szenenah ist, der vom Klientel sehr gut angenommen wird, und anwohnerfern. Von daher gibt es da eigentlich wenig Probleme. Unser Standort hat dazu beigetragen, die öffentliche Belästigung in St. Georg zu verringern. Nicht umsonst ist die Polizei zur Zeit unser stärkster Solidarpartner, wenn es darum geht, Forderungen Richtung Konsumraumkapazitäten zu stellen."

Die Akzeptanz der dritten untersuchten Hamburger Einrichtung wird im Unterschied zu den beiden anderen Einrichtungen als ambivalent bewertet. Laut Aussage einer Mitarbeiterin wird die Einrichtung einerseits zwar von den AnwohnerInnen und benachbarten Geschäftsleuten nach wie vor akzeptiert, befürwortet und unterstützt. Andererseits erweist sich die Integration der Einrichtung im Stadtteil jedoch zunehmend als schwieriger, da dort nicht ansässige BesucherInnen des Viertels die Einrichtung offenbar nicht zu akzeptieren scheinen. Hinzu kommt, dass zeitgleich mit der erneuten Entwicklung einer offenen Drogenszene und der Veränderung des Konsumverhaltens in Richtung eines stärkeren Crackkonsums eine insgesamt sinkende Toleranz gegenüber der Einrichtung beobachtet wird. Auf die bislang ungelösten Konflikte mit dem Umfeld aufgrund der Sichtbarkeit öffentlichen Drogenkonsums, Drogenhandels und obdachloser KonsumentInnen wird seitens der Politik mit der Überlegung reagiert, die Einrichtung an einen weniger problematischen Standort außerhalb des Wohngebietes zu verlagern.

> (FS): „Es gibt eine Akzeptanz des Fixstern hier im Viertel. Aber es ist zunehmend schwieriger, weil die Struktur der Leute, die das Schanzenviertel besuchen, um hier zu essen und zu trinken, sich verändert hat. Und die das nicht mehr akzeptieren. Diejenigen, die hier leben, und auch die Geschäftstreibenden

Kapitel 7

sind eher Befürworter. Es gibt viele Geschäftsleute, die das unterstützen, die auch viele von den Gästen kennen. Die auch immer gesagt haben, das ist kein Problem für uns. Aber in der letzten Zeit hat sich die Struktur unser Gäste verändert, es hat sich das Konsumverhalten geändert, und es sind auch zunehmend wieder Leute, die in den Hauseingängen drücken. Und das setzt so eine Schwelle von Toleranz herab, auch bei den Leuten, die immer noch sehr tolerant sind. Abends sieht man in jedem zweiten Hauseingang Leute schlafen und wieder öffentlich drücken. Es gibt im Moment wirklich wieder eine ganz sichtbare offene Drogenszene. (...) Und dann gibt es auch eine politische Richtung, wo gesagt wird, das ist eigentlich das Problem, der Fixstern muss hier weg, der muss ein bisschen aus der Sicht. Dann sind die Dealer auch nicht mehr in der Sichtweite, sind nicht mehr zwischen den ganzen Kindern und den Einkaufsleuten."

Nach Einschätzung der befragten Rotterdamer MitarbeiterInnen scheinen ihre Einrichtungen ebenfalls mehr oder weniger durch das Umfeld akzeptiert und toleriert zu sein. Um die Belästigung der Anwohnerschaft möglichst gering zu halten, besteht zwischen der *Pauluskerk* und AnwohnerInneninteressengruppen die Übereinkunft, dass MitarbeiterInnen der *Pauluskerk* regelmäßig die Vorder- und Rückseite der Kirche auf herumstehende KonsumentInnen überprüfen. Das geringe Einschreiten der Polizei im Umfeld der Einrichtung wird dabei als Zeichen der Akzeptanz und des Erfolges gewertet, öffentliche Belästigungen auf ein Mindestmaß reduziert zu haben.

Die Akzeptanz der Einrichtungen *Het Buurthuis* und *Moerkerkestraat* wird daran gemessen, in wieweit es ihnen gelungen ist, zum einen das Ziel der Reduktion öffentlicher Belästigungen erreicht zu haben und zum anderen von dem Kontroll- bzw. Unterstützungskomitee befürwortet zu werden. Bezogen auf die Einrichtung *Het Buurthuis* stellt der Projektleiter fest, dass Nachbarschaft und das Kontrollkomitee mittlerweile eine positive Haltung zu der Einrichtung einnehmen und die öffentliche Unterstützung zufriedenstellend ist. Im Hinblick auf die Einrichtung *Moerkerkestraat* scheinen einige AnwohnerInnen zu äußern, dass sich die Belästigung reduziert hat, während andere AnwohnerInnen keine Veränderung der Belastungssituation wahrnehmen. Im Allgemeinen sind die AnwohnerInnen jedoch zufrieden mit der ordnungspolitischen Wirkung der Einrichtung.

Für die Stadt Innsbruck wurden die MitarbeiterInnen befragt, wie sie die Akzeptanz seitens des Umfeldes im Hinblick auf die geplante Einführung eines Konsumraumangebotes einschätzen. Aufgrund ihrer Erfahrung, dass es bereits im Vorfeld der Planung zu Protesten und Ablehnung durch die

Mitarbeiterperspektive: Ergebnisse der einrichtungsbezogenen Interviews

Anwohnerschaft kam, erwarten die Befragten auch zukünftig nur eine geringe Akzeptanz seitens der Umfeldes für ein solches Angebot. Gleichwohl ein Konsumraumangebot eine Entlastung des Umfeldes darstellen könnte und sich durch Aufklärung über Sinn und Zweck eines Konsumraumes die ablehnende Haltung teilweise gewandelt hat, sind nach Auffassung der MitarbeiterInnen Konflikte mit dem Umfeld dennoch vorprogrammiert.

(KD): „Da wir uns eigentlich immer für einen Konsumraum in der Einrichtung ausgesprochen haben, kamen schon von Anfang an, bei jeder Anrainerversammlung klare Ablehnung und Proteste hinsichtlich der Einrichtung eines Konsumraumes. Deshalb würde es enorm schwer werden, die Einrichtung eines Konsumraumes innerhalb des Komfüdros zu verwirklichen, auch wenn es für viele Anrainer eine Entlastung wäre. Es sind irrationale Ängste da, auch wenn sie innerhalb der letzten Jahre aufgrund der Erfahrung und Aufklärung ihre Meinung teilweise geändert haben bzw. nicht mehr so massiv gegen uns arbeiten. Wir erwarten uns sehr viel vom Konsumraum, aber die Konflikte mit dem Umfeld sind trotzdem vorprogrammiert."

Festzuhalten bleibt, dass Konsumräume offenbar vom Umfeld akzeptiert werden, solange keine sichtbare Drogenszene und kein öffentlicher Drogenkonsum und Drogenhandel (mehr) besteht, die Einrichtungen an einem sozialverträglichen Standort angesiedelt sind und zu einer spürbaren Reduktion öffentlicher Belästigungen beitragen. Anders herum gesagt bedeutet das: Ist einer dieser Faktoren nicht mehr gegeben, entstehen Konflikte mit AnwohnerInnen, und zugleich schwinden die Toleranz und Akzeptanz gegenüber der Einrichtung. Die Integration von Einrichtungen mit Konsumräumen in das Umfeld ist folglich maßgeblich davon abhängig, ob und in welchem Ausmaß die Einrichtungsangebote eine ordnungspolitische Wirkung zeigen.

7.5.1 Konflikte mit dem Umfeld

In Einklang mit der vorangegangenen Analyse zeigt sich, dass keinerlei Konflikte mit dem Umfeld von denjenigen Einrichtungen berichtet werden, die den Erwartungen der AnwohnerInnen entsprechend zur Verringerung der Probleme mit offenen Drogenszenen beitragen. Dies scheint auf die untersuchten Hamburger Einrichtungen *Drob Inn* und *Stay Alive* sowie auf die Rotterdamer Einrichtungen *Pauluskerk* und *Moerkerkestraat* zuzutreffen.

Kapitel 7

Die MitarbeiterInnen der genannten Hamburger Einrichtungen betonen explizit, dass selbst aus Sicht der Polizei der Betrieb der Einrichtungen reibungslos verläuft und keine Konflikte mit den AnwohnerInnen existieren. Lediglich die starke Verunreinigung mit Müll in der Umgebung der Einrichtung *Drob Inn* gibt Anlass zu Beschwerden. Ansonsten lassen die AnwohnerInnen erkennen, dass sie die Verfügbarkeit von Konsumraumangeboten ob ihrer Wirkung, sichtbare Beeinträchtigungen durch Szenenansammlungen und öffentlichen Drogenkonsum im Wohnquartier deutlich reduziert zu haben, prinzipiell stark begrüßen. Nach Auffassung der MitarbeiterInnen werden Konsumräume daher in der öffentlichen Wahrnehmung zunehmend als eine Lösung zur Entlastung der Wohnviertel betrachtet.

> (SA): „Also selbst die Davidwache würde sagen, dass es mit uns hier auf St. Pauli problemlos läuft. Das war zumindest immer deren Tenor. Es gibt tatsächlich keine Konflikte."

> (DI): „Beschwerden haben wir zur Zeit wenig. Das hält sich in Grenzen. Einmal kriegen wir so einen Brief, weil die Verschmutzung sehr stark ist hier auch im Umfeld, im Park. Ich denke, das ist abstellbar, wenn sich die Behörden auch mal einigen würden, wer das nun bezahlen soll. (...) Also die ganzen Leute, die hier jetzt vor der Tür stehen, die waren davor im Hauptbahnhof oder in den Wohnbezirken, im Treppenhaus und haben da konsumiert. Alle, die da drüben wohnen und arbeiten, sind heilfroh, dass es uns hier gibt. Dass die nicht mehr das Problem haben mit der Szene vor der Tür. Deshalb trägt das erheblich zur Entlastung von Quartieren bei, und dadurch haben wir auch eine Lobby. Deswegen sind Konsumräume auch in aller Munde, (...) Hauptsache die sind weg. Wir wollen sie nicht mehr sehen."

Das Umfeld der Rotterdamer Einrichtung *Moerkerkestraat* wird seit Jahren durch Belästigungen beeinträchtigt, die hauptsächlich durch die dortigen Drogendealer verursacht werden. Vor diesem Hintergrund sieht der Projektleiter die Konsumraumeinrichtung ebenfalls als Bestandteil einer Problemlösung, da seit Bestehen der Einrichtung weniger Drogenkonsumierende in der Nachbarschaft herumstehen und weniger in Hauseingängen und an öffentlichen Plätzen konsumiert wird. Gleichwohl die Einrichtung somit zu einer Reduktion sichtbarer Belästigungen beigetragen hat, lassen sich mit der Einrichtung dennoch nicht zugleich Belästigungen verringern, die durch die Mobilität zwischen KonsumentInnen und DealerInnen entstehen. Eine effektive Reduktion der Belästigung muss aus Sicht des Projektleiters daher auch ein Handlungskonzept im Umgang mit Drogendealern beinhalten.

Mitarbeiterperspektive: Ergebnisse der einrichtungsbezogenen Interviews

Von allen untersuchten Einrichtungen weist der Hamburger *Fixstern* die derzeit größten Konflikte mit dem Umfeld auf. Diese Konflikte sind auf das Zusammentreffen verschiedener ungünstiger Faktoren zurückzuführen wie die Auslastung der Einrichtung selbst, die Ansammlung von KonsumentInnen im unmittelbaren Umfeld der Einrichtung, den öffentlichen Drogenhandel und -konsum und nicht zuletzt den Standort der Einrichtung inmitten eines Wohnviertels. Zunehmende Beschwerden durch AnwohnerInnen führen aus Sicht der MitarbeiterInnen dazu, dass sie unter enormem Handlungsdruck stehen, die Konflikte mit dem Umfeld wirkungsvoll zu regulieren. Ihrer Auffassung nach lassen sich die Konflikte jedoch mit Hilfe von öffentlicher politischer Unterstützung entschärfen, an der es allerdings gerade mangelt.

> (FS): „Aber es gibt natürlich auch zunehmend Beschwerden aus dem Haus. Kann ich auch verstehen. Leute mit Kindern, die müssen mit der Kinderkarre immer durch die Leute, die vor der Tür stehen. Würde mich auch nerven. (...) Und wenn es der Teppichhändler nebenan ist, der sich mal wieder beschwert, weil Leute vor seiner Tür stehen. (...) Wir werden als Teil des Problems in der Schanze gesehen. Nicht in irgendeiner Form wird anerkannt, dass das Betreiben des Druckraumes den öffentlichen Raum entlastet. Wir kriegen nur Druck von allen möglichen Seiten, (...) dass wir das alles nicht in Griff kriegen. (...) Wir haben genug eigene Probleme, die wir mit den Leuten und dem Umfeld lösen müssen. Und da kriegen wir keinerlei Unterstützung, weder von der Sozialbehörde noch vom Bürgermeister in irgendeiner Form. Dass zwei von den vorhandenen Druckräumen 80 % des Bedarfs abarbeiten, wird nie gesagt. Und das ist manchmal bitter, finde ich."

Diese von der Hamburger Einrichtung gewünschte öffentlich politische Unterstützung wurde von AnwohnerInnen, Geschäftsleuten und KonsumentInnen in Rotterdam erfolgreich eingefordert, als es im Sommer 1999 im Zusammenhang mit nachlassenden polizeilichen Repressionen und der Schließung einer Drogenhilfeeinrichtung zu einem Anstieg der Belästigungen im Umfeld der Einrichtung *Het Buurthuis* kam. Nach einer Protestaktion wurde die „Bürgerplattform" gegründet, welche die Bezirksverwaltung zu Fragen im Umgang mit der drogenbezogenen Belästigung berät.

Aktuelle Konflikte mit der Anwohnerschaft im Umfeld der Einrichtung *Het Buurthuis* bestehen darin, dass ein Dissens zwischen den AnwohnerInnen, die in dem Kontrollkomitee zusammengeschlossen sind, und Politikern der Bezirksverwaltung im Hinblick auf das Vetorecht des Kontrollkomitees herrscht. Nach Auffassung der Bezirksverwaltung ist es nicht gerechtfertigt, dass der Fortbestand eines Konsumraums vom dem

Urteil des Kontrollkomitees abhängt und eine kleine Anzahl an AnwohnerInnen über die Schließung einer Einrichtung entscheiden kann. Diese Haltung teilt auch der Projektleiter der Einrichtung. Seiner Meinung nach hat das Kontrollkomitee die Tendenz, sich in Verantwortlichkeiten für den Konsumraumbetrieb einzumischen, ohne ein ausreichendes Verständnis für das Verhalten der EinrichtungsbesucherInnen aufzubringen. Vor diesem Hintergrund strebt er eine größere Distanz des Kontrollkomitees zum Alltagsgeschehen an.

> (HB): „Nun, wir haben von dem Phänomen Kontrollkomitee gelernt, das hat die Tendenz, sich in die Verantwortlichkeiten des täglichen Ablaufs des Konsumraumes einzumischen. Das Unterstützungskomitee der Moerkerkestraat ist etwas distanzierter. Wir wollen diese Distanz, weil es sehr kompliziert ist, einem Klempner oder einem Gemüsehändler, die gewöhnlich nur die ärgerlichen Seiten der Drogenkonsumenten mitbekommen, das Verhalten der Klienten zu erklären."

Fazit: Wenn Konflikte mit dem Umfeld bestehen, wie das insbesondere bei der Hamburger Einrichtung *Fixstern* der Fall ist, dann resultieren diese in der Regel aus einem Anstieg sichtbarer Belastungen durch offene Drogenszenen und den damit verbundenen Problemen wie Drogenhandel und öffentlichem Drogenkonsum. Aus Sicht eines Rotterdamer Mitarbeiters lässt sich durch Konsumraumangebote jedoch generell nur ein Teil der sichtbaren Belastungen reduzieren, da Belästigungen durch den Drogenhandel unter den gegeben Bedingungen weiterhin bestehen bleiben. Davon abgesehen wird es von der Rotterdamer Einrichtung *Het Buurthuis* als Konflikt empfunden, dass das Kontrollkomitee aus AnwohnerInnen nicht nur über ein Vetorecht verfügt, sondern zudem in die Alltagsbelange beim Betrieb der Konsumräume eingreift.

7.5.2 Maßnahmen zur Konfliktregulierung im Stadtteil

Konflikte mit dem Umfeld resultieren nicht allein aus einer geringen Wirksamkeit von Konsumraumangeboten zur Entlastung der Stadtteile, sondern sind ebenso auf Verlagerungen der Drogenszene infolge polizeilicher Vertreibungen, auf veränderte Konsummuster (z. B. zunehmenden Crackkonsum) oder einen Mangel an bedarfsorientierten weiteren Drogenhilfeangeboten zurückzuführen, die nicht dem Einflussbereich der untersuchten Einrichtungen unterliegen. Dessen ungeachtet wird von Einrichtungen mit Konsumraumangeboten jedoch erwartet, adäquat auf

Mitarbeiterperspektive: Ergebnisse der einrichtungsbezogenen Interviews

Veränderungen in der Drogenszene zu reagieren. Insofern stellt sich unabhängig davon, ob Konflikte mit dem Umfeld vorliegen oder nicht, an Einrichtungen prinzipiell die Anforderung, sich mit Entwicklungen im Stadtteil auseinanderzusetzen und gegebenenfalls Aktivitäten zur Konfliktentschärfung einzuleiten.

Im Vergleich zu den Hamburger sind die Rotterdamer Einrichtungen insgesamt bereits durch strukturelle Vorgaben stärker in Auseinandersetzungs- und Aushandlungsprozesse mit dem Umfeld eingebunden. Alle Einrichtungen haben mündliche oder vertragliche Abkommen mit Interessengruppen aus AnwohnerInnen geschlossen, in denen ordnungspolitisch motivierte Maßnahmen zur Vermeidung von Konflikten vereinbart wurden.

Wie bereits zuvor erwähnt, wird entsprechend den Vereinbarungen der Platz rund um die *Pauluskerk* regelmäßig kontrolliert, so dass MitarbeiterInnen mehrmals täglich herumstehende KonsumentInnen zum Verlassen des Platzes drängen. Mitunter führt dieses Engagement jedoch zu paradoxen Verwechslungssituationen.

> (PK): „Einmal war ich draußen und sagte den Jungs, sie sollten nicht länger rumhängen. Dann kamen zwei Polizisten und einer hat mich angeschissen und mir gesagt, ich solle abhauen. Ich sagte, dass ich hier arbeite, Sie können sehen, dass ich die Leute bloß wegschickte. Das geht dich nichts an, sagte er, geh einfach rein."

Aufgrund langjähriger Belastungen durch öffentlichen Drogenkonsum und Drogenhandel hat sich im Umfeld der Rotterdamer Einrichtung *Het Buurthuis* eine Kooperation zwischen Bezirksverwaltung, Polizei, Drogenhilfe und AnwohnerInnen etabliert, um gemeinsam Lösungsstrategien im Umgang mit der Belästigung zu erarbeiten. Eine der Maßnahmen zur Konfliktregulierung wird darin gesehen, dass sich das Unterstützungskomitee der Einrichtung auf seine beratende Funktion beschränkt, dabei jedoch der Einrichtung konkrete Rückmeldungen über wahrgenommene Belästigungen und Schwierigkeiten gibt.

> (MK): „Wir möchten, dass das Unterstützungskomitee lediglich eine Beraterrolle spielt. Was sind die Dinge, die euch Ärger machen, in welcher Straße ist es immer noch schwierig, kennt ihr jemanden, dem es nicht so gut geht, wer ist obdachlos, schickt ihn zu uns. Jeder kann gemeinsam mit uns denken und handeln, aber wir haben immer die Finger mit drin, wenn es um Entscheidungen geht."

Kapitel 7

Auch im Umfeld der Hamburger Entrichtung *Fixstern* existieren verschiedene Interessengruppen aus AnwohnerInnen, Geschäftsleuten und Stadtteilorganisationen, die sich zusammengeschlossen haben, um Lösungsstrategien für die Drogenproblematik zu entwickeln. Anders als bei der Rotterdamer Einrichtung *Het Buurthuis* nehmen die MitarbeiterInnen zwar an Stadtteilgremien teil, pflegen aber keine so enge Kooperationsbeziehung zu den Interessengruppen. Die Interviewaussagen vermitteln vielmehr den Eindruck, dass eine pragmatische Konfliktlösung unter Einbeziehung des Umfeldes mit enormen Schwierigkeiten verbunden ist, da die Einrichtung selbst durch das Umfeld zunehmend als Problem wahrgenommen wird. Als Maßnahme zur Konfliktregulierung wird primär eine Schließung der Einrichtung in Erwägung gezogen, wobei jedoch zugleich darauf hingewiesen wird, dass sich durch diese Maßnahme die Problematik im Stadtteil noch zusätzlich verschärfen würde. Insgesamt scheint bei allen Beteiligten Unklarheit vorzuliegen, wie sich die bestehenden Konflikte entdramatisieren lassen könnten.

> (FS): „Es gibt in der Schanze ja Gremien. (...) Und die machen sich Gedanken darüber, wo sind denn die Probleme in diesem Viertel. Und die kommen immer nur auf die Drogenabhängigen und dass der Fixstern das Problem ist. (...) Die Geschäftsleute sind organisiert, und die waren eigentlich immer wohlwollend. (...) Wenn wir durchgehend schließen, werden wieder mehr Leute im Park hinter der Flora sein, es wird zunehmend kontrolliert. Hinter der Flora war immer ein Ausweichplatz, wurde von der Polizei auch in Ruhe gelassen, und die Floristen haben es geduldet. Aber jetzt wird da zunehmend kontrolliert, da stehen zum Teil den ganzen Tag Polizisten. Jetzt wird weiter vertrieben, (...). Dann kommen auch wieder Anwohnerinitiativen mit ihren Problemen."

Ein anderer Hamburger Mitarbeiter befindet, dass Konflikte durch eine lokale Dezentralisierung von Konsumraumeinrichtungen verringert werden können. Vorraussetzung dafür seien drogenpolitische und pragmatische Maßnahmen in der Form, Konsumraumangebote dort zu realisieren, wo offene Drogenszenen sind, den Bedarfen entsprechende Kapazitäten zu schaffen und vor allem einen geeigneten Standort für die Einrichtung zu wählen. Generell wird der Standpunkt vertreten, dass eine Verbesserung der Versorgungssituation für DrogenkonsumentInnen auch zugleich dem Umfeld zugute kommt.

> (DI): „Mit Einrichtungen kann man lokal sicherlich dezentralisieren, wenn man geeignete Standorte findet. (...) Es ist einfach schon etwas töricht, an solche Dezentralisierungskonzepte wirklich zu glauben. Würden sie funktionieren, wäre ich Befürworter, denn was dieses Quartier aushalten muss und auch was

wir hier als Einrichtung aushalten müssen, ist eigentlich nicht tragbar. Nur wir wissen, dass es nicht funktioniert. (...) Man muss es immer wieder so deutlich sagen: Was den Konsumenten nutzt, das nutzt auch meistens dem Umfeld. (...) Da muss man halt einen pragmatischen Umgang finden."

Bei der dritten untersuchten Hamburger Einrichtung bestehen Maßnahmen zur Konfliktregulierung darin, frühzeitig bei auftauchenden Problemen mit dem Umfeld einzugreifen und Konflikte durch die Vermittlung unterschiedlicher Standpunkte zu entschärfen. Vor dem Hintergrund, dass DrogenkonsumentInnen ebenso ein Daseinsrecht in dem Stadtteil haben wie AnwohnerInnen sich zu Recht über Belästigungen beschweren, bemühen sich MitarbeiterInnen, eine Balance zwischen unterschiedlichen Interessen herzustellen. Um beiderseitige Normalisierungsprozesse im Umgang miteinander zu unterstützen, wird eine gegenseitige Rücksichtnahme für erforderlich gehalten, die auch entsprechende Verhaltensweisen bei den DrogenkonsumentInnen einschließt.

(SA): „Wir versuchen frühzeitig einzugreifen, gegenseitige Standpunkte zu vermitteln, den Standpunkt anderer zu hören, die keine Drogen nehmen und sich belästigt fühlen. Das gelingt natürlich immer nur in Maßen. Wir können uns nicht alle an einen Tisch setzen, und dann gibt es die Lösung und alle sind zufrieden. Das muss man eher als dauerhaften Prozess angehen, immer mal wieder eingreifen und Konflikte entschärfen. (...) Es wird ja immer von der akzeptierenden Drogenarbeit gesagt, dass die sich nur um ihr Klientel kümmert und keine Rücksicht auf ihr Umfeld nimmt. (...) Das war aber nie so unser Arbeitsansatz. Wir haben immer gesagt, es gibt hier Drogenkonsumenten in diesem Stadtteil, die haben unserer Meinung nach auch ein Recht, hier zu sein. Aber es geht auch immer darum, zwischen verschiedenen Interessen möglichst Ausgleich zu schaffen. D.h., dass wir uns auch bemühen, auf unsere Leute frühzeitig einzuwirken und zu sagen, hier es gibt auch noch andere Leute und die sind durch manche Verhaltensweisen möglicherweise genervt, möglicherweise auch zu Recht."

Als Handlungsstrategie zur Minderung potenzieller Konflikte mit dem Umfeld haben sich die MitarbeiterInnen der Innsbrucker Einrichtung im Vorfeld der Einführung eines Konsumraumangebotes bemüht, den AnwohnerInnen Konzeption und Ziele eines solchen Angebotes auf einer Versammlung näher zu bringen. Aus ihrer Sicht ist eine sachliche Aufklärung im Rahmen diskursiver Auseinandersetzungen mit der Anwohnerschaft ein geeignetes Mittel, Befürchtungen und Proteste seitens des Umfeldes auszuräumen. Allerdings werden sachliche Auseinandersetzungen durch die emotional und moralisch geführte Diskussion über Konsumräume erschwert.

Kapitel 7

(KD): „Wir haben im Vorfeld jetzt einmal eine AnrainerInnenversammlung einberufen, wo wir über die Idee eines Konsumraumes innerhalb der Einrichtung berichtet haben. Bis jetzt haben sich die Proteste noch in Grenzen gehalten, aber es fehlt halt auch noch der letzte politische Wille vom Land Tirol, das wird sicher in den nächsten Monaten diskutiert werden. (...) Der Kontakt mit den AnrainerInnen hinsichtlich eines Konsumraumes, ich habe das Gefühl, dass das so ein emotionales und moralisch besetztes Thema ist, dass teilweise ganz verzerrte und falsche Eindrücke entstehen. Man hat da fast keine Chance aufzuklären und zu sagen, was wirklich Sache ist, es ist schwer neutral und realistisch über das ganze Thema zu reden."

Kapitel 8

Umfeldperspektive:
Ergebnisse aus den umfeldbezogenen Interviews

Zum Abschluss der Auswertung wird eine Analyse der Wirksamkeit von Konsumraumangeboten aus Perspektive des Umfeldes vorgenommen. Im Mittelpunkt stehen dabei Einschätzungen des Umfeldes zur Situation vor der Einrichtung von Konsumräumen und zur eigenen Betroffenheit durch die Drogenszene. Des Weiteren konzentriert sich die Auswertung auf die Frage, ob die Einrichtung von Konsumraumangeboten befürwortet oder abgelehnt wurde, ob Konsumräume zu einer Verbesserung der Situation beigetragen haben, und welche neuen Probleme mit diesem Angebot für das Umfeld entstanden sind. Außerdem wird die Einbindung von Konsumräumen in den Stadtteil einer näheren Betrachtung unterzogen.

Die nachfolgenden Analyseergebnisse basieren für die beiden Städte Hamburg und Innsbruck auf den Interviews, die zwischen Juni und Dezember 2000 mit Personen aus dem Umfeld durchgeführt wurden. In Innsbruck nahmen eine Anwohnerin, ein Geschäftsmann, eine Mitarbeiterin der AIDS-Hilfe Tirol sowie ein Polizeibeamter an den Interviews teil. Die Aussagen des Polizeibeamten beruhen auf Gesprächsnotizen, da eine Tonaufzeichnung des Interviews nicht gestattet wurde. Inhaltlich richteten sich die Umfeldgespräche in Innsbruck auf Einschätzungen zu dem Bedarf nach einem Konsumraumangebot.

In Hamburg wurden Interviews mit zwei AnwohnerInnen, einem Mitarbeiter einer benachbarten sozialen Einrichtung, zwei Polizeibeamten, einem Gewerbetreibenden sowie einem Kommunalpolitiker durchgeführt. Die Befragung des Umfeldes bezog sich auf das Schanzenviertel, dem Stadtteil, in dem sich die Einrichtung *Fixstern* befindet und in dem derzeit große Konflikte mit dem Umfeld bestehen.

Für die Stadt Rotterdam wird die Perspektive des Umfeldes anhand der Evaluation der beiden Konsumraumeinrichtungen *Het Buurthuis* und *De Buren* dargestellt. Im Rahmen der Evaluation von *Het Buurthuis* sind insgesamt nahezu 400 AnwohnerInnen und Gewerbetreibende in Interviews zu ihren Erfahrungen mit der Konsumraumeinrichtung befragt worden. In Bezug auf die Einrichtung *De Buren* wurden Repräsentanten

Kapitel 8

des Boumanhuis Addiction Care Centre, Polizeibeamte, MitarbeiterInnen des Municipal Health Service sowie einer sozialen Einrichtung für Prostituierte und Inhaber benachbarter Firmen zu ihrer Wahrnehmung von Belästigungen interviewt. Darüber hinaus liegen nähere Informationen zum Umfeld der Einrichtungen *Het Buurthuis* und *Moerkerkestraat* vor, da beide Einrichtungen in die Prozessevaluation des Programms „Safe & Clean in Rotterdam" einbezogen sind. Das Ziel des 1999 gestarteten Programms ist die Reduktion von Belästigungen durch Interventionen in den lokalen Drogenmarkt (vgl. hierzu FACTSHEET 1997).
Da in den einzelnen Städten verschiedene Umfeldpersonen in unterschiedlicher Anzahl befragt wurden, ist darauf hinzuweisen, dass die Analyse keinen Anspruch auf Repräsentativität erhebt, sondern exemplarischen Charakter hat. Bei der Untersuchung des Umfeldes ging es nicht darum, eine möglichst große Anzahl an Umfeldpersonen zu befragen, um generalisierbare Aussagen treffen zu können. Vielmehr wurde der Fokus darauf gelegt, Umfeldpersonen in unterschiedlichen Funktionen und mit verschiedenartiger Betroffenheit von der Drogenproblematik in die Untersuchung einzubeziehen, die einen Einblick in unterschiedliche Wahrnehmungen, Erfahrungen und Betrachtungsweisen eröffnen. Insbesondere die Äußerungen der in Innsbruck und Hamburg befragten AnwohnerInnen sind dabei als subjektive Wahrnehmungsperspektiven zu verstehen.
Bei den in Hamburg interviewten Gewerbetreibenden, Kommunalpolitiker und Polizeibeamten ist es möglich, über die subjektive Sicht hinaus allgemeinere Erkenntnisse zu gewinnen, da es sich bei diesen Personen um Repräsentanten spezifischer Organisationen und Institutionen handelt. So ist etwa der Gewerbetreibende Gründungsmitglied des Vereins „Standpunkt Schanze e. V.", der sich auf Initiative von AnwohnerInnen und Gewerbetreibenden gezielt zur Auseinandersetzung auch mit der Drogenproblematik im Quartier gegründet hat. Bei dem befragten Kommunalpolitiker handelt es sich um ein Mitglied des sogenannten Neunergremiums, das Anfang 1999 auf Initiative des Verwaltungsbezirks Mitte zu dem Zweck entstand, Lösungen für Probleme im Schanzenviertel zu erarbeiten. Die befragten Polizeibeamten gehören wiederum der Polizeiwache an, die für das Schanzenviertel zuständig ist.

8.1 EINSCHÄTZUNG DES DROGENPROBLEMS VOR EINRICHTUNG DER KONSUMRÄUME

Um eine Einschätzung der Drogenproblematik vor Eröffnung der Konsumräume zu erhalten, wurden die befragten Personen aus dem Umfeld aufgefordert, die Situation vor Einrichtung der Konsumraumangebote aus ihrer Sicht zu beschreiben und ihre persönliche Betroffenheit von Problemen, die mit offenen Drogenszenen verbunden sind, zu schildern. Hierbei ist zu bemerken, dass nicht alle Befragten die Situation vor der Eröffnung der Konsumräume miterlebt haben. Bei denjenigen, die sich dazu geäußert haben, fällt jedoch auf, dass Belästigungen wie etwa durch drogenbedingte Kriminalität, Betteln oder Verelendungserscheinungen von DrogenkonsumentInnen in ihrer Wahrnehmung offenbar keine relevante Rolle spielen. Aus Perspektive des Umfeldes war die vorherige Situation vielmehr durch negative Begleiterscheinungen aufgrund von Polizeieinsätzen, öffentlichem Drogenkonsum, herumliegenden Spritzen und fehlenden Hilfeangeboten gekennzeichnet.

8.1.1 Situation des Umfeldes vor Eröffnung der Konsumraumangebote

Laut Aussagen der in Hamburg befragten Umfeldpersonen existierte im Schanzenviertel vor Eröffnung der Einrichtung *Fixstern* eine offene Drogenszene, die wegen ihres geringen Umfangs allerdings als nicht störend beurteilt wurde. Aus Sicht des Kommunalpolitikers war die Situation für das Umfeld somit durchaus erträglich. Seiner Meinung nach hat sich die Drogenproblematik erst mit der Einrichtung des *Fixstern* verschärft. Eine Ursache dafür wird in den polizeilichen Maßnahmen zur Entzerrung der Drogenszene in der Umgebung des Hauptbahnhofes gesehen, die einerseits als notwendig definiert wird, andererseits aber zu einer Verlagerung der offenen Drogenszene in das Schanzenviertel geführt hat.

> (PO, HH): „Es gab immer im gewissen Umfang eine Drogenszene. Aber die fiel im Grunde genommen nicht auf, weil sie relativ klein war. Es waren Leute, die dort auch gewohnt haben. Es war in dem Umfang auch nicht weiter störend. Das war so Anfang bis Mitte der 90er Jahre. Der Fixstern ist '94 oder '95 eingerichtet worden. Das ging zu anfangs auch noch, hat sich aber dann nach einem halben bis dreiviertel Jahr ziemlich verschärft. Dafür gibt es verschiedene Ursachen. Eine Ursache ist mit Sicherheit, dass man in St. Georg die Szene entzerren wollte und dann polizeilich am Hauptbahnhof mehr durchgegriffen hat. Was meines Erachtens auch notwendig war. (...) Aber das Problem, wohin mit den Leuten, ist ja letztendlich bis heute ungelöst. Aber die polizeilichen Aktio-

nen haben dazu beigetragen, dass mehr Leute in das Schanzenviertel gekommen sind."

Von dem befragten Geschäftsmann wird bestätigt, dass die polizeiliche Verdrängung der Drogenszene aus einem Stadtteil lediglich deren Verlagerung in einen anderen Stadtteil und damit eine anwachsende Belastung für das Umfeld zur Konsequenz hat. Seiner Wahrnehmung nach traf die Konfrontation mit einer merkbar angewachsenen offenen Drogenszene das Umfeld unvorbereitet und bedeutete für die dort wohnenden Menschen eine Überforderung. Zugleich hat sich die damalige Situation offenbar nicht in eine dramatische Richtung entwickelt, was insbesondere auf die vergleichsweise hohe Toleranz der AnwohnerInnen des Schanzenviertels zurückgeführt wird.

> (GM, HH): „Es gab also in diesem Stadtteil eine gewisse Überraschung über die Verlagerung dieser Szene eben in diesen Stadtteil. Das ist in der Zeit gewesen, in der die Politik sich entschieden hatte, bestimmte Teile der Drogenkombination aus einem anderen Stadtteil herauszudrängen. Das hat eindeutig eine Überforderung bedeutet für die Menschen. Wir haben ja im Hamburger Durchschnitt ein überdurchschnittlich tolerantes Publikum, (...) es ist schlicht so, dass die Schanze (...) eine hohe Toleranzschwelle hat. Von daher ist es keine dramatische Situation geworden, aber es ist schon bemerkbar gewesen in dieser Zeit."

Im Unterschied dazu beurteilt ein Mitarbeiter einer benachbarten sozialen Einrichtung die Situation vor Eröffnung des *Fixsterns* eindeutig als Belastung für alle durch die Drogenproblematik Betroffenen. Zum einen mangelte es für die KonsumentInnen selbst an einer Hilfeeinrichtung im Quartier, zum anderen bestanden für die AnwohnerInnen sichtbare Beeinträchtigungen durch öffentlichen Drogenkonsum etwa auf Kinderspielplätzen und durch herumliegende Spritzen. Aus seiner Sicht wurden bis zur Einrichtung des Konsumraumes keinerlei Aktivitäten zur Verbesserung der Situation sowohl für die KonsumentInnen als auch für die AnwohnerInnen unternommen.

> (SE, HH): „Das Drogenproblem wurde so eingeschätzt, dass für die Drogenabhängigen, die es im Schanzenviertel gibt, keine Einrichtung da war. Für die Anwohner sah es so aus, dass in den Hausfluren, auf Kinderspielplätzen konsumiert wurde und da Spritzen rumlagen. Für die Anwohner wurde nichts getan, und für die KonsumentInnen wurde nichts getan."

Vor Eröffnung der untersuchten Rotterdamer Einrichtungen wurden vom Umfeld insbesondere Belästigungen berichtet, die sich auf die Ansammlung von DrogenkonsumentInnen und Drogendealer in Hauseingängen und auf der Straße sowie öffentlichen Drogenkonsum bezogen. Darüber hinaus haben sich Angestellte und ArbeiterInnen, die in benachbarten Firmen beschäftigt waren, über Bedrohungen durch KonsumentInnen beschwert. Abgesehen davon war die erlebte Belästigung jedoch mehr oder weniger auch von Polizeieinsätzen abhängig, denn wann immer die Polizei eingegriffen hatte, reduzierte sich die vom Umfeld wahrgenommene Belastung.

8.1.2 Persönliche Betroffenheit durch öffentlichen Drogenkonsum und herumliegende Spritzen

Mangels Konsumraumangebot wurden die in Innsbruck befragten Umfeldpersonen gebeten, die aktuelle Drogensituation zu beschreiben. Aus den Aussagen einer Anwohnerin in Nähe der Einrichtung *Komfüdro* geht ihre persönliche Betroffenheit durch den Drogenkonsum und herumliegende Spritzen in Hausnischen hervor, da sie durch ihre Tätigkeit als Hausmeisterin für die Beseitigung der KonsumentInnen und ihrer Spritzenutensilien zuständig ist. Insbesondere die Gefahren für andere Hausbewohner durch das Liegenlassen benutzter Injektionsnadeln sowie der Drogenhandel in den Kellerräumen werden dabei als Hauptproblem beurteilt. Die Schilderungen der Anwohnerin, zur Bewältigung dieser Probleme bauliche Sicherungsmaßnahmen ergriffen zu haben und sich außerhalb polizeilicher Eingriffe um eine Verständigung mit den KonsumentInnen zu bemühen, machen deutlich, dass eine Reduktion dieser Problematik bislang ihrer Eigeninitiative überlassen bleibt.

(AW, Ibk.): „Ja, dadurch, dass ich Hausmeisterin bin, bin ich persönlich betroffen, weil ich die Spritzen immer beseitigen musste, das war natürlich ein Problem. (...) Da das Stiegenhaus viele Nebengänge hat, verziehen sich die Drogenkonsumenten in diese Ecken. Wir mussten im Lift ein Schloss einbauen, dass sie nicht mehr in den Keller runter konnten, weil es dort ganz schlimm war. Die Spritzen wurden einfach überall liegen gelassen, teilweise so viele, dass ich drei Kehrschaufeln voll zusammenbrachte. Da sind Kinder und Tiere im Haus, es kann so nicht gehen. (...) Ich versuche das immer mit ihnen selbst zu besprechen, da ich prinzipiell nie die Polizei rufe, da diese sehr grob mit ihnen umgehen. (...) Ich versuche immer mit ihnen zu reden und bin noch immer gut ausgekommen mit ihnen. Das Problem mit dem Müll ist halt schon schlimm, weil sobald sie sich die Spritze gegeben haben, ist es ihnen egal, wo sie liegen bleiben (...). Hauptsächlich geht's mir natürlich um die Nadeln. Gedealt wurde früher ganz massiv im Keller, die habe ich immer rigoros hinausgeschmissen. Die will ich auch nicht im Haus sehen."

Kapitel 8

8.1.3 Persönliche Betroffenheit durch Geschäftsschädigung

Ein Argument, dass vor allem von Gewerbetreibenden immer wieder in Auseinandersetzungen über die Einrichtung von Hilfeangeboten für DrogenkonsumentInnen angeführt wird, ist das der geschäftsschädigenden Wirkung solcher Angebote. Auch im Rahmen dieser Untersuchung äußert ein in Innsbruck befragter Geschäftsmann, durch die räumliche Nähe seines Geschäftes zu der Einrichtung *Komfüdro* nachteilig durch herumstehende KonsumentInnen, Tabletten und herumliegende Spritzen im Einkaufsbereich betroffen zu sein. Überdies führen seiner Meinung nach auch die weithin sichtbaren Drogendealer zu einer Beeinträchtigung seines Kundenverkehrs.

> (GM, Ibk): „Ja, ich bin insofern betroffen, da es Punkt a) sicher nicht geschäftsfördernd ist und Punkt b) durch gewisse Komfüdrobenützer, die sich in unserem Bereich oder vor den Auslagen aufhalten. Trotz mehrmaliger Aufforderungen von Seiten des Komfüdroteams, es aber ab und zu halt doch passiert, bzw. öfters passiert, falls vom Team niemand nachschauen kommt. Auch Tabletten und Spritzen direkt im Einkaufsbereich wirken sich natürlich nicht gerade geschäftsfördernd aus. Also begeistert bin ich darüber nicht. (...) Dealer sind da, kilometerweise, die suchen sich Nischen und fangen an zu dealen, und das kriegen ja Kunden mit. Wenn sie also ein Geschäft hätten, dann würden Sie mich verstehen."

8.2 EINSTELLUNGEN DES UMFELDES ZUR EINRICHTUNG VON KONSUMRÄUMEN

Eine genaue Analyse dessen, welche Einstellungen und Erwartungen bezüglich Konsumräumen im Umfeld vorliegen, ist vor allem für die zukünftige Implemetierung solcher Angebote von hohem Nutzen. Zum einem ermöglicht die Auseinandersetzung mit den Positionen des Umfeldes eine bessere Einschätzung vorhandener Befürchtungen und Erwartungen sowie des öffentlichen Widerstands oder der öffentlichen Unterstützung. Zum anderen können Zielvorstellungen des Umfeldes in der Einrichtungskonzeption Berücksichtigung finden, um die Akzeptanz und Integration von Konsumräumen im Umfeld zu erhöhen.

Werden die Haltungen des Umfeldes zur Einrichtung von Konsumräumen einer Gesamtbetrachtung unterzogen, dann zeigt sich, dass die Befürwortung oder Ablehnung von Konsumraumangeboten sowie die erwarteten Wirkungen dieser Angebot von den Funktionen der Befragten, ihrer persönlichen Betroffenheit und dem Grad der Informiertheit beeinflusst sind. Somit sind deutliche Differenzen in den Einstellungen gegenüber Konsumraumangeboten zwischen AnwohnerInnen und MitarbeiterInnen sozialer Einrichtungen einerseits und Polizeibeamten, Politiker und teils Gewerbetreibenden andererseits erkennbar.

In allen drei europäischen Städten haben AnwohnerInnen und MitarbeiterInnen benachbarter sozialer Einrichtungen die Einführung bzw. Umsetzung von Konsumraumangeboten begrüßt. Mit Ausnahme von Innsbruck befürworteten auch Gewerbetreibende die Realisierung von Konsumräumen. Die positive Haltung gegenüber Konsumraumangeboten wird im Wesentlichen damit begründet, durch Konsumräume die gesundheitliche Versorgung zu verbessern und eine Alternative zum riskanten öffentlichen Drogenkonsum zu bieten.

Aus Sicht der AnwohnerInnen in Hamburg und Innsbruck steht gemessen an der Anzahl an DrogenkonsumentInnen und der unwürdigen und riskanten Konsumsituation in der Öffentlichkeit die Notwendigkeit einer Alternative zum öffentlichen Drogenkonsum außer Frage. Konsumräume werden vor allem unter dem gesundheitlichen Aspekt gesehen, einen stressfreien, hygienischen und fachlich begleiteten Drogenkonsum zu ermöglichen. Für die in Innsbruck befragte Anwohnerin waren zudem Informationen über die Schweizer Konsumraumeinrichtungen ausschlaggebend, Konsumräume als Maßnahme einer konsequenten Gesundheitsförderung zu befürworten und auch vehement von Politikern einzufordern. Ihrer Ansicht nach muss der Drogenkonsum als eine Realität akzeptiert werden, da sich die Drogenproblematik ansonsten lediglich in das Umfeld verlagern würde. Zudem wird die Einrichtung mehrerer Konsumraumangebote in Innsbruck für erforderlich gehalten.

(AW, HH): „Ich finde es sehr gut, dass es das Angebot gibt, weil es einfach hier wahnsinnig viele Leute gibt, die Drogen nehmen. Für mich steht es außer Frage, das es eine gute Sache ist, wenn man den Leuten zumindest etwas Sicherheit gibt. Dass eine Art von Basisbedürfnis – Ruhe und unter geregelten Verhältnissen – befriedigt wird. Dass zumindest der Drogenkonsum selbst in relativer Ruhe stattfinden kann."

(AW, Ibk): „Natürlich mit einem Gesundheitsraum, seit ich das von einem Schweizer Projekt gehört habe. Es ist absolut widersinnig, wenn ich an irgendeinem Ort Spritzen austeile, und sie dann mit diesen Spritzen dann wieder auf die Straße schicke. Überall dort wo es Spritzen gibt, auch bei Automaten, gehört ein Konsumraum her. (...) Ich seh's ja, sie machen es teilweise im Stehen, teilweise im Sitzen, es ist eine unmögliche Stresssituation, von Sterilisation und

Hygiene gar nicht zu reden. Und die Unwürdigkeit der ganzen Situation auch noch. (...) Und es ist eine gehörige Anzahl da, und die Politiker müssen sich endlich im Klaren sein darüber, dass etwas mit ihnen passieren muss. (...) Wenn sie nicht akzeptiert werden, wird das Problem nur verlagert."

In Rotterdam zeigt bereits die Tatsache, dass zwei der vier untersuchten Konsumraumeinrichtungen auf Initiative der AnwohnerInnen und Gewerbetreibenden eröffnet wurden, eine deutliche Zustimmung des Umfeldes und eine große öffentliche Unterstützung für die Schaffung eines Konsumraumangebotes. In Bezug auf die Einrichtung *Moerkerkestraat* haben sich AnwohnerInnen mit DrogenhilfemitarbeiterInnen und dem Junkie Bond zusammengeschlossen, um die Einrichtung durchzusetzen. Ähnlich verlief auch die Umsetzung der Einrichtung *Het Buurthuis*, wobei die öffentliche Unterstützung durch das Umfeld zusätzlich noch durch vertragliche Übereinkünfte und die Teilnahme verschiedener Interessengruppen in dem Kontrollkomitee verfestigt wurde. Den Ergebnissen der Evaluation zufolge sind die Mitglieder des Kontrollkomitees vor allem aufgrund der getroffenen Übereinkünfte im Allgemeinen zufrieden mit dem Ablauf der Einrichtung (vgl. INTRAVAL 1998a).

Eine deutliche Ablehnung von Konsumraumangeboten äußert der in Innsbruck befragte Geschäftsmann, da er eine Verschärfung der Belastungen befürchtet und einem Konsumangebot eine geschäftsschädigende Wirkung unterstellt. Darüber hinaus wird die Befürchtung geäußert, dass Konsumräume zwangsläufig zu einer drogenpolitischen Weiterentwicklung hin zu einer Heroinabgabe führen.

> (GM, Ibk): „Ich würde es absolut ablehnen, total. Weil wir dann eine Potenzierung der jetzigen Zustände hätten, es würde sich die Frequentierung noch einmal erhöhen. Ich glaube, dass ein Konsumraum unweigerlich damit verbunden ist mit legaler Heroinabgabe, und das will ich nicht. Und das Argument, dass dann keine Spritzen mehr herumliegen würden, ist unrealistisch."

Vor dem Hintergrund des Engagements in dem Verein Standpunkt Schanze e. V. – einer Interessenorganisation aus AnwohnerInnen und Gewerbetreibenden – bestätigt auch der in Hamburg befragte Gewerbetreibende, dass Geschäftsleute und AnwohnerInnen der Einrichtung von Konsumräumen teilweise mit ausgeprägter Ablehnung begegnen. Seiner Meinung nach besteht jedoch ein Zusammenhang zwischen einer ablehnenden Haltung und einem geringen Informationsstand über Funktion und Betriebsablauf von Konsumräumen. Bei einer genaueren Beobachtung würde vielmehr erkennbar sein, dass durch den geordneten und reibungslosen Betriebsablauf keine sichtbaren Beeinträchtigungen für das Umfeld entstehen.

(GM, HH): „Es gibt eine ablehnende Haltung, bei den Gewerbetreibenden auch. Und bei den Anwohnern. (...) Überall da ist die Ablehnung am höchsten, wo der Informationsstand am niedrigsten ist. Wer vor dem Fixstern steht und das einen Tag lang beobachtet, (...) würde sehen, dass dort keine Leute mit Nadeln im Arm auf der Straße in ihrer eigenen Pisse liegen und jammern, sondern dass es eine relativ geordnete Zu- und Abwicklung gibt in dem Bereich, dass da auch nicht 30 Junkies rumstehen."

Von den in Innsbruck und Hamburg befragten Polizeibeamten sowie von dem Hamburger Kommunalpolitiker werden Konsumräume einerseits zwar als gesundheitsfördernde Maßnahme befürwortet, andererseits lösen diese Angebote aber auch Skepsis und Unbehagen aus. Diese ambivalente Haltung ist zum einen darauf zurückzuführen, dass der Umgang mit Gesetzesverstößen innerhalb von Konsumräumen und die fortbestehende Beschaffungskriminalität problematisiert werden. Zum anderen führt die Tatsache, aufgrund der Konsumrealität überhaupt Konsumräume zu benötigen, zu einer persönlichen Ambivalenz.

(PB, Ibk): „Wenn die gesetzlichen Rahmenbedingungen geschaffen wären und so ein Konsumraum da wäre, wäre dieser Raum für uns amtshandlungsneutrales Territorium, das ist ganz klar. Wir könnten unsere Hände in Unschuld baden und dürften diesen Raum nicht betreten. Aber es ist für mich undenkbar, wie so ein Gesundheitsraum entstehen sollte. (...) Ich persönlich hätte dann dagegen nichts einzuwenden, der Stress würde wegfallen, mehr Hygiene, (...) aber es ist einfach praktisch nicht umzusetzen, da es immer wieder zu Regelverstößen kommt, so sehe ich es auch beim Konsumraum. (...) Aber das eigentliche Problem wird hier außer Acht gelassen und durch den Konsumraum auch sicher nicht gelöst, nämlich die Drogenbeschaffung und die dazugehörende Kriminalität. Im Gegenteil, es wird so zusätzlich noch ein Drogenumschlagplatz geschaffen."

(PB, HH): „Traurig, aber notwendig. Notwendig, weil es die einzige Chance ist, unter hygienischen Bedingungen zu konsumieren. Alles, was sich auf der Straße und in den Unterständen abspielt, ist derart unhygienisch und katastrophal, da kann ich überhaupt nicht mit leben. Im Prinzip positiv, aber traurig, dass es sie überhaupt gibt. Mir wäre schon lieber, wir hätten dieses Problem nicht."

Bezogen auf die Hamburger Einrichtung wird außerdem der Standort inmitten eines Wohngebietes als Begründung angeführt, dass der Konsumraum zwar ein Teil der Drogenprobleme, nicht aber die Belastungen für das Umfeld reduziert.

> (PO, HH): „Aber es war eine politische Entscheidung, den Fixstern dort hinzulegen. Es war ja das Problem, dass man Räume brauchte, das musste politisch durchgesetzt werden und es hängt auch mit den Bezirksgrenzen zusammen. In Altona war die Meinung, dass man das unterstützen sollte, in Mitte war man da sehr viel kritischer, hat das also nicht so freudig übernommen. Man war skeptischer und gleichzeitig war von Anfang an absehbar, dass es eine Belastung sein würde für das Umfeld. Das es Probleme löst, aber auch neue Probleme schafft. Wenn da kein Raum frei gewesen wäre, wäre dieser erste Fixerraum vielleicht nach Ottensen gekommen, vielleicht nach Altona Altstadt. Das war in gewisser Weise auch zufällig, dass der hierher gekommen ist."

Befürchtungen gegenüber den Auswirkungen von Konsumräumen werden mit einer Ausnahme von keiner der befragten Personen aus dem Umfeld genannt. Lediglich einer der Innsbrucker Polizeibeamten äußert, eine Ausweitung und Differenzierung der Konsumraumangebote wie z. B. für KokainkonsumentInnen zu befürchten.

> (PB, Ibk): „Sobald es für Heroinkonsumenten „legal" wird, sich das Heroin zu spritzen, dann werden auch die Kokser kommen und ihren Raum fordern."

Im Gegensatz dazu betonen die meisten der befragten Personen aus dem Umfeld, keinerlei Befürchtungen hinsichtlich negativer Auswirkungen von Konsumraumangeboten zu haben. Ganz im Gegenteil, denn so appelliert eine in Innsbruck befragte Mitarbeiterin aus einer sozialen Einrichtung vielmehr, den lange geplanten Konsumraum endlich zu realisieren. Durch die Involvierung in die Auseinandersetzungen über das Konsumraumangebot werden Befürchtungen zudem als nicht mehr nachvollziehbar beurteilt.

> (SE, Ibk): „Überhaupt nicht, ich wäre froh, wenn es ihn endlich geben würde. Ich finde es eine politische Verantwortungslosigkeit, dass es bis jetzt noch nicht realisiert wurde und der politische Wille ganz und gar fehlt, dieses Projekt umzusetzen. Ich kann nur sagen, es soll endlich in Betrieb gehen! Befürchtungen habe ich sicher keine, das ist für mich nicht nachvollziehbar, ich bin dafür schon zu lange in die Diskussion involviert."

Seitens des Umfeldes wird an Konsumräume ein breites Spektrum an Erwartungen gestellt, die Konzeption, Planung, Versorgungswirkung und unterschiedliche Entlastungseffekte umfassen. So erwartet eine in Innsbruck befragte Anwohnerin vor allem eine flächendeckende Versorgung mit mehreren Konsumräumen. Ihrer Einschätzung nach kann ein einzelnes Konsumraumangebot keine Bedarfsabdeckung leisten, so dass sich

Umfeldperspektive: Ergebnisse der umfeldbezogenen Interviews

nur mit einer ausreichenden Anzahl an Konsumräumen ein handhabbarer Betriebsablauf und stressfreie Konsumbedingungen realisieren lassen.

> (AW, Ibk): „Es müsste nur in jedem Fall mehrere Konsumräume geben, es könnte nicht sein, dass alle Drogenkonsumenten hier herkommen, und ihr die Anlaufstelle für alle seid. Da seid ihr überfordert und auch für die Betroffenen selbst wieder ein Stress. Auf jeden Fall mehrere Räume verteilt über die ganze Stadt."

Von der Hamburger Einrichtung *Fixstern* wird wiederum primär erwartet, adäquate Überlebenshilfen zur Verfügung zu stellen, ein Leben mit Drogen zu ermöglichen und bei Bedarf in ausstiegsorientierte Hilfen zu vermitteln. Neben diesen Zielvorstellungen auf der Hilfeebene werden von einem Mitarbeiter einer benachbarten sozialen Einrichtung auch die konzeptionellen Erwartungen gestellt, den Arbeitsansatz an den Prämissen des Akzeptanzparadigmas auszurichten und somit die Erreichbarkeit der DrogenkonsumentInnen zu gewährleisten. Der befragte Geschäftsmann verspricht sich von Konsumräumen zugleich eine positive Veränderung der Belastungen für die AnwohnerInnen. Insbesondere wird dabei eine Verringerung negativer Auswirkungen durch Beschaffungsaktivitäten erhofft.

> (SE, HH): „Ich erwarte von denen, dass sie parteiisch für den Klienten sind. Als Konsumraumbetreiber sollte ich den Akzeptanzgedanken auf jeden Fall auf meiner Fahne führen, um die Leute erst mal zu erreichen. Wenn ich sie so akzeptiere, wie sie sind und ihnen bestimmte Hilfeleistungen – das ist ja wirklich Überlebenshilfe – anbiete, dann kann ich sie erreichen und sie vielleicht an höherschwellige Einrichtungen anbinden."

> (GM, HH): „Dass den Menschen, die drogenabhängig sind, und es ja zum großen Teil nicht freiwillig sind, sondern in eine Situation geraten sind, die sie selber nicht mehr kontrollieren können, auf einer qualifizierten Ebene geholfen wird, ihre Sucht zunächst einmal leben zu können und eventuell in eine Ausstiegsbahn geleitet werden, wenn es denn geht. Parallel dazu, das ist sozusagen der komplexe Bereich, wo ich als Bewohner betroffen bin, unter Umständen die negativen Konsequenzen für die Anwesenheit von Drogenabhängigkeit zu verringern. Das heißt in erster Linie das Beschaffungswesen oder vielmehr Beschaffungsunwesen."

Seitens des Hamburger Polizeibeamten wird von Konsumräumen im Wesentlichen erwartet, zur Entlastung des Quartiers durch die Reduktion öffentlichen Drogenkonsums und die Konzentration der KonsumentInnen auf weniger Straßenbereiche beizutragen.

Kapitel 8

(PB, HH): „Als entlastend für das Viertel würde ich in jedem Fall sagen, denn wenn es eine offene Szene hier im Viertel gibt und es keine Einrichtung gibt, dann würden sie auf der Straße konsumieren. Dann wäre es alles zerstreuter und vielleicht noch ein paar mehr Straßenzüge einbezogen."

In den vorangegangenen Auswertungen wurde bereits mehrfach darauf hingewiesen, dass die Rotterdamer Konsumräume vorrangig zur Verringerung öffentlicher Belästigungen eingerichtet worden sind. Im Rahmen der Evaluation der Einrichtung *Het Buurthuis* wurden AnwohnerInnen und Gewerbetreibende gefragt, in wieweit sich ihre Erwartungen an die Reduktion der Belästigungen seit Eröffnung der Einrichtung erfüllt haben. Ein Fünftel der Gewerbetreibenden beurteilte die Einrichtung als eine wirkungsvolle Maßnahme, da sich die Kriminalität und die Belastung seitdem verringert habe. Die Hälfte der Gewerbetreibenden hielt die Eröffnung der Einrichtung jedoch für eine schlechte Maßnahme, da sie einen Anstieg drogenbedingter Belastungen und eine Verschlechterung der Situation in der Nachbarschaft bewirkt habe.

8.3 EINSCHÄTZUNG DER WIRKUNG VON KONSUMRÄUMEN

Unter dem Aspekt der Wirkungen wird untersucht, ob Konsumräume den Erwartungen des Umfeldes entsprechend zu einer Verbesserung der Drogensituation beigetragen haben, welche neuen Probleme seitdem entstanden sind und in welcher Weise auf die bestehenden Probleme reagiert wird.
Anhand der Situationswahrnehmung und Reaktionsformen lassen sich Erkenntnisse zur Akzeptanz von Konsumräumen in der Wohnbevölkerung, Polizei und Politik gewinnen. Des Weiteren wird erkennbar, in wieweit Konsumräume aus Perspektive des Umfeldes eine Reduktion der Belästigungen bewirken.

8.3.1 Einschätzung der aktuellen Drogensituation

Einschätzungen zur aktuellen Drogensituation sind in allen drei europäischen Städten davon geprägt, eine Veränderung der Drogenszene insbesondere durch die Veränderung von Konsumgewohnheiten wahrzunehmen. Übereinstimmend äußern unterschiedliche Befragte aus dem Umfeld, dass der Konsum von Kokain und Crack eine zunehmende und für das Umfeld spürbare Rolle spielt.

Umfeldperspektive: Ergebnisse der umfeldbezogenen Interviews

Wie die Aussagen einer Anwohnerin und eines Gewerbetreibenden aus Hamburg verdeutlichen, fallen CrackkonsumentInnen durch negative Begleiterscheinungen des Crackkonsums wie Hektik, Aggressivität und Unruhe im öffentlichen Straßenbild stärker auf. Dem Eindruck der Anwohnerin nach war die Sichtbarkeit von CrackkonsumentInnen im Umfeld der Einrichtung *Fixstern* jedoch auf eine kurze Zeitphase beschränkt, so dass die gegenwärtige Drogenszene insgesamt als angenehm und nicht bedrohlich beurteilt wird. Aus Sicht des Gewerbetreibenden ist es eine verzerrte Wahrnehmung, einen Anstieg des Konsums von Kokainprodukten lediglich in offenen Drogenszenen zu verorten. Seiner Auffassung nach muss vielmehr ebenfalls der zunehmende Kokainkonsum im etablierten Milieu neuer Medien thematisiert werden.

> (AW, HH): „Also es gab eine Zeit, da kannte man die ja alle. Da gibt es aber auch Leute, die kommen, ich weiß nicht woher. Die kommen aus anderen Städten Deutschlands, und das finde ich dann schon erstaunlich, dass die Drogenszene dann noch mal erweitert wird. Ich habe aber das Gefühl, es wird nicht mehr, es hält sich die Waage. Es gab mal eine kurze Zeit, das fand ich, da waren auch ganz aggressive Leute. Die haben dann Crack geraucht oder so was. Das hat man schon gesehen und dementsprechend waren die dann auch drauf. Das war viel nerviger und anstrengender. Aber die sind nicht mehr da oder ich habe sie schon lange nicht mehr gesehen. Es ist schon eine angenehme Szene, die schon sehr harmlos sind."

> (GM, HH): „Wir haben auf jeden Fall – ich weiß das nur aus dritter Hand – zunehmend den Einsatz von Crack in dem Bereich. Das ist sichtbar durch die Äußerlichkeit der Drogenabhängigen, die in einer bestimmten Phase des Drogenkonsums sind unter Crack. Auch bin die Beschaffung ist sehr viel hektischer und nicht so ruhig und gelassen. (...) Es ist aggressiver geworden, die Grundstimmung ist gereizter. (...) Wir haben noch überhaupt nicht gesprochen über den Drogenkonsum, der mit der Ansiedlung neuer Medien hier zu tun hat – das muss man auch mal laut sagen. Wir haben in den hier angesiedelten Agenturen, ohne dass ich meine Kollegen denunzieren will, ich habe das Problem ja auch selber in meiner eigenen Agentur, den Gebrauch von Drogen. Kokain. Im unteren Bereich der für meine Begriffe eigentlich legalen, aber nach dem Betäubungsmittelgesetz illegalen verbotenen Substanzen."

Eine deutliche Zunahme des Kokain- und Crackkonsums in der Hamburger Drogenszene bestätigen auch ein Mitarbeiter einer benachbarten sozialen Einrichtung sowie ein Polizeibeamter. Aufgrund ihrer beruflichen Rollen konzentriert sich die Wahrnehmung der aktuellen Drogensituation vor allem darauf, welche neuen Anforderungen sich durch die veränderten Konsumgewohnheiten an das professionelle Handeln stellen. Rivalitäten

Kapitel 8

um Absatzmärkte, das Zusammenfallen von Konsum und Handel in einer Person sowie die Differenzen zwischen Crack- und HeroinkonsumentInnen erfordern nicht nur die Ausbildung von Schutzstrategien, sondern stellen auch das Versorgungssystem vor große Schwierigkeiten. Laut Einschätzung des Polizeibeamten sind Crackkonsumierende durch eine mangelnde Ansprechbarkeit, eine hektische Mobilität, Erschöpfung und starke Verelendung zu charakterisieren.

> (SE, HH): „Es sind immer mehr Leute, die Kokain oder Crack konsumieren. Das hat sich sehr geändert. Die Szene ist für mich viel aggressiver geworden. Ich muss schon wissen, wann ich mich aus der Szene zurückziehen muss. Das kriegt man ja mit, wenn rivalisierende Gruppen da sind und mal wieder gucken, wie sie bestimmte Leute wieder rauskriegen. Da gibt es Verteilungskämpfe, wenn sie ihr Crack verkaufen wollen."

> (PB, HH): „Kokain ist die Droge der Straße, nicht mehr Heroin. Handel und Konsum fallen fast zusammen, räumlich und zeitlich. Wirft für die Drogenhilfe auch große Probleme auf, denn Heroinkonsumenten und Crackkonsumenten zusammen, das geht nicht. Die Ansprechbarkeit ist nicht gegeben und die sausen drei Tage wie die Irren durchs Revier, auf der Suche nach ‚Steinen'. Die Verelendung ist drastischer, die sind ausgemergelt und kaputt."

Im Hinblick auf die Innsbrucker Drogenszene vertreten die Polizeibeamten die Auffassung, dass ein erheblicher Anstieg des Konsums von Kokain und synthetischen Drogen zu verzeichnen ist, wobei insbesondere die synthetischen Drogen vermehrt von jüngeren KonsumentInnen eingenommen werden.

> (PB, Ibk): „Wir sind der Meinung, dass generell, aber das ist ja nichts Neues, der Konsum von Drogen besonders von Kokain und synthetischen Drogen enorm zunimmt. Auch das Alter der Konsumenten nimmt ab, gerade bei synthetischen Drogen haben wir es vermehrt mit Jugendlichen zu tun."

Für die Rotterdamer Drogenszene rund um die Einrichtung *Moerkerkestraat* stellen SozialarbeiterInnen fest, dass das große Angebot an Crack für KonsumentInnen ein Hauptgrund darstellt, die benachbarte Drogenszene aufzusuchen. Der Drogenhandel auf der Straße verursacht aus Sicht von AnwohnerInnen nicht nur Belästigungen, sondern erregt auch Aufruhr. Die Drogenszene wird als hart und gewalttätig erlebt, denn im Sommer 1999 wurden fast wöchentlich Auseinandersetzungen, Streitigkeiten und Gewalttätigkeiten innerhalb der Drogenszene beobachtet.

Auch in der unmittelbaren Umgebung der *Pauluskerk* sind nach wie vor zu jeder beliebigen Tageszeit DrogenkonsumentInnen sichtbar. Gleichwohl der Kirchvorplatz für den Kauf und Verkauf von Tranquilizern und Methadon bekannt ist, scheint es seitens des Umfeldes wenig Widerstand gegen die Einrichtung und ihre Konsumräume zu geben. Der Platz steht unter regelmäßiger polizeilicher Beobachtung, wobei die Polizei auf ihre Verantwortlichkeit für den öffentlichen Raum um die Kirche insistiert.

8.3.2 Verbesserungen seit Bestehen von Konsumräumen

Die Hamburger Einrichtung *Fixstern* fungiert offenbar als Alternative zu einem öffentlichen Drogenkonsum, denn aus Sicht des befragten Anwohners und Kommunalpolitikers ist der beobachtete deutliche Rückgang des Drogenkonsums in Hauseingängen auf die Wirkung des dortigen Konsumraumangebotes zurückzuführen. Vom Bewohner des Schanzenviertels wird vor allem die geringere Konfrontation mit dem Anblick öffentlich injizierender KonsumentInnen als Positiveffekt herausgestellt. Generell scheinen somit zumindest sichtbare Beeinträchtigungen durch die Drogenszene erheblich abgenommen zu haben.

> (AW, HH): „Wenn es den Effekt hat, dass die Leute nicht im Hauseingang sitzen und sich Drogen schießen, finde ich das für mich natürlich auch gut. Es hat für mich den Nebeneffekt, dass ich damit nicht so stark konfrontiert werde. Ich bin so gesehen natürlich froh, wenn mir das nicht so vor Augen kommt. So schön sieht es ja nicht aus."

> (PO, HH): „Das was positiv ist, ist zum Beispiel, dass auch nicht mehr in der Öffentlichkeit gespritzt wird, oder weniger. (...) Das Positive ist, das gilt aber für ganz Hamburg, dass dieses Fixen in Hauseingängen deutlich abgenommen hat. Das gibt es immer noch in gewissem Umfang, aber das ist deutlich weniger und das ist ein Positivum des Fixstern."

Für einen Mitarbeiter einer sozialen Einrichtung besteht eine Verbesserung der Situation vor allem darin, dass Konsumraumangebote aufgrund der qualifizierten Hilfe bei Notfällen wesentlich zur Vermeidung von tödlichen Überdosierungen beitragen und dadurch die Mortalität von DrogenkonsumentInnen senken.

> (SE, HH): „Wenn wir den Fixstern, oder den akzeptierenden Ansatz überhaupt, nicht hätten, gehen die Zahlen der Drogentoten nach oben. (...) Ich weiß nicht, wie oft der Notarztwagen im Fixstern kommt – Hundertmal im Jahr? Und diesen Hundert Leuten wird da geholfen. Wenn das draußen passiert, wenn sie alleine irgendwo fixen und nicht gefunden werden, hätten wir wieder 30, 40 Drogentote mehr."

Der in Hamburg befragte Gewerbetreibende betont, die Einrichtung mit ihrem Konsumraumangebot für unverzichtbar zu halten, da anderenfalls eine deutliche Verschlechterung der Situation für alle Beteiligten eintreten würde. Ausgehend von dieser Position wird implizit die gegenwärtige Diskussion um die Strandortfrage der Einrichtung kritisiert, welche sich seiner Meinung nach nicht sachlich an der Problematik orientiert, sondern stadtplanerischen und politischen Interessen untergeordnet ist. Aus seiner Sicht sollte die Entscheidung für einen geeigneten Standort einzig von der Frage geleitet sein, wie die Qualität und Effektivität der Einrichtung verbessert werden kann.

> (GM, HH): „Ohne den Fixstern wäre alles noch viel schlimmer, um es mal platt zu sagen. Das ist die mindeste Position, die man hier haben kann. Unverzichtbar. (...) Es ist scheißegal, wo dieser Fixstern ist. Es ist keine Standortpolitik, die sich an irgendwelchen planerischen, politischen oder sonstigen Sachen festmachen muss, sondern nur an dem Problem. Deshalb möchte ich sagen: Wenn der Fixstern mehr und bessere Arbeit leisten kann in einer Seitenstraße, dann soll er seine bessere Arbeit in der Seitenstraße machen. Wenn er seine bessere Arbeit in der Hauptstraße machen kann, dann soll er sie in der Hauptstraße machen."

Bezogen auf die Rotterdamer Einrichtungen *Moerkerkestraat* und *Het Buurthuis* berichtet das Umfeld, dass sich seit der Inbetriebnahme der Konsumräume sichtbare Belästigungen durch öffentlichen Drogenkonsum und Ansammlungen von KonsumentInnen an öffentlichen Orten reduziert haben. Von den AnwohnerInnen der Einrichtung *Het Buurthuis* wird überdies die Verbesserung des Gesundheitszustandes und der Lebenssituation von DrogenkonsumentInnen als eine positive Veränderung der Situation wahrgenommen.

In der Evaluationsstudie von INTRAVAL (1998a) wurde die Wohnbevölkerung gefragt, inwieweit sich ihre Erwartungen an eine Reduktion von Belästigungen seit Eröffnung von *Het Buurthuis* erfüllt haben. Den Ergebnissen zufolge haben sich Belästigungen durch Prostitution, durch die Besetzung öffentlicher Plätze durch KonsumentInnen und Dealer sowie die Verschmutzung öffentlicher Plätze in einem stärkeren Maße verringert, als von den AnwohnerInnen erwartet wurde. Zugleich gaben die Befragten jedoch an, dass die Belästigung durch Dealeradressen wider Erwarten höher war. Diese genanten Wahrnehmungen wurden auch von den befragten Gewerbetreibenden geteilt. Darüber hinaus bestätigten die Gewerbetreibenden einen deutlichen Rückgang von Ladendiebstählen, denn: Vor Eröffnung der Einrichtung berichteten die befragten Ladenbesitzer, 115 mal ausgeraubt worden zu sein, nach der Eröffnung von *Het Buurthuis* waren es lediglich noch 47 mal. Von dem Umfeld der Einrichtung *De Buren* wird geäußert, dass sich die Situation im Hinblick auf den öffentlichen Drogenkonsum in Türeingängen, Autos und auf den Straßen gebessert hat. Die Prostituierten, die nach wie vor in der Öffentlichkeit konsumieren, scheinen entweder keinen Zugangspass oder ein zeitlich limitiertes Hausverbot für die Einrichtung zu haben. Obgleich die Polizei wenig Beschwerden über herumliegende Spritzbestecke oder andere Konsummaterialien erhält, beklagen sich Geschäftsleute nach wie vor über die Verschmutzung der Straßen.

8.3.3 Neue Probleme seit Bestehen von Konsumräumen

Die Schilderung neuer Probleme seit Bestehen der Konsumräume betrifft hauptsächlich die Hamburger Einrichtung *Fixstern*. Konflikte zwischen der Einrichtung und dem Umfeld haben nicht nur die befragten Umfeldpersonen geäußert, sondern wurden zuvor bereits von den befragten EinrichtungsmitarbeiterInnen thematisiert. Aufgrund des gegenwärtigen Konfliktpotenzials weisen die Auseinandersetzungen zwischen verschiedenen Interessengruppen nicht nur eine hohe Aktualität, sondern auch Brisanz auf. Je nach Standpunkt und Problembetrachtung werden unterschiedliche Argumentationen zu den Ursachen des Problems angeführt und unterschiedliche Positionen zu dem Ausmaß der Probleme vertreten.

Nach Auffassung des befragten Kommunalpolitikers überwiegen im Zusammenhang mit der Einrichtung *Fixstern* mittlerweile die Belastungen, gleichwohl alle anderen in Hamburg verfügbaren Konsumräume eine Entlastung bieten. Die wahrgenommenen Negativwirkungen auf das Umfeld werden zum einen damit begründet, dass die Einrichtung eine Anziehungskraft auf DrogenkonsumentInnen ausübt, so dass sich das Schanzenviertel zu einem Haupttreffpunkt der offenen Hamburger Drogenszene entwickelt habe und ein erneuter Anstieg des öffentlichen Drogenkonsums zu beobachten sei. Zum anderen wird der vermehrte Wegzug von Familien als ein deutlicher Indikator bewertet, der das Maß an Belästigungen des Umfeldes durch die Verschärfung der Drogenproblematik anzeigt. Die Verschlechterung der Lebensqualität für die AnwohnerInnen sowie der mit dem Wegzug verbundene unerwünschte Wandel in der Bevölkerungsstruktur des Schanzenviertels stellen aus Sicht des Politikers ein enormes Problem dar, dass ursächlich auch auf den Standort der Einrichtung zurückgeführt wird.

Kapitel 8

(PO, HH): „Wenn ich das auf Hamburg beziehe, dann ist das sicherlich eine Entlastung, dass es diese Räume gibt. Wenn ich das auf das Schanzenviertel beziehe, dann überwiegt inzwischen doch die Belastung. Weil noch im dem Umfeld gespritzt wird. Gemessen an dem, was die Einrichtung aufnimmt, ist es wenig. Gemessen an dem, was früher hier war, ist es aber auch nicht so viel weniger geworden. Es war mal weniger, ist aber wieder angestiegen, dadurch, dass mehr Leute hierher kommen. Das ist mit Sicherheit auch ein bisschen eine subjektive Wahrnehmung. Aber dennoch ist das Schanzenviertel ein Schwerpunkt der Hamburger Drogenszene geworden und das war vorher nicht so. Das ist ein Riesenproblem. Familien ziehen weg. Wir haben enorme Probleme, die Schulhöfe nachmittags für die Kinder zu öffnen. Das geht hier gar nicht, weil man dann wieder Personal abstellen muss, das die Schulhöfe sichert. Das ist wiederum ein finanzielles Problem. Der Wegzug von Familien führt zu einer Verschiebung, die sehr unerfreulich ist. (...) Das ist extrem unbefriedigend und das hängt sicherlich auch damit zusammen, dass man damals wenig Erfahrung hatte, was passiert denn mit diesem Konsumräumen. Deswegen hat man das mitten im Wohngebiet zugelassen."

Von den Polizeibeamten wird ebenfalls geäußert, dass die derzeitige Situation höchst angespannt sei und die Drogenproblematik im Brennpunkt öffentlicher Debatten stehe. Ihrer Einschätzung nach resultieren Konflikte aus dem Zusammentreffen von KonsumentInnen, Kindern und AnwohnerInnen auf engem Raum sowie aus der verstärkten Sichtbarkeit von obdachlosen KonsumentInnen, die in Hauseingängen übernachten und konsumieren. Die regelmäßigen und teilweise zunehmenden Beschwerden von AnwoherInnen werden als Ausdruck der starken Belastung gesehen, zumal erfahrungsgemäß bei der Bevölkerung eine hohe Hemmschwelle vorliegt, bis sie die Polizei zum Einschreiten auffordert. Nicht zuletzt wird auch die Kritik an dem vermeintlich geringen Interesse der Polizei, auf die Beschwerden zu reagieren, als ein Indiz für die belastende und bislang ungelöste Drogenproblematik gewertet.

(PB, HH): „Aus unserer Sicht ist die Lage recht angespannt. (...) Beschwerden haben wir regelmäßig (...). Das bildet dann ein Gefüge aus Konsumenten, Kinderspielplatz, Anwohner, dass dann viele Anwohner auch regelmäßig hier anrufen und sagen, nun tut doch endlich was. Bei den Beschwerden ist es eben sehr deutlich mit der Belastung. Wir haben seit einiger Zeit die Situation, dass viele Konsumenten auch die Hauseingänge und Treppenhäuser aufsuchen, dort übernachten und vielleicht auch konsumieren. Da hatten wir zeitweilig einen Anstieg an Beschwerden und irgendwann sind die Leute dann so weit zu sagen, irgendwie bringt's es so nicht so richtig. Die brauchen eine gewisse Hemmschwelle, die sie erst mal überwinden. Da muss sich also einiges ansammeln, bevor sie dann sagen, so jetzt lass ich das mal alles los bei der Polizei. Bei einigen Leuten gibt es auch schon so Unmutsäußerungen, dass gesagt wird, ob wir anrufen oder nicht, das interessiert die Polizei ja sowieso nicht. Das Drogenproblem ist in der letzten Zeit schon so ein Dauerbrenner. Diejenigen, die sich beschweren, sind immer unterschiedliche Leute und vom Alter her querbeet. Es gibt auch Daueranrufer."

Neben den genannten Konflikten ist im Zusammenhang mit dem Konsumraumangebot als ein weiteres neues Problem hinzugekommen, dass im Schanzenviertel vier Bretterverschläge existieren, die quasi als inoffizieller geschützter Konsumraum fungieren und von denen einer auf Initiative des Kulturzentrums „Rote Flora" und drei weitere in Eigenregie von KonsumentInnen errichtet wurden. Entstehung und Bedeutung dieser illegalen Konsumorte werden von den befragten Personen aus dem Umfeld unterschiedlich beurteilt. Während für den Kommunalpolitiker das Hauptproblem mit den Unterständen darin besteht, dass die Einrichtung *Fixstern* sozusagen als Modell gedient hat und in notdürftiger Form nachgeahmt wurde, befindet sich die Polizei in dem Konflikt, gegen die illegalen Unterstände einschreiten zu müssen, dadurch die Problematik jedoch zugleich zu verschärfen. Platzverweise und verstärkte polizeiliche Aktionen gegen die Unterstände führen dazu, KonsumentInnen vor die Einrichtung zu drängen, gleichwohl der Polizei bewusst ist, dass die Aufnahmekapazitäten der Einrichtung erschöpft sind. Deutlich wird, dass sich mit den bisherigen Reaktionen der KonsumentInnen und polizeilichen Gegenreaktionen das Problem lediglich in die Umgebung der Einrichtung verlagert.

(PO, HH): „Wir haben ja jetzt diese vier Unterstände auch verstärkt im Schanzenviertel, die illegal sind, wenn man so will, wo die Leute sich treffen. Das hat sicherlich auch damit zu tun, dass die Leute dieses Modell Fixstern kopieren auf eigene Faust. Sprich, einen Raum schafft, an dem man das macht. Diese Unterstände sind ein bisschen wetterfest gemacht worden, ganz primitive Holzhütten mit Plastik. Es ist ein Treffpunkt und da wird eben auch gespritzt und zum Teil auch gedealt. Das gab es vorher auch nicht."

(PB, HH): „Die Polizei hat natürlich auch etwas damit zu tun durch verstärkte Einsätze bei der Flora wegen dem Unterstand. Durch Platzverweise dort drängen wir die Süchtigen natürlich auch vor die Einrichtung. Das empfinden die natürlich als Schutzraum. Eigentlich auch ganz sinnvoll, denn die sollen die Einrichtung ja auch nutzen. Nur die Einrichtung kommt jetzt kapazitätsmäßig nicht mehr dagegen an. (...) Wir haben aber dieses Problem mit den Fixstern ausgetauscht und da geht es dann auch ganz offen zur Sache."

Aus Sicht eines Mitarbeiters einer benachbarten sozialen Einrichtung bedingen begrenzte Einrichtungskapazitäten und Wartelisten für die Konsumraumnutzung zwangsläufig ein Ausweichen der KonsumentInnen in das Wohngebiet. Anders als der Kommunalpolitiker und die Polizeibeamten ist er jedoch der Auffassung, dass gerade die illegal geschaffenen Alternativen zum offiziellen Konsumraumangebot nicht zu einer Problemkumulation, sondern zur erträglicheren Gestaltung der Situation für das Umfeld beitragen.

> (SE, HH): „So wie der Fixstern im Augenblick ist, kann er einen Teil der Konsumenten in Konsumräume bringen. Die Kapazitäten sind sehr begrenzt. Im Augenblick ist es so, dass KonsumentInnen, die entzügig sind, nicht die Zeit haben, eine Dreiviertelstunde auf einen freien Platz im Gesundheitsraum, im Konsumraum, zu warten. Dann wandern sie wieder ins Viertel zurück. Die Situation ist trotzdem für das Viertel noch einigermaßen erträglich, da die Floristen ein bisschen mitspielen und sagen: Okay, hinter unserer Einrichtung kann konsumiert werden, mit Augen zu. Da wird dann illegal konsumiert. Ganz einfach, weil der Fixstern das nicht mehr leisten kann."

Eine weitere Problematik, die aus Perspektive des Kommunalpolitikers mit Konsumraumangeboten einhergeht, ist das schwindende Unrechtsbewusstsein bei DrogenkonsumentInnen, Dealern und sympathisierenden Gruppen. Seiner Meinung nach hat die rechtliche Absicherung des tolerierten Drogenkonsums in Konsumräumen dazu geführt, dass die Einsicht für das weiterhin bestehende Verbot des Drogenhandels spürbar nachlässt, Dealaktivitäten offensiver in der Öffentlichkeit stattfinden und schließlich Eingriffe der Polizei als ungerechtfertigte Behinderung empfunden werden.

> (PO, HH): „Anderes Problem ist, (...) wenn man das aus Szenesicht betrachtet, dann ist das ja ein Ort, wo staatlicherseits geduldet gespritzt werden darf, und dann ist das natürlich nicht mehr so ganz nachvollziehbar, warum dann das Dealen nicht gestattet sein soll. Man geht damit auch offensiver um. Das Unrechtsbewusstsein schwindet natürlich auch, sowohl bei den Drogenabhängigen als auch bei den Dealern. Und dann passiert das eben, dass man auch auf offener Strasse dealt und sich angegriffen fühlt, wenn die Polizei eingreift. Das nicht mehr als was Illegales sieht, sondern als eine Störung. Und da hat natürlich auch die Flora zu beigetragen, das ist ja Haus an Haus und die haben ja auch Aktionen gemacht, also zum Teil Polizisten an der Aufnahme von Daten gehindert."

Abschließend ist zu bemerken, dass weder die befragten AnwohnerInnen noch der befragte Gewerbetreibende geäußert haben, dass seit Bestehen der Einrichtung *Fixstern* neue Probleme für das Umfeld aufgetreten sind. Für den Gewerbetreibenden ist die Klage anderer Gewerbetreibender über die geschäftsschädigende Auswirkung der Drogenprobleme lediglich eine vorgeschobene Argumentation für die Unwirtschaftlichkeit und fehlende Marktpräsenz ihrer Unternehmen. Seiner Meinung nach bedeutet jede Entscheidung, mit Drogenkonsumierenden in einem Viertel zu leben, zwangsläufig eine Belastung, die jedoch nicht ungedingt negativ und auszumerzen sein muss, sondern deren Ursachen sachlich analysiert und die konstruktiv bewältigt werden sollte.

> (GM, HH): „Der Fixstern ist ja ein Konsumraum, der auf der Hauptverkehrsstraße, dem Schulterblatt, liegt. Der ist also ein leicht erreichbares Argument für einige Gewerbetreibende, die das auch nach eigener Anschauung glaubhaft unterstützen können, dass ihre Geschäfte schlechter gehen, seitdem Junkies den Bürgersteig und die Zugänge zu dem Raum benutzen. Was nicht gesehen wird – und das muss eben die Debatte auch unter den Gewerbetreibenden auch ergeben – ist, dass es unter Umständen auch ihr Angebot ist – also das Angebot der Gewerbetreibenden –, die Präsentation und auch die allgemeine Marktsituation, die überhaupt nichts mit dem Drogengebrauch zu tun hat. (...) Es gibt eine objektive Belastung eines Wohnbereichs, wenn dieser Wohnbereich sich entschließt, mit Drogenabhängigen unter einem Dach zu leben. Nur ob Belastung sozusagen als eine negative Voraussetzung oder erst mal als objektive Tatsache erkannt wird – so wie ich das eher sehen würde – die zu bearbeiten ist, darauf kommt es an. Belastung hat immer schon einen negativen Touch, Belastung muss weg. Nein, Belastung muss sich erst mal erklären. Erklären, ob es unter Umständen eine notwendige Belastung ist und wie man damit umgeht."

Bezogen auf die Rotterdamer Konsumräume wird lediglich von der Einrichtung *Pauluskerk* berichtet, dass Nischen hinter der Kirche mitunter zum Injizieren von Drogen genutzt werden. Bei diesen KonsumentInnen handelt es sich hauptsächlich um Personen, die keinen Zugangspass für die Konsumräume oder ein Hausverbot haben. Dennoch haben Geschäftsleute und AnwohnerInnen keine Probleme mit der Einrichtung als solche, solange die Zahl der BesucherInnen stabil ist und die täglichen Ereignisse einschätzbar bleiben. Benachbarte Geschäftsleute fühlen sich allerdings belästigt, wenn die BesucherInnenzahl plötzlich deutlich ansteigt, was immer dann der Fall ist, wenn die Polizei Maßnahmen zur Drogenbekämpfung in der Nachbarschaft ausführt.

8.3.4 Reaktionen auf die Probleme

Seitens des Umfeldes werden vielfältige Reaktionen auf die festgestellten neuen Probleme geschildert, die Auseinandersetzungen über die Ausweitung von Konsumraumangeboten oder einen Standortwechsel, die Ver-

stärkung von Polizeieinsätzen, bauliche Sicherungsmaßnahmen, Bemühungen um Konsensuslösungen, Appelle zu einer Erhöhung der Toleranz sowie Fortbildungen zur Drogenthematik umfassen. Ebenso wie im Zusammenhang mit der Wahrnehmung neuer Probleme zeigt sich auch bei den Reaktionsweisen auf diese Probleme, dass unterschiedliche Umfeldpersonen jeweils einen unterschiedlichen Umgang mit Konflikten und Belastungen favorisieren.
Angesichts der begrenzten Konsumraumkapazitäten in der Hamburger Einrichtung *Fixstern*, der illegalen Unterstände sowie des vermehrten öffentlichen Drogenkonsums liegt es nahe, die Einrichtung weiterer Konsumräume als Problemlösung zu erwägen, wie es der Betreiber der Einrichtung fordert. Aus Perspektive der Kommunalpolitik als entscheidungsrelevantes Organ ist bislang jedoch in der fachpolitischen Diskussion ungeklärt, ob die Einschätzung geteilt wird, dass neue Einrichtungen Abhilfe für die Belastungen schaffen. Bedenken bestehen vor allem hinsichtlich der Zielbestimmung von Konsumraumangeboten, ihrer Wirksamkeit zur Forcierung von Ausstiegsprozessen und der grundlegenden Frage, ob eine vollständige Bedarfsabdeckung überhaupt politisch gewollt ist. Hinzu kommt, dass Einigungsprozesse durch ideologische Differenzen zwischen den Beteiligten erschwert werden.

(PO, HH): „Der Leiter würde gerne den Fixstern erhalten und noch eine oder zwei oder drei Einrichtungen dazu machen. Das wirft dann wiederum die Frage auf, will man eine 100%ige Abdeckung haben. Das ist politisch noch in der Diskussion, sowohl mit der Fachbehörde als auch mit den Drogenhilfeeinrichtungen. Ist ein finanzielles Problem, ist aber auch die Frage, (...) was ist damit bezweckt. Das ist so ein bisschen unklar auch in der fachpolitischen Diskussion. Auf der einen Seite formuliert man das Ziel Ausstieg, gleichzeitig gibt es aber überhaupt keinen Überblick darüber, (...) wie hoch ist die Ausstiegsquote, (...), wie ist die Erfolgsquote. (...) Es ist ein Streit um Grundsatzpositionen und letztlich auch ein ideologischer Streit von allen Seiten, was jetzt das richtigere ist. Aber es ist wenig durch Zahlen und Evaluationen erhärtet. Und das ist ein Problem. Dann ließe sich auch klarer eine Zielbestimmung durchführen."

In Rotterdam wurde zur Reduzierung der Belästigungen durch Drogendealer und Crackkonsumierende im Umfeld der Einrichtung *Moerkerkestraat* mit AnwohnerInnen die Vereinbarung getroffen, zwei weitere Konsumräume in der Umgebung einzurichten. Anstelle von zwei Einrichtungen wurde letztendlich jedoch nur eine Einrichtung im Juni 2000 eröffnet, die in einer Hilfeeinrichtung für Obdachlose angesiedelt ist. Dass zunächst nur eine Konsumraumeinrichtung installiert wurde, wird mit dem größeren Handlungsbedarf in dem Stadtteil und der dortigen größeren öffentlichen Unterstützung für dieses Angebot durch die Anwohnerschaft begründet.

Eine übliche und verbreitete Reaktion auf Belästigungen des Umfeldes durch die Drogenszene besteht in der Verstärkung von Polizeieinsätzen zur Wiederherstellung öffentlicher Ruhe und Ordnung. So wird etwa von den Hamburger Polizeibeamten berichtet, auf Beschwerden von AnwohnerInnen unmittelbar durch eine Erhöhung ihrer Kontrollaktivitäten zu reagieren. Da sich verstärkte Polizeikontrollen für KonsumentInnen wie für AnwohnerInnen kontraproduktiv auswirken, werden diese allerdings auf ein Mindestmaß beschränkt. Daneben bemüht sich die Polizei um langfristige Lösungsansätze zur Reduktion der Belastungen für das Umfeld, indem Polizeibeamte an stadtteilorientierten Arbeitskreisen zur Drogenthematik teilnehmen.

> (PB, HH): „Die Reaktionen sind zweigleisig. Als Reaktion auf die Anwohnerbeschwerden kontrolliert man die Brennpunkte häufiger. Hat natürlich die Verdrängung der Szene zur Folge. Die zweite Ebene ist die Teilnahme an Arbeitskreisen, wo man versucht, darauf hinzuwirken, die Belastung für die Anwohner zu reduzieren. Das was aus dem Stegreif kommt, dass sind verstärkte Kontrollen. (...) In der Einrichtung, vor der Einrichtung und im unmittelbaren Umfeld beschränken wir unser Einschreiten auf das absolut notwendige Maß, weil das sonst konterkarierend wäre. Dann habe ich den Konsum wieder in den Straßen und in den Hauseingängen. Je mehr Einschreiten, desto mehr geht das wieder nach außen."

Das Bestreben nach kommunikativen und gemeinsamen Problemlösungen zeigt sich auch darin, den EinrichtungsmitarbeiterInnen jeweils die Gründe für das polizeiliche Einschreiten darzulegen. Des Weiteren kommt in den Interviewaussagen deutlich zum Ausdruck, dass die Erhaltung der Funktion und Attraktivität der Einrichtungsangebote von der Polizei Priorität zugemessen wird. Der gesetzlich festgelegte Strafverfolgungszwang erfordert dabei jedoch eine Abwägung gegensätzlicher Interessen zwischen rechtsstaatlichem Handlungsauftrag einerseits und polizeilichen Duldungspraktiken andererseits.

> (PB, HH): „Beim Einschreiten der Polizei nehme ich hinterher immer Kontakt auf (...) mit der Einrichtung, um zu sagen, warum wir da waren. Manchmal findet Dealerei vor der Einrichtung oder in der Einrichtung statt und Dealerei können wir schlicht nicht dulden. Dann tauschen wir uns aus, warum war das so und warum mussten wir. (...) Wir wollen ja gerade diesen Ruhe- und Rückzugsraum erhalten. Aber es gibt eben Anlässe, und ich habe eben den gesetzlichen

Strafverfolgungszwang im Nacken. Wir sind heilfroh, dass jetzt die gesetzliche Basis da ist für Konsumräume (...). Und heute würde kein Mensch mehr auf die Idee kommen, fünf Meter vorm Fixstern einen offensichtlichen Junkie anzuhalten und zu überprüfen und ihm den Stoff abzunehmen. Auf diese Idee kommt keiner mehr, weil das auch völlig schwachsinnig ist."

In Rotterdam reagiert die Polizei auf den öffentlichen Drogenkonsum im Umfeld der Einrichtung *Pauluskerk*, in dem eine Geldstrafe von 38 Euro verhängt wird. Greift die Polizei dabei jemanden auf, der trotz Pass für die *Pauluskerk* öffentlich konsumiert, wird der Pass eingezogen und der Einrichtung nach 10 Tagen – die übliche Hausverbotsdauer für öffentlichen Drogenkonsum – wieder ausgehändigt.

Seitens von AnwohnerInnen wird auf Belästigungen durch öffentlichen Drogenkonsum und Drogenhandel nicht selten reagiert, indem bauliche Schutz- und Sicherheitsmaßnahmen vorgenommen werden. So berichten die in Hamburg befragten AnwohnerInnen und Polizeibeamten gleichermaßen, dass von Vermietern oder einzelnen AnwohnerInnen – teils auch ohne Zustimmung durch andere HausbewohnerInnen – zahlreiche Eisengitter und Tore angebracht wurden, um den Zugang zu Hauseingängen und Hinterhöfen für KonsumentInnen und Dealer zu versperren.

(AW, HH): „Ich bin relativ deutlich davon betroffen, dadurch dass bei mir im Hinterhof ein Tor angebracht wurde auf eigene Initiative eines Anwohners, weil der sich durch die Drogenabhängigen, also Leute, die bei uns im Hof sich angeblich ständig Spritzen gesetzt haben, unheimlich gestört fühlte. Er meinte deshalb, er müsste von sich aus aktiv werden, wenn die Polizei oder der Vermieter nichts macht. So hat er es eben auf eigene Faust gemacht. (...) Ich habe natürlich auch bestimmte Sachen wahrgenommen, aber hätte auch nie den Handlungsbedarf gesehen, deshalb mich durch ein Tor zu schützen. Das Tor richtete sich sowohl gegen Junkies als auch gegen Dealer."

(PB, HH): „Was sich den vergangenen Winter getan hat, ist, dass die Hauseigentümer zum Teil bauliche Veränderungen vorgenommen haben. In der Susannenstraße sind zahlreiche Hinterhöfe durch Eisengitter abgesperrt, so dass der Zugang nicht mehr möglich ist. Letztlich ist das ein Ausdruck dessen, dass man sagt, jetzt ist es zuviel mit der offenen Drogenszene."

Auch einige Geschäftsleute in Nähe der Rotterdamer *Pauluskerk* haben Eisengitter installiert, um Ladeneingänge während der Nacht zu schließen. Diese Eisengitter dienen vor allem dazu, zu verhindern, dass Obdachlose und DrogenkonsumentInnen Schutz in den Eingängen suchen.

Vor dem Hintergrund, dass die im Hamburger Schanzenviertel ansässigen Kinder und Eltern laut einer Umfrage den Drogenkonsum und Drogen-

Umfeldperspektive: Ergebnisse der umfeldbezogenen Interviews

handel als größtes Problem im Viertel betrachten und eine Zunahme sozialer Probleme in der Wohnbevölkerung befürchtet wird, sieht der befragte Kommunalpolitiker Handlungsbedarf, den gegenwärtigen Entwicklungen durch einen Standortwechsel der Einrichtung entgegenzusteuern. Die politische Entscheidung für einen Standortwechsel zur Reduktion der Konflikte ist bereits gefallen, so dass seit geraumer Zeit umfeldverträgliche Standorte im Stadtteil geprüft werden.

> (PO, HH): „Die STEG hat mal eine Umfrage gemacht unter Schulkindern, was sie als Probleme sehen. Und da steht das immer an erster Stelle, die Dealer- und Junkieproblematik. Bei Eltern ist das auch so. Jetzt ist in dem Viertel einfach die Situation, dass man sagt, o.k., man kann die Sache so weiterlaufen lassen, dann hat man aber irgendwann nur noch problematische Leute da. Dann setzt eine Verslumung ein. Oder man versucht, da jetzt gegen zu steuern, und dann muss man sich eben über einen neuen Standort unterhalten. Wenn man das ganz weg haben wollte, dann müsste man sagen, die Einrichtung muss ganz weg aus dem Viertel. Das ist so nach dem St. Florians-Prinzip, uns ist egal wohin, nur weg von hier. Und da würde man niemanden finden, der dann freiwillig sagt, bitte doch zu uns. Also haben wir uns für den Weg entschieden, hier im Viertel eine Lösung zu suchen, die umfeldverträglicher zu sein verspricht."

Aus Sicht des Gewerbetreibenden besteht zwar ebenfalls die Notwendigkeit, eine Veränderung der Situation herbeizuführen, die allerdings nicht auf die Standortfrage konzentriert wird. Zwar wird der gegenwärtige Standort vor dem Hintergrund der Informationen über Rotterdamer Konsumraumeinrichtungen und der Auseinandersetzungen vor Ort nicht für optimal gehalten, zugleich stellt seiner Auffassung nach das Bestreben, die Einrichtung aus dem öffentlichen Blickfeld zu verbannen, kein Lösungsansatz dar. Statt dessen wird die Position vertreten, dass zum einen AnwohnerInnen ein gewisses Maß an Akzeptanz für die Sichtbarkeit von Aktivitäten der offenen Drogenszene aufbringen müssen und zum anderen eine inhaltliche sachliche Auseinandersetzung über die Verbesserung der Versorgung für DrogenkonsumentInnen geführt werden sollte.

> (GM, HH): „Einerseits muss dieses Viertel diese Auseinandersetzung aushalten können und es kann sie auch aushalten, besser als andere Viertel. Andererseits kann es nicht stehen bleiben bei der Situation. (...) Und eine vordergründig exponierte Geschichte wie der Fixstern finde ich nach der nachdenklichen Berichterstattung aus Rotterdam und nach der Diskussion, die ich in den letzten Jahren hier geführt habe, auch nicht die sinnvollste Lösung. Wobei ich nicht glaube, dass man von der Hauptstraße weg muss. (...) Es geht nicht darum, ein Problem zu verstecken, weil man es verstecken will. Es ist ein inhaltliches Problem. Es ist die Frage, wo kann ich Menschen, die sich in Drogenabhängigkeit

begeben haben, (...) am besten betreuen.(...) Ich glaube, das Problem ist eher dieses ‚irgendwie woanders hin', aus den Augen aus dem Sinn. So löst man aber keine Probleme. Aus den Augen aus dem Sinn ist kein Lösungsmodell."

In eine ähnliche Richtung verweisen auch die Aussagen der in Hamburg befragten Polizeibeamten. Probleme im Stadtteil lassen sich aus ihrer Sicht nur lösen, indem Auseinandersetzungen mit allen Beteiligten stattfinden, um gegenseitige Positionen zu verdeutlichen, erforderliche Maßnahmen abzustimmen und schließlich eine gemeinsame Zielrichtung zu entwickeln. Zwar wird eingeräumt, dass ein gemeinsamer und offener Austausch über vorhandene Probleme früher undenkbar gewesen sei und das polizeiliche Bemühen um Kooperation erst durch den Druck der Wohnbevölkerung ausgelöst wurde. Zugleich wird jedoch betont, dass vorhandene Konflikte nur auf Grundlage von Gesprächen und durch die Kompromissbereitschaft aller Beteiligten, das Verständnis für unterschiedliche Positionen und Interessen sowie durch eine Einvernehmlichkeit in den Vorgehensweisen zu regulieren sind.

(PB, HH): „Wir haben jetzt Freitag noch mal zusammengesessen, ganz aktuell und uns über diese Traubenbildung vor der Tür unterhalten. Mal Ideen zu entwickeln, was machen wir eigentlich, warum kommt das zustande. Auch das polizeiliche Einsatzkonzept noch mal zu verdeutlichen. (...) Das wäre früher fast undenkbar gewesen, dass man sich a) an den Tisch setzt und b) so offen auch alles bespricht. Da ist schon sehr viel Verständnis auf beiden Seiten gewachsen. Dass diese Kooperation so entstanden ist, würde ich mal sagen, kommt durch den Druck der Straße. Die Probleme erschlagen beide Seiten. Man muss sich unterhalten, das geht sonst einfach nicht. (...) Es geht nicht darum, vom Stammtisch aus irgendwelche Lösungen zu suchen, sondern mit den Betroffenengruppen konsensual etwas zu lösen, also miteinander zu reden, ein gemeinsames Ziel zu finden. Mit Kompromissen auf allen Seiten. Das ist angenehmer, als etwas zu machen und es mit gar keinem abzustimmen. Solche Probleme in den Stadtteilen kann man nur lösen, wenn man sich miteinander unterhält."

Eine weitere Reaktion der zuständigen Hamburger Polizeiwache auf die Beeinträchtigungen des Umfeldes durch Drogenkonsum und Drogenhandel besteht in der Teilnahme an Fortbildungsmaßnahmen zur Drogenthematik. Fortbildungen dienen nicht nur dem Zugewinn an Informationen und Verständnis für drogenbezogene Probleme, sondern sie gewährleisten auch einen möglichst adäquaten Umgang aller Polizeibediensteten bei Einsätzen im Drogenbereich. Überdies werden Fortbildungsveranstaltungen als ein Forum genutzt, um einerseits die polizeiliche Zielrichtung, Lebensbedingungen für das Umfeld erträglicher zu gestalten, verständlich

Umfeldperspektive: Ergebnisse der umfeldbezogenen Interviews

zu machen, andererseits die Wertschätzung und hohe Akzeptanz für die Arbeit der Konsumraumeinrichtung zu versichern.

(PB, HH): „Wir haben letzte Wochen einen Dienstunterricht gehabt, also für die ganze Wache. (...) Da war Rainer Schmidt da von der Palette und hat dreieinhalb Stunden mit den Kollegen sehr intensiv und kontrovers diskutiert. Aber es war ausgesprochen interessant. Das zeigt also auch schon, dass da ein reger Austausch stattfindet, um Informationen zu bekommen und die andere Seite zu verstehen. In dieser Wache sind ja alle mit Rauschgift und auch mit dem Fixstern konfrontiert. Sie werden im Streifenwagen oder auch zu Fuß primär im Drogenbereich eingesetzt. Wichtig ist auch mitzuteilen, was will die Polizei eigentlich, was ist die Zielrichtung. Unsere Zielausrichtung ist der Bürger und das Umfeld, das erträglich zu gestalten. Weil wir sind alle einer Meinung, dass das, was der Fixstern an Arbeit leistet, sehr wertvoll ist. Das will auch gar keiner missen, im Gegenteil. Das hat auch bei der Polizei hohe Akzeptanz, weil es uns sehr viel Probleme von der Straße nimmt. (...) Unser Problem ist eher, die ganze Polizei Hamburg rüberzubringen. Wenn die Bereitschaftspolizei immer mit Zusatzkräften hier eingesetzt wird, dann habe ich große Probleme, die Gleichmäßigkeit des Einschreitens zu gewährleisten, auch für den Junkie. Das auch er von einer berechenbaren Polizei ausgehen kann und nicht an einem Tag vor dem Fixstern hopps genommen wird."

Insgesamt ist ein breites Spektrum an Reaktionsweisen auf neue Probleme im Zusammenhang mit der Existenz von Konsumraumangeboten erkennbar. Unter analytischen Gesichtspunkten lassen sich dabei zwei gegensätzliche Reaktionsmuster identifizieren: Ein Reaktionsmuster kann als evasiv-vermeidend bezeichnet werden und besteht in der Vergitterung von Eingängen, verstärkten Polizeieinsätzen und dem Standortwechsel der Einrichtung. Das andere Reaktionsmuster kann demgegenüber als konstruktiv-diskursiv verstanden werden und besteht in dem Bemühen um Verständnis, Toleranz, Gesprächs- und Kompromissbereitschaft und der Suche nach einvernehmlichen Lösungen unter Berücksichtigung aller Beteiligten.

8.4 AKTUELLE EINSTELLUNGEN ZU KONSUMRÄUMEN UND VERBESSERUNGSVORSCHLÄGE

Vor dem Hintergrund der für die Stadt Hamburg geschilderten neuen Probleme und Konflikte im Umfeld konzentriert sich die folgende Analyse auf die Frage, ob die neuen Probleme ursächlich als Auswirkungen des Konsumraumangebotes definiert werden, oder ob es aus Sicht des

Umfeldes andere Gründe für die festgestellten Beeinträchtigungen gibt. In diesem Zusammenhang ist auch die aktuelle Einstellung zu Konsumraumangeboten relevant, d. h. inwieweit sich aufgrund der bisher gesammelten Erfahrungswerte die Haltung zu Konsumräumen möglicherweise gewandelt hat. Belastungen des Umfeldes durch die Sichtbarkeit von Drogenkonsum und Drogenhandel verweisen auf den Handlungsbedarf, eine Verbesserung der Situation herbeizuführen, so dass zum Abschluss des Kapitels die genannten Verbesserungsvorschläge dargelegt werden.

8.4.1 Ursachenzuschreibungen für Belastungen des Umfeldes

Die Interviewaussagen des in Hamburg befragten Kommunalpolitikers verdeutlichen, dass die derzeitigen Belastungen des Umfeldes durch die Verlagerung der offenen Drogenszene in den Stadtteil in ihrem zeitlichen Ablauf sowohl auf die verstärkten polizeilichen Einsätze als auch auf die Existenz der Einrichtung *Fixstern* selbst zurückgeführt werden. Gleichwohl eingeräumt wird, dass das Konsumraumangebot durchaus positive Auswirkungen hat, werden bezogen auf das Umfeld eine Vielzahl Negativwirkungen festgestellt, die aus Sicht des Kommunalpolitikers in einem ursächlichen Zusammenhang mit der Einrichtung stehen.

> (PO, HH): „Das ist dann immer die berühmte Frage, sind die Dealer da, weil die Konsumenten da sind oder kaufen die Konsumenten, weil die Dealer da sind. Fakt ist jedenfalls, dass es vorher nicht so war und dass jetzt eine richtig verfestigte Drogenszene dort existiert, in einem Umfang, den es vorher nicht so gegeben hat. (...) Das hängt sicherlich auch mit der Existenz des Fixstern zusammen. (...) Wenn man das in der Abfolge betrachtet, ist das auch ein Ergebnis polizeilicher Maßnahmen. (...) Es gibt positive Seiten an diesem Konsumraum, es gibt aber auch, was das Umfeld angeht, eine ganze Reihe negativer Maßnahmen. Die auch auf die Existenz des Fixstern zurückzuführen sind. Wenn der Fixstern nicht hier wäre, hätte sich die Szene nicht hierher verlagert."

Konsumraumangeboten wird zum einen eine Sogwirkung zugesprochen, die DrogenkonsumentInnen aus anderen deutschen Städten anziehen, die keine Konsumraumangebote (mehr) zur Verfügung stellen, so dass insgesamt ein Zuwachs an DrogenkonsumentInnen in Hamburg befürchtet wird. Zum anderen wird der Einrichtung ein Sogeffekt auf Drogendealer zugeschrieben, wobei dieser allerdings im Zusammenhang mit der Illegalität des Drogenhandels gesehen wird. Nach Auffassung des Kommunalpolitikers werden gravierende Belastungen für das Umfeld durch den Drogenhandel solange bestehen bleiben, wie das Betäubungsmittelgesetz nicht entsprechend abgeändert wird. Aus den Hamburger Erfahrungen mit der Einrichtung *Fixstern* wird für zukünftige Einrichtungen die Konsequenz formuliert, Konsumraumeinrichtungen möglichst anwohnerfern anzusiedeln.

> (PO, HH): „Diese Angebote haben eine Sogwirkung, die über Hamburg hinausgehen. Wann man sich andere Städte anguckt, Bremen hat es wieder abgeschafft, Berlin hat so was nicht. Wenn man immer versuchen wollte, eine 100%ige Abdeckung zu erreichen, dann würde sich das noch mehr rumsprechen, in Hamburg läuft das wunderbar, geh doch da hin. Das ist auch politisch nicht gewollt. Dann hätten wir irgendwann 20 bis 30.000 Abhängige, und in Bremen gibt es dann gar keine mehr. Solange es eine illegale Dealerszene gibt und die gibt es natürlich, so lange es Drogenabhängige gibt und das Betäubungsmittelgesetz nicht entsprechend geändert ist, führt so eine Einrichtung natürlich zu einer gewissen Sogwirkung, damit auch zu einer Belastung und das ist für ein Wohngebiet tödlich. (...) Das ist eine Erfahrung, die man auch für mögliche neue Einrichtungen daraus ziehen kann, die Einrichtungen so zu legen, dass die Bevölkerung so wenig wie irgend möglich davon mitbekommt."

Aus Sicht der in Hamburg befragten Polizeibeamten stellt die Szenebewegung zwischen öffentlichen Verkehrsmitteln und Einrichtung eine unmittelbare Auswirkung der Einrichtung dar, wobei diese Auswirkung durch den Standort der Einrichtung bedingt ist. Ebenso wie der Kommunalpolitiker gehen auch die Polizeibeamten davon aus, eine Verlagerung der Szene durch einen Standortwechsel herbeiführen zu können.

> (PB, HH): „Direkte Auswirkungen durch die Einrichtung würde ich darin sehen, dass beispielsweise die Verbindung zu den Verkehrsmitteln, das ist eine Auswirkung des Angebotes, dass sich die Szene zwischen S-Bahn und Fixstern bewegt. Das hängt sehr am Standort. Wenn man den Standort woanders hinlegt, dann würde sich da eine Rennstrecke entwickeln. Letztendlich kann man durch den Standort eine gewisse Verlagerung der Szene hervorrufen."

Eine Anziehungskraft der Konsumraumeinrichtung auf die offene Drogenszene bestätigen auch die Polizeibeamten und der befragte Mitarbeiter einer benachbarten sozialen Einrichtung. Im Unterschied zu dem Kommunalpolitiker werden Abfolge und Ursache dieser Auswirkung jedoch anders bewertet. Die Konsumraumeinrichtung wird nicht als Ursache, sondern als Reaktion auf eine bereits bestehende Drogenszene begriffen. Beeinträchtigungen des Umfeldes resultieren nach persönlicher Einschätzung der Polizeibeamten auch nicht nur aus dem Standort, sondern ebenfalls aus der als gescheitert beurteilten Hamburger Dezentralisierungspolitik, die statt zu einer Verteilung der Drogenszene lediglich zur Überlastung von zwei Konsumraumeinrichtungen führt. Für den Mitarbeiter der sozialen Einrichtung sind die Umfeldbelastungen durch die Fehleinschätzung begründet, mit einem einzigen Konsumraumangebot im Viertel alle Drogenprobleme lösen zu wollen. Die Diskrepanz zwischen Angebot und Nachfrage hat seiner Meinung nach zwangsläufig Ausweichstrategien der KonsumentInnen und damit eine Beeinträchtigung des Umfeldes zur Folge.

> (PB, HH): „Hier war erst die Szene und dann der Konsumraum. Und wo ein Konsumraum ist, da kommt natürlich auch die Drogenszene hin. Und das Konzept der Dezentralisierung sieht ja vor, es weiter zu verteilen. Meine Privatmeinung ist, das ist hoffnungslos gescheitert. Das hat überhaupt nicht geklappt. Fixstern und Drob Inn sind hoffnungslos überlaufen."

> (SE, HH): „Es gab nichts im Schanzenviertel. Und dann hat man da eine Einrichtung hingesetzt, die das ganze Problem lösen sollte, vielleicht auch im Sinne der Anwohner und auch im Sinne der Politik. Und das ist ganz einfach nicht gelungen. Es ist auf der Seite gelungen, dass sehr viele KonsumentInnen gebunden wurden und auch an höherschwellige Einrichtungen weitervermittelt wurden durch den Einsatz der Fixsternmitarbeiter. Aber es sieht auch so aus, dass der Fixstern die Arbeit alleine nicht mehr leisten kann. (...) Wenn man zum Beispiel im Schanzenviertel nur einen Gemüseladen hätte, dann würden die Leute da auch irgendwann nicht mehr die ganze Zeit anstehen. Dann würden die sich das Gemüse auch aus den Vorgärten klauen."

Laut Aussage des Hamburger Gewerbetreibenden ist die steigende Anzahl sichtbarer DrogenkonsumentInnen und Drogendealer keineswegs eine Auswirkung der Einrichtung. Vielmehr hat sich unanhängig von der Existenz des Konsumraumangebotes ein Gefüge aus Drogenangebot und Drogennachfrage entwickelt, das den üblichen und normalen Marktkriterien entspricht. Abgesehen davon macht die Anzahl sichtbarer KonsumentInnen und Dealer seiner Einschätzung nach für betroffene AnwohnerInnen keinen Unterschied, da die Anzahl für diejenigen, die sich durch die Drogenszene gestört fühlen, unerheblich sei.

> (GM, HH): „Man bekommt Drogen, weil in diesem Raum Drogenabhängige leben. (...) das ist ja ein Markt, ein ganz normaler Markt. (...) Das heißt, mal abgesehen von der rein numerischen Steigerung in den letzten Jahren, die für meine Begriffe unabhängig von dem Konsumraum stattgefunden hat, gibt es von der Sichterfahrung der hier lebenden und arbeitenden Menschen keine Unterschiede. Es gibt Junkies auf der Straße und es gibt Drogendealer auf der Straße. Und ob ich von vier angesprochen werde oder von zwei, ist für denjenigen, den es stört, völlig uninteressant."

Festzuhalten ist, dass je nach Problemwahrnehmung die Ursache für die Belastungen im Umfeld der Hamburger Einrichtung *Fixstern* teils einer Kombination aus polizeilichen Vertreibungsmaßnahmen und Sogwirkungen der Einrichtung, teils dem Standort der Einrichtung, teils aber auch der gescheiterten Dezentralisierungspolitik oder der mangelnden Bedarfsabdeckung durch ein einzelnes Konsumraumangebot zugeschrieben wird. Darüber hinaus werden normale Marktmechanismen als eine Begründung für die Zunahme des sichtbaren Drogenhandels und Drogenkonsums angeführt.

8.4.2 Veränderte Haltung zu Konsumräumen

Eine teils deutlich veränderte Haltung zu Konsumraumangeboten lassen der Hamburger Kommunalpolitiker sowie von der Drogenproblematik unmittelbar betroffene Gewerbetreibende erkennen. Auffallend ist dabei, dass der Kommunalpolitiker aufgrund der Erfahrungen mit dem Konfliktpotenzial von Konsumräumen in der Wohnbevölkerung eher eine ablehnende Haltung gegenüber Konsumraumangeboten eingenommen hat, während Gewerbetreibende im Zuge vielfältiger Auseinandersetzungen mit der Drogenproblematik eher eine verständnisvolle und moderate Haltung entwickelt haben.

Im Gegensatz zu allen anderen in Hamburg befragten Umfeldpersonen äußert der Kommunalpolitiker aus seiner jetzigen Sicht Zweifel, ob die Entscheidung für die Einrichtung von Konsumräumen überhaupt richtig war und ob er diese Angebote zum gegenwärtigen Zeitpunkt nochmals befürworten würde. Diese Zweifel resultieren aus den Vorbehalten gegenüber dem akzeptierenden Arbeitsansatz der Einrichtungen und der Diskrepanz zwischen dem Selbstbestimmungsrecht zum Drogenkonsum einerseits und der Krankheitsdefinition von DrogenkonsumentInnen andererseits. Unter dem Aspekt der Krankheit wird es als berechtigt aufgefasst, dass eine staatliche Fürsorgepflicht besteht, wobei die Finanzierung entsprechender Hilfen allerdings zugleich dazu legitimiere, konzeptionelle Ansprüche und Zielerwartungen an die Hilfemaßnahmen zu stellen. Gleichwohl die Existenz von Konsumräumen nicht mehr abzuändern ist, Konsumräume jedoch vor dem Hintergrund fachlicher und politischer Erwägungen mit Skepsis betrachtet werden, würde der Befragte heute eher den seiner Meinung nach konsequenteren politischen Standpunkt vertreten, anstelle von Konsumraumangeboten eine Gesetzesänderung abzuwarten, um eine ärztliche kontrollierte Heroinvergabe einzuführen.

Kapitel 8

(PO, HH): „Ich habe einfach gewisse Vorbehalte gegenüber der akzeptierenden Arbeit. (...) Wenn man sich für das Recht auf Konsum einsetzt, dann ist die Frage, was geht das den Staat an. Dann müssten nur die Gesetze geändert werden, aber es müsste keine gesundheitliche Betreuung geben. Das ist dann der Privatsache eines jeden. (...) Wenn man aber sagt, das sind Menschen, die sind krank, denen muss man helfen, dann kann man natürlich auch damit den Anspruch verbinden, dass sie selber an dem Heilungsprozess mitwirken. Dann ist es auch berechtigt, da Gelder reinzusetzen und das mit Erwartungen zu verbinden. Das ist eine Sache, die nicht so richtig entschieden ist. Ich bin mir auch nicht ganz sicher, wenn ich ehrlich sein soll, ob es eine gute Entscheidung war, die Konsumräume einzurichten. Man kommt jetzt nicht mehr davon weg, die sind jetzt da. Ich würde mich jetzt nicht an die Spitze stellen und sagen, wir schaffen das alles wider ab, das war Quatsch. (...) Nur wenn man jetzt noch mal neu vor der Situation stünde und müsste entscheiden, richten wir so was ein oder nicht, bin ich mir nicht sicher, ob ich mich noch mal dafür aussprechen würde. Oder ob man nicht einfach sagen muss, wir warten jetzt ab, bis die Bundesgesetze geändert werden, z. B. dass Drogen dann auf Rezept ausgegeben werden. Das wäre dann enger angebunden an die Gesundheitsfürsorge. Hielte ich in letzter Konsequenz für besser."

Ausgehend von den Diskussionsprozessen innerhalb des Hamburger Vereins Standpunkt Schanze e. V. berichtet der befragte Geschäftsmann, dass sich unter den Gewerbetreibenden im Umfeld der Einrichtung *Fixstern* langsam ein Wandel in den Positionen gegenüber der Einrichtung vollzieht. Die anfängliche Haltung, Konsumräume zwar prinzipiell zu befürworten, jedoch nicht in unmittelbarer Nachbarschaft, ist durch interne Auseinandersetzungen einem größeren Verständnis für die Drogensituation und einer moderaten Haltung gegenüber KonsumentInnen gewichen. Offensichtlich scheinen sich Gewerbetreibende trotz aller Ambivalenzen zwischen eigenen Geschäftsinteressen einerseits und einem konstruktiven Umgang mit der Drogenproblematik anderseits um eine funktionierende Koexistenz und Offenheit für drogenpolitische Weiterentwicklungen der Versorgungsangebote zu bemühen. Dieser Haltungswandel wird insbesondere auf fruchtbare Diskussionen unter den Gewerbetreibenden zurückgeführt. Die Einmischung von außenstehenden Politikern in die internen Debatten wird dagegen als eine Gefahr für die entwickelte dialogische Auseinandersetzungsform und Konsensusfindungen zur Regulierung bestehender Probleme beurteilt.

(GM, HH): „Das war sozusagen die erste Position, der muss hier weg! Immer mit dieser vorgeschobenen Toleranz, ich bin ja auch dafür, dass es einen Konsumraum gibt, aber kann man den nicht hinter den Bahndamm packen oder sonst wohin. Das hat sich ein bisschen gewandelt. (...) Sondern man kann auch

> mal über den Bestand des Fixsternes und eine sinnvolle Ausdehnung der Konsumräume reden. (...) Ich finde es sehr interessant, dass mein Kollege und einer der Hauptbetroffenen, der auch bei Standpunkt Schanze e. V. ist, das ist der Besitzer und Betreiber des Teppichgeschäftes, in dem letzten Dreivierteljahr eine ausgesprochen moderate Haltung sowohl zur Flora wie auch zu den Junkies gefunden hat, obwohl er hin- und hergerissen ist. Sein eigenes Geschäft aufrecht zu erhalten und gleichzeitig eine Position dazu zu finden – der kämpft wirklich darum. Und der ist auch offen für Debatten. (...) Immer wenn wir mit den Gewerbetreibenden alleine waren, hat sich eine ausgesprochen konstruktive Diskussion daraus entwickelt. Sobald aus dem politischen Raum Leute, die gar nicht im Viertel wohnen, sondern nur Politik machen, dazu kamen, hat es das verschärft. (...) Politik ist eher eine Gefahr für diese Debatte, habe ich festgestellt. Wenn wir das hier unter uns alleine regeln könnten, könnten wir das sehr viel dialogischer regeln und wohl auch besser verstehen."

Werden die Äußerungen des Kommunalpolitikers und des Gewerbetreibenden betrachtet, dann entsteht der Eindruck, dass sich Argumente und Positionen in den Auseinandersetzungen über Sinn, Zweck und Wirkung von Konsumräumen nicht nur weit voneinander entfernt haben, sondern sich betroffene Personen aus dem Umfeld sogar eher durch politische Entscheidungen und Standpunkte in ihren Bemühungen um konstruktive und sachliche Auseinandersetzungen mit der Drogenproblematik blockiert sehen. Diese gegenläufigen Entwicklungen spiegeln sich nicht zuletzt darin wieder, dass der Kommunalpolitiker eine negative Haltung gegenüber Konsumräumen eingenommen hat, während Gewerbetreibende zunehmend Akzeptanz und Verständnis gegenüber diesen Angeboten aufbringen.

8.4.3 Verbesserungsvorschläge

Angesichts der geschilderten Konflikte und Belastungen im Umfeld der Hamburger Einrichtung *Fixstern* beziehen sich die genannten Verbesserungsvorschläge auf unterschiedliche Handlungsstrategien, von denen sich die in Hamburg befragten Umfeldpersonen eine Reduktion der Belastungen für das Umfeld oder zudem eine Verbesserung der Versorgungssituation für DrogenkonsumentInnen erhoffen.

Ausgehend von der Position, dass der bisherige Standort der Einrichtung inmitten eines Wohngebietes die bestehenden Belästigungen mitverursacht, besteht der Verbesserungsvorschlag des befragten Kommunalpolitikers darin, einen Standortwechsel vorzunehmen und die Einrichtung in ein Gebiet abseits des Wohnviertels zu verlagern. Der Standortwechsel verbindet sich mit der Erwartung, Drogenszene und Drogenhandel an dem neuen Standort konzentrieren zu können und somit die sichtbaren Beeinträchtigungen des Umfeldes zu verringern. Darüber hinaus wird es als ein Vorteil erachtet, eine größere räumliche Distanz zwischen der Einrichtung *Fixstern* und dem benachbarten autonomen Kulturzentrum „Rote Flora" zu schaffen. Damit die erwartete politische Entschärfung der Situation und eine Verbesserung für das Umfeld eintritt, ist die Schließung der Einrichtung an dem bisherigen Standort eine unabdingbare Voraussetzung.

> (PO, HH): „Es wird sich mit einem neuen Standort lindern lassen. (...) Heute überlegen wir, dass etwas außerhalb zu setzen. Der neue Standort ist zwar nicht optimal, aber deutlich weiter weg von der Roten Flora, was politisch die Sache entschärfen würde. Und man könnte dann versuchen, die Szene da zu konzentrieren, dass sich vor der Einrichtung viele Leute versammeln, dort vermutlich auch gedealt würde. Aber es geschieht an einem Ort, wo wenig andere Menschen vorbeikommen. Das wäre dann eine deutliche Verbesserung zur jetzigen Situation. Das ist zumindest zu erwarten. (...) Der Fixstern würde dann am Schulterblatt geschlossen. Das wäre auch die Bedingung. Sonst hätte man die Situation, dass man zwei Einrichtungen hat und dann die Pendelei zwischen den Einrichtungen. Dann hätten wir nichts gewonnen. Das muss natürlich in jedem Fall verhindert werden."

Die Verbesserungsvorschläge des Mitarbeiters einer benachbarten sozialen Einrichtung stehen dem Lösungsmodell eines Standortwechsels diametral entgegen. Statt die bestehende Einrichtung zu verlagern wird vielmehr eine Ausweitung des Konsumraumangebotes innerhalb des Quartiers durch die Schaffung von mindestens einer weiteren kleinen Einrichtung für notwendig gehalten. Um den Zugang zur Einrichtung entsprechend ihrer Kapazitäten zu begrenzen und somit eine Überlastung der Einrichtung zu vermeiden, wird weiterhin vorgeschlagen, konzeptionell einen Zugangsmodus mittels Ausweissystem einzuführen, wie es in den meisten Rotterdamer Konsumraumeinrichtungen üblich ist. Außerdem sollte nicht nur der Drogenkonsum sondern auch der Drogenkauf in den Einrichtungen zukünftig gestattet sein.

> (SE, HH): „Im lokalen Bereich hier im Schanzenviertel muss dringend noch ein zweiter, vielleicht sogar ein dritter oder vierter Gesundheitsraum her. (...) Das kann man ähnlich wie in Rotterdam dahin bringen, dass man Mitgliedskarten kriegt und dass ein Konsumraum eben nur eine bestimmte Kapazität hat. (...) Es muss mehrere kleine Einrichtungen geben und da muss auch konsumiert und verkauft werden können."

Umfeldperspektive: Ergebnisse der umfeldbezogenen Interviews

Im Hinblick auf die Einrichtung eines zweiten Konsumraumangebotes innerhalb des Wohnviertels äußern die in Hamburg befragten AnwohnerInnen, nichts dagegen einzuwenden zu haben, sofern die Einrichtung nicht in direkter Nachbarschaft angesiedelt werden würde. Da Konsumraumangebote allerdings grundsätzlich für sinnvoll erachtet werden und auch eine Ausweitung der Angebote befürwortet wird, wäre selbst die Eröffnung eines solchen Angebotes in der Nachbarschaft kein Grund für einen öffentlichen Prostest. Deutlich wird, dass die derzeitige Distanz zwischen Einrichtung und Wohnung zwar als Vorteil erlebt wird und ein benachbartes Konsumraumangebot Anlass zu Überlegungen über potenzielle Auswirkungen geben würde. Zugleich wird aber auch die Überzeugung vertreten, sich mit einer solchen Situation arrangieren zu können und eine verträgliche Koexistenz für machbar zu halten.

> (AW, HH): „Mich würde eine zweite Einrichtung nicht stören, wenn sie nicht gerade bei mir nebenan wäre. Das sage ich klar dazu. Wenn jetzt klar wäre, bei mir nebenan oder gegenüber soll eine Einrichtung aufgemacht werden, würde ich schon darüber nachdenken, hoppla, was könnte das jetzt für mich für Auswirkungen haben. Ich würde nicht auf die Strasse gehen und eine Bürgerinitiative dagegen gründen. Das auf keinen Fall. Aber Gedanken würde ich mir schon machen. Ich bin schon froh, dass der Fixstern nicht direkt bei mir um die Ecke ist und ein paar hundert Meter zu meiner Wohnung dazwischen liegen. Ich würde es grundsätzlich auf jeden Fall gut finden. Ich halte solche Einrichtungen für gut und wenn es dann so sein sollte, dass es mich dann trifft, dann bliebe mir nichts anderes übrig, als mich damit zu arrangieren. Ich bin auch davon überzeugt, dass es dann funktionieren würde."

Neben Überlegungen zu einer Standortverlagerung oder Ausweitung von Konsumraumangeboten beziehen sich weitere Verbesserungsvorschläge auf einen veränderten Umgang mit der Problematik des weiterhin illegalisierten Drogenhandels. In diesem Kontext äußern sowohl der Mitarbeiter einer sozialen Einrichtung als auch der Gewerbetreibende, dass Konsumeinrichtungen mit Hausdealern kooperieren dürfen und Hausdealer polizeilich geduldet werden sollten. Vor dem Hintergrund der Erfahrungsberichte aus der Rotterdamer Einrichtung *Pauluskerk*, die mit Hausdealern zusammenarbeitet, wird die Übertragung eines solchen Vorgehens auf die Hamburger Konsumraumeinrichtungen als eine Maßnahme verstanden, um zum einen Aktivitäten rund um die Drogenbeschaffung zu minimieren und zum anderen für KonsumentInnen kalkulierbare Drogenpreise und Stoffqualitäten zu gewährleisten. Insgesamt hält es der Gewerbetreibende für notwendig, dass Konsumraumangebote in ein umfassendes drogenpolitisches Programm eingebettet sind, das auch pragmatische Maßnahmen zur Regulierung der Beschaffungskriminalität und des Drogenmarktes vorsieht.

(SE, HH): „Was ich relativ schwierig finde, ist, dass Konsum und Verkauf immer noch getrennt werden. Dass man das immer noch getrennt sieht, ist ein großer Fehler. Es wird zwar im Fixstern konsumiert, aber es darf nicht gedealt werden. Und ich glaube, dass man ein bisschen mehr Ruhe in die Szene kriegen könnte, wenn der Fixstern auch mit Hausdealern arbeiten würde. Wenn man da Hausdealer hat, mit denen man Verträge abschließt über Stoffqualitäten oder Preise, dann sollte man das auch nutzen."

(GM, HH): „Also das, was ich total interessant fand, war die polizeilich geduldete Akzeptanz von Dealern in Konsumräumen in Rotterdam. (...) Ich kann den Konsumraum aber auch so definieren, dass man sagt: Ich habe ein inhaltliches Programm, ich muss um den Konsumraum herum eben auch die Beschaffungskriminalität im Auge haben und mir überlegen, wie ich mit den Dealern umgehe. Denn dieser Markt braucht die Dealer (...). Die muss ich mitorganisieren."

Aus Sicht der in Hamburg befragten Polizeibeamten ließe sich mit einer ausreichenden Anzahl an Konsumraumangeboten eine größere Entlastung des Umfeldes erzielen. Verbesserungsvorschläge wie die polizeiliche Duldung von Dealern werden jedoch kategorisch mit dem Argument abgelehnt, dass Drogenhändler nach wie vor als Kriminelle verstanden werden und deren Handelaktivitäten somit nicht durch ein Gewährenlassen legalisiert werden können. Anstelle einer Duldung des illegalen Drogenhandels wird persönlich die Auffassung vertreten, dass eine effektive Maßnahme zur Gesundheitsförderung und Umfeldentlastung nur darin bestehen kann, eine staatlich kontrollierte Heroinabgabe einzuführen.

(PB, HH): „Dadurch dass es den Fixstern gibt, gibt es diese Konzentration, dann allerdings auch wieder für uns und für die Anwohner zum Nachteil. Aber wäre der groß genug oder gäbe es noch genügend andere Einrichtungen, dann könnte man auch noch eine weitere Entlastung erreichen. (...) Ich sage Ihnen mal meine persönliche Meinung dazu. Wenn ich mir so ein Ding überlege, dann kann ich mir nur vorstellen, dass der Staat die Drogen abgibt. Ein Dealer ist immer noch ein Krimineller für mich. An der Ecke mag man sich streiten. Und einen Kriminellen damit zu legalisieren, dass ich ihn handeln lasse, über die Brücke würde ich nicht gehen. Dann könnte ich eher damit leben, dass man Schwerstabhängigen tatsächlich von staatswegen Heroin anbietet in gleichbleibend guter Qualität, um negative Auswirkungen so gering wie möglich zu halten."

Anhand der Interviewaussagen wird deutlich, dass die genannten Verbesserungsvorschläge nicht nur unterschiedlich, sondern teils auch gegensätzlich sind. Gegensätzliche Handlungsvorschläge betreffen die Fragen, ob ein Standortwechsel oder die zusätzliche Einrichtung von Konsumräumen im Stadtteil zu einer Entlastung der AnwohnerInnen führt und ob zukünftig Hausdealer in den Einrichtungen geduldet werden sollen oder nicht. Unabhängig davon zeigt sich, dass offenbar Handlungsbedarf besteht, ausreichende Alternativen zu einem öffentlichen Drogenkonsum zu schaffen, den illegalen Drogenmarkt zu regulieren oder weiterreichende gesundheitsfördernde Konsequenzen durch eine Heroinabgabe zu ergreifen.

Kapitel 9

Zusammenfassung und Schlussfolgerungen

Zum Abschluss sollen zunächst zentrale Resultate der Studie in Hinblick auf die Konsumraumangebote, Charakteristika der DrogenkonsumentInnen, an die sich diese Einrichtungen richten, sowie deren Nutzungsverhalten in Bezug auf die angebotenen Hilfen präsentiert und anhand der untersuchungsleitenden Hypothesen diskutiert werden. Hieran schließt sich eine kritische Überprüfung des gewählten Untersuchungsansatzes an, bevor in einem Ausblick auf einige praktische Fragen eingegangen wird.

9.1 KURZDARSTELLUNG DER ERGEBNISSE

9.1.1 Beschreibung der untersuchten Konsumraumangebote

Was die Konzeption der Konsumräume angeht, so weisen die Hamburger und Rotterdamer Einrichtungen erhebliche Unterschiede in Hinblick auf Zielgruppen und Zielsetzung auf: In der Hansestadt prägt die Gleichzeitigkeit von akzeptanz- und abstinenzorientierten Hilfen die Einrichtungen, wobei Konsumräume ein integraler Bestandteil einer breiten Angebotspalette sind. Dagegen sind die untersuchten Rotterdamer Einrichtungen – mit Ausnahme der *Pauluskerk* – in erster Linie über das Angebot an Konsumräumen definiert. Konsumräume sind hier zentraler Bestandteil und nicht Teil einer Angebotspalette.

Während die Hamburger Einrichtungen einer Zielhierarchie mit deutlichem Schwerpunkt auf Maßnahmen zur Harm-Reduction folgen, unterliegen die Rotterdamer den gleichrangigen Zielen, die öffentliche Belastung zu reduzieren und die Gesundheit der Konsumierenden zu fördern. In Hamburg wie auch in Innsbruck ist die Zielgruppe breit als „erwachsene aktuelle KonsumentInnen" bzw. als „Konsumwillige" definiert. In Rotterdam dagegen gelten zumeist zusätzliche Zugangskriterien wie Obdachlosigkeit oder Straßenprostitution. Bei Vorliegen dieser Bedingungen erhalten DrogenkonsumentInnen einen zeitlich limitierten Pass, der zur Nutzung der Konsumräume berechtigt.

Zusammenfassung und Schlussfolgerungen

Die Schaffung von Konsumraumangeboten in den Niederlanden und der Bundesrepublik Deutschland ist maßgeblich auf die veränderte drogenpolitische Haltung zurückzuführen, die aus dem öffentlichen Handlungsdruck angesichts anhaltender Belastungen durch die offene Drogenszene resultiert und von gesundheits- wie sozial- und ordnungspolitischen Regulierungsinteressen getragen ist. Die einzelnen Konsumräume wurden entweder auf Eigeninitiative der Hilfeträger hin oder auf Initiative der zuständigen Fachbehörde eingerichtet. Die Eröffnung von zwei Rotterdamer Konsumraumeinrichtungen ist darüber hinaus auf die Initiative einer Interessensorganisation aus Anwohnerschaft und Geschäftsleuten zurückzuführen.

Die rechtlichen Rahmenbedingungen, die für die Konsumräume gelten, sind von Land zu Land unterschiedlich: In Hamburg konnte erst nach der Änderung des bundesdeutschen Betäubungsmittelgesetzes im Februar 2000 Rechtssicherheit für die Konsumraumangebote geschaffen werden. In deren Folge hat die Stadt Hamburg im April 2000 die nunmehr geltenden landesrechtlichen Grundlagen zum Betrieb von Konsumräumen erlassen. In Rotterdam basieren die rechtlichen Leitlinien zum Betrieb von Konsumräumen auf drei Faktoren: einer Politik der Toleranz, dem gleichrangigen Interesse an Gesundheitsförderung und Herstellung öffentlicher Ordnung sowie der Einbettung von Konsumräumen in ein Dreiparteien-Beratungsgremium, das aus Bürgermeister, Staatsanwaltschaft und Polizei besteht. Zudem sind für den Betrieb einiger Konsumräume spezifische Bedingungen zur Einrichtungskonzeption durch vertragliche Vereinbarungen zwischen verschiedenen Interessengruppen verbindlich geregelt. Für den geplanten Konsumraum in Innsbruck hat ein strafrechtliches Gutachten die Unbedenklichkeit von Konsumraumangeboten nach dem österreichischen Suchtgiftgesetz bestätigt.

In den Hamburger Einrichtungen arbeiten multiprofessionelle Teams. In Rotterdam sind neben externen Fachkräften wie ÄrztInnen und Streetworkern sowie qualifizierten DrogensozialarbeiterInnen auch Sicherheitskräfte tätig. Gemeinsam ist allen festangestellten MitarbeiterInnen, dass sie über spezifische Kenntnisse zu Wirkungen und Beschaffenheit der konsumierten Stoffe sowie über detaillierte Qualifikationen zur Ersten Hilfe, Reanimation und weiteren Notfalltechniken verfügen.

Während sich in den hanseatischen Konsumräumen die Hausregeln auf das Nötigste beschränken, sind sie in Rotterdam sehr umfangreich. Unter anderem werden auch spezifische Konsumformen verboten. Safer-Use-Techniken zur Harm-Reduction werden hier bereits im Vorfeld mittels

Verboten und Sanktionsandrohungen durchgesetzt. In den Hamburger Einrichtungen ist der Aufenthalt in den Konsumräumen in der Regel zeitlich auf maximal 30 Minuten begrenzt. In Rotterdam existiert in den meisten Fällen kein solches zeitliches Limit. Die Rotterdamer Einrichtungen haben zudem deutlich ausgedehntere Öffnungszeiten als die Hamburger: Sie sind nicht nur durchgehend werktags, sondern auch bis in die späten Abendstunden und am Wochenende geöffnet – die Hamburger jedoch fast ausschließlich von Montag bis Freitag.

Das Spektrum der angebotenen Hilfen schließlich ist aufgrund der konzeptionellen Unterschiede in den drei Städten verschieden breit: Bei den Einrichtungen in Hamburg sowie dem für Innsbruck geplanten Angebot ist die Möglichkeit des schadensminimierten Drogenkonsums in ein umfassendes und differenziertes Spektrum von Harm-Reduction-Maßnahmen bis hin zur Therapievermittlung eingebettet. In den Rotterdamer Einrichtungen sind die verfügbaren Angebote dagegen vorrangig auf grundlegende Hilfeleistungen im Zusammenhang mit dem Betrieb der Konsumräume ausgerichtet.

9.1.2 Charakterisierung und Konsummuster der NutzerInnen

Aus Sicht der MitarbeiterInnen wird die jeweils konzeptionell vorgesehene Zielgruppe mit den Versorgungsangeboten erreicht. In Rotterdam ist dies bereits durch entsprechende Zugangskriterien gewährleistet, aber es gelingt es auch den Hamburger Einrichtungen aufgrund ihrer konzeptionellen Ausrichtung. Dies machen die Ergebnisse der Interviews mit KonsumentInnen deutlich:
Bereits die Betrachtung der sozio-biografischen Eigenschaften der NutzerInnen der untersuchten Einrichtungen aus den Perspektiven der MitarbeiterInnen und der KonsumentInnen zeigt, dass das Spektrum der Menschen, die dort anzutreffen sind, sehr breit ist. Was ihre persönliche Situation betrifft, so ist bei allen Unterschieden davon auszugehen, dass die Einrichtungen Menschen erreichen, die sich oftmals in einer schwierigen sozialen Situation befinden. Die Befragung ergibt im wesentlichen folgende städtespezifische Ergebnisse:
- Alter: Die RotterdamerInnen sind mit durchschnittlich 36,4 Jahren deutlich älter als die InnsbruckerInnen mit 29,9 Jahren. Die HamburgerInnen sind im Durchschnitt 32,6 Jahre alt. Die Spanne zwischen den jüngsten und den ältesten Befragten ist in allen drei Städten relativ groß.

Zusammenfassung und Schlussfolgerungen

- Geschlechtsverteilung: Frauen bilden in allen drei Städten die Minderheit: Ihr Anteil an den Befragten liegt in Innsbruck und Rotterdam bei einem Drittel, in Hamburg sogar nur bei 21 %. In Rotterdam sind sie durchschnittlich ein gutes Jahr älter als die männlichen Gesprächspartner, in den beiden anderen untersuchten Städten jedoch jünger.
- Lebenssituation: In einer instabilen Wohnsituation befinden sich 21 % der befragten InnsbruckerInnen, 25 % der HamburgerInnen und sogar 39 % der RotterdamerInnen, die allerdings teilweise in Konsumräumen befragt wurden, die ausschließlich Obdachlosen vorbehalten sind. In Rotterdam sind zudem deutlich mehr Männer als Frauen ohne Wohnung. Mit ihrem Partner bzw. ihrer Partnerin leben 21 % der InterviewteilnehmerInnen in Rotterdam und Innsbruck zusammen; in Hamburg sind es etwas mehr (24 %).
- Einkommen und Beschäftigung: Ein Einkommen aus einer beruflichen Tätigkeit – von Vollzeitstellen bis hin zu unregelmäßigen Jobs – erzielen nur ein gutes Viertel der Hamburger und der Innsbrucker Befragten. Für ein Viertel der Rotterdamer stellt eine solche Tätigkeit die wichtigste Einnahmequelle dar. Als arbeitslos definieren sich 53 % in Innsbruck und sogar 63 % in Hamburg. Die in Rotterdam am häufigsten genannten Geldquellen machen deutlich, welche große Bedeutung für die Befragten neben legalen (Sozialhilfe, Zeitungsverkauf) auch illegale Verdienstmöglichkeiten haben.

Nach Einschätzung der befragten MitarbeiterInnen werden die Konsumraumangebote primär von langjährig Drogenabhängigen genutzt, die aktuell einen hochfrequenten Drogenkonsum auf täglicher Basis praktizieren. Heroin stellt zwar nach wie vor eine der meistkonsumierten Drogen dar. Zugleich stellen jedoch die Hamburger und Rotterdamer MitarbeiterInnen eine deutliche Zunahme des Kokainkonsums und in Hamburg teils auch des Crackkonsums fest. Die Resultate zum Drogenkonsum und den Konsumorten der interviewten KonsumentInnen untermauern diese Beobachtungen:

- Drogenkarriere: Die Hamburger InterviewpartnerInnen konsumieren durchschnittlich seit 11,9 Jahren harte Drogen, die Innsbrucker seit 11,4 Jahren. Die Spannweite zwischen vergleichsweise kurzem Konsum über wenige Jahre und jahrzehntelangem Gebrauch ist jedoch recht breit. In beiden Städten sind die bisherigen Drogenkarrieren der Männer im Durchschnitt ein gutes Jahr länger als die der Frauen.
- Aktuell konsumierte Substanzen: Die Befragten haben in den letzten 24 Stunden (betrachteter Zeitraum in Hamburg und Innsbruck) bzw. den

vergangenen 30 Tagen (Rotterdam) ein breites Spektrum an Drogen zu sich genommen. Die am häufigsten genannten Substanzen sind von Stadt zu Stadt verschieden: In Hamburg sind es Heroin (84%), Kokain (73 %), Methadon (32 %), Alkohol (27 %) und Benzodiazepine bzw. Cannabis (je 26 %). In Innsbruck stehen Morphin bzw. andere Opiate an erster Stelle (68 %), gefolgt von Benzodiazepinen (63 %), Cannabis (59 %), Alkohol (44 %), Heroin (35 %), Methadon (27 %) und Kokain (24 %). In Rotterdam nennen alle Befragten Kokain (100 %) und fast alle Heroin (99 %); es folgen Cannabis (75 %), Methadon (73 %) und Medikamente (40 %).

- Applikationsformen: In Rotterdam rauchen die allermeisten KonsumentInnen ihre Drogen, und zwar vom Blech („Chasing the Dragon", 81 %) bzw. mit einer Base Pipe („Basen", 67 %). Nur 23 % injizieren. Die meisten Hamburger KonsumentInnen hingegen spritzen (69 %). Am zweithäufigsten rauchen sie (32 %) und nur selten wird gesnieft (13 %). Männer spritzen etwas öfter als Frauen. In Innsbruck steht der i.v.-Konsum ebenfalls an erster Stelle, allerdings mit etwas niedrigerem Anteil (64 %). Dafür wird in der österreichischen Stadt etwas mehr geraucht (41 %). Das Sniefen spielt auch hier keine große Rolle (13 %).
- Riskanter Konsum: Die Mehrheit der Hamburger und Innsbrucker KonsumentInnen beachtet Safer-Use-Regeln, aber ein nicht unbeträchtlicher Teil konsumiert in beiden Städten riskant: So verwenden rund 40 % der Befragten eine Spritze manchmal mehrfach. Zudem geben jeweils gut 20 % an, eine Spritze oder andere Utensilien in den letzten 30 Tagen gemeinsam mit anderen genutzt zu haben. Drogen aus einer Spritze haben 10 % der HamburgerInnen und 16 % der InnsbrukkerInnen geteilt.
- Veränderungen im Konsumverhalten: Am häufigsten erwähnen die HamburgerInnen, dass sie mehr auf Hygiene und Sauberkeit achten, seit sie die Konsumräume nutzen (37 %), dass sie seltener in der Öffentlichkeit konsumieren (30 %) und sich beim Konsum mehr Zeit und Ruhe lassen (28 %). Diese drei Punkte nennen auch die RotterdamerInnen, allerdings in anderer Reihenfolge: An erster Stelle steht bei ihnen der seltenere Konsum in der Öffentlichkeit (83 %). Am zweithäufigsten sagen sie, dass sie sich jetzt mehr Zeit und Ruhe lassen (67 %) und am dritthäufigsten, dass sie mehr auf Hygiene und Sauberkeit achten als früher (49 %).
- Konsumorte: Die Konsumräume in Hamburg und in Rotterdam sind nach Privatwohnungen der zweitwichtigste Ort, an dem Drogen ge-

Zusammenfassung und Schlussfolgerungen

nommen werden. In den den Interviews vorangegangenen 24 Stunden haben 54 % der HamburgerInnen und 81 % der InnsbruckerInnen zu Hause Drogen genommen. 45 % der RotterdamerInnen beschreiben ihr Zuhause im Hinblick auf die vergangenen 30 Tage als wichtigsten, weitere 15 % als zweitwichtigsten Konsumort. In Hamburg stehen Konsumräume mit 47 % an zweiter Stelle, öffentliche Orte mit 37 % auf Platz drei. In Innsbruck, wo es noch keine Konsumräume gibt, ist die Öffentlichkeit der am zweithäufigsten genutzte Ort (35 %). In Rotterdam bezeichnen 42 % der Befragten einen Drogenkonsumraum als wichtigsten Ort, um Drogen zu gebrauchen. Zwar stellt dort nur für 10 % die Öffentlichkeit den wichtigsten, für 16 % den zweitwichtigsten Konsumort dar, aber es haben dennoch 69 % der holländischen Befragten in den letzten 30 Tagen draußen bzw. öffentlich Drogen genommen.

- Begründungen für öffentlichen Konsum: Am häufigsten führen die Hamburger InterviewpartnerInnen an, dass sie öffentlich konsumieren, weil sie die Drogen meist in der Nähe des Besorgungsortes nehmen (36 %) oder weil der Suchtdruck bzw. die Entzugserscheinungen so groß sind (34 %). Wichtig ist zudem die Erklärung von 29 %, dass sie keine andere Konsumgelegenheit haben. Suchtdruck und Entzugserscheinungen sind in Innsbruck der mit 58 % am häufigsten genannte Grund. Immerhin 34 % sagen aber auch, dass sie öffentlich konsumieren, weil sie keine Möglichkeit haben, Konsumräume zu nutzen; 30 % antworten, dass sie nach ihrer Einschätzung generell keinen anderen Ort haben, um ihre Drogen zu nehmen.

Bezogen auf den Aufenthalt auf der Szene brachte die Erhebung für Hamburg und Innsbruck (für Rotterdam liegen hierzu keine Daten vor) im wesentlichen diese Erkenntnisse:

- Szeneaufenthalte: Über die Hälfte der befragten KonsumentInnen sind in beiden Städten täglich auf der Szene anzutreffen: 42 % der HamburgerInnen und 46 % der InnsbruckerInnen geben dies explizit an, und weitere 10 % bzw. 11 % wohnen direkt in Szenenähe. Ein weiteres Viertel kommt mehrmals pro Woche auf die Drogenszene.
- Gründe: Als wichtigste Begründungen für den Szenebesuch nennen die HamburgerInnen, dass sie dort Drogen kaufen (75 %) bzw. konsumieren (70 %) möchten. 50 % wollen Leute auf der Szene treffen. In Innsbruck steht die Funktion der Drogenszene als Treffpunkt sogar an zweiter Stelle (61 %) knapp hinter der Besorgung von Drogen (62 %). Dass sie kommen, um Drogen zu konsumieren, sagen 38 % der Inns-

bruckerInnen. Auffällig ist, dass die Hamburger Frauen mit 20 % im Vergleich zu den Männern in ihrer Stadt, aber auch zu Männern und Frauen in Innsbruck, relativ häufig die Szene nutzen, um Dienste anzubieten (Vermittlung, Sex).
- Tageszeiten: Zwar halten sich zu allen Tageszeiten KonsumentInnen auf der Drogenszene auf, die meisten sind dort aber – in Hamburg (69 %), in Innsbruck (64 %) – am Nachmittag anzutreffen. In Hamburg befinden sich abends (45 %) und nachts (20 %) mehr der Befragten auf der Szene als in Innsbruck (27 % bzw. 6 %). In der Tendenz entsprechen die Öffnungszeiten der Hamburger Einrichtungen den Höhepunkten des Aufenthalts auf der Szene. In Innsbruck würden die Befragten am häufigsten morgens bis mittags (67 %) einen Konsumraum nutzen. Stark würde er zudem am Nachmittag frequentiert (63 %). Die Ergebnisse sprechen dafür, die für Frauen vorgesehenen Öffnungszeiten nach Möglichkeit in den Vormittag und nicht wie geplant in den Abend zu legen.

Die körperliche und psychosoziale Verfassung der BesucherInnen beurteilen die MitarbeiterInnen der Einrichtungen unterschiedlich – von vergleichsweise besser (Hamburg), schlecht (Innsbruck) bis hin zu sehr schlecht (Rotterdam). Allerdings beobachten die Hamburger und Rotterdamer MitarbeiterInnen übereinstimmend einen zunehmend schlechteren psychischen Zustand der KonsumentInnen in Zusammenhang mit ansteigendem Kokainkonsum. Ihrer Wahrnehmung nach treten vermehrt Doppeldiagnosen und kokainbedingte Psychosen unter den Drogenkonsumierenden auf.

Aus der Sicht der befragten KonsumentInnen stellt sich deren gesundheitlicher Zustand wie folgt dar:
- Gesundheitszustand allgemein: Der Anteil der InnsbruckerInnen, die ihren gesundheitlichen Zustand als gut bezeichnen, ist mit 33 % deutlich geringer als in Hamburg (45 %) und Rotterdam (42 %). Der Anteil der RotterdamerInnen, denen es ihrer eigenen Einschätzung nach gesundheitlich schlecht geht, ist wesentlich geringer als in den anderen Städten: Er liegt gerade einmal bei 6 % gegenüber 18 % bzw. 19 % unter den Hamburger bzw. Innsbrucker Gesprächspartnern.
- Konkrete gesundheitliche Probleme: Knapp die Hälfte der HamburgerInnen (48 %) und gut zwei Drittel der InnsbruckerInnen (72 %) bejahen, in den letzten 30 Tagen gesundheitliche Probleme gehabt zu haben. Am häufigsten wird in beiden Städten Hepatitis/Lebererkrankung

aufgeführt. Notfälle, die mit dem Drogenkonsum in Verbindung stehen, nennen die österreichischen Befragten deutlich häufiger: Überdosierungen haben 10 % von ihnen im letzten Monat erlebt (Hamburg: 3 %), lebensbedrohliche Notfälle 6 % (Hamburg: 1 %). In Rotterdam, wo nach Tests auf Infektionskrankheiten gefragt wurde, ergibt sich, dass 19 % bzw. 17 % mit Hepatitis B bzw. C infiziert sind, HIV-positiv sind 14 % der Befragten. Die Infektionsraten unter den Männern sind dabei jeweils höher als die unter den Frauen.
- Ärztliche Behandlung: Ein Drittel der Hamburger Interviewten, aber nur 10 % der Innsbrucker sind in keinerlei ärztlicher Behandlung, wenn sie gesundheitliche Probleme haben. Frauen lassen sich in beiden Städten häufiger behandeln als Männer.

9.1.3 Nutzung der Einrichtungen

Die Akzeptanz von Konsumraumangeboten durch DrogenkonsumentInnen beurteilen die MitarbeiterInnen der Einrichtungen in den beiden Metropolen Hamburg und Rotterdam als überwiegend sehr hoch. Die Auslastung der betreffenden Einrichtungen ist aus ihrer Sicht von den jeweiligen Zugangsbedingungen, der räumlichen Nähe zur Drogenszene und der Attraktivität des Angebotes abhängig. Im allgemeinen scheinen Einrichtungen ohne limitierten Zugang und in Nähe der offenen Drogenszene in deutlich stärkerem Maße ausgelastet zu sein, als Einrichtungen, in denen nur eine begrenzte Anzahl an KonsumentInnen die Konsumraumangebote nutzen darf. Ein Teil der offenen Drogenszene in Hamburg und Rotterdam scheint die Konsumraumangebote jedoch nur wenig oder gar nicht anzunehmen. Vermutet wird, dass es sich hierbei in Hamburg insbesondere um Crack- und KokainkonsumentInnen handelt, die aufgrund langer Wartezeiten und der hektischen Atmosphäre das Angebot nicht nutzen.
In den Hamburger Konsumräumen und in der Innsbrucker Einrichtung vermitteln die MitarbeiterInnen (sekundär-)präventive Botschaften primär in persönlichen Gesprächen mit den BesucherInnen, wobei lebensweltnahe und verbraucherorientierte Informationen zum hygienischen und gesundheitsorientierten Drogenkonsum im Mittelpunkt stehen. Die MitarbeiterInnen in diesen Städten beobachten, dass die BesucherInnen vor allem dann dazu bereit sind, präventive Angebote anzunehmen, wenn es sich dabei um Hinweise zu venenfreundlichen Spritzentypen, Tipps zur Venenpflege und hygienischeren Konsum- bzw. Applikationsformen handelt. In den Rotterdamer Einrichtungen beschränken sich Präventionsakti-

vitäten dagegen überwiegend auf die Ausgabe von schriftlichen Präventionsmaterialien.
Überdies konstatieren die Hamburger Teams eine zumindest gleichbleibende Nachfrage im Bereich der Drogen- und Sozialberatung und der Vermittlung in Entgiftungs- und Therapieeinrichtungen. Die MitarbeiterInnen der Rotterdamer Konsumräume geben an, dass sie BesucherInnen zwar häufig in andere Einrichtungen weitervermitteln, jene ansonsten jedoch überwiegend praktische Angebote zur Überlebenshilfe nutzen. Sowohl die Hamburger als auch die Innsbrucker MitarbeiterInnen äußern die Einschätzung, dass alle ihrer Angeboteselemente von den EinrichtungsbesucherInnen auch genutzt werden. Ein Vergleich mit den Ergebnissen zum tatsächlichen Nutzungsverhalten der DrogenkonsumentInnen zeigt jedoch, dass die Einschätzungen der MitarbeiterInnen im Hinblick auf die Nutzung der einzelnen Angebote etwas zu optimistisch sind.

- Nutzungshäufigkeiten der Konsumräume: Fast zwei Drittel der Hamburger KonsumentInnen der offenen Drogenszene können als häufige NutzerInnen der Konsumräume bezeichnet werden: 32 % der HamburgerInnen nutzen den Konsumraum mindestens einmal täglich, weitere 29 % suchen ihn mehrmals pro Woche auf. In Innsbruck, wo nach der möglichen Nutzung im Falle der Eröffnung eines Konsumraumes gefragt wurde, äußern sogar drei Viertel der Befragten die Erwartung, den Konsumraum häufig zu nutzen. Im Vergleich Hamburg-Rotterdam sind sowohl der Anteil der NutzerInnen der Konsumräume als auch die Nutzungsintensität in der holländischen Stadt höher. Im Schnitt haben die holländischen Passinhaber an 6,2 Tagen der letzten Woche einen Konsumraum besucht. Die HamburgerInnen, die in der letzten Woche vor der Befragung einen Konsumraum aufgesucht haben, nutzten ihn im Durchschnitt an 3,6 Tagen, also deutlich seltener.
- Nutzung weiterer Angebote: Nur eine – allerdings unterschiedlich große – Minderheit nutzt in den drei Städten keine weiteren Angebote der Einrichtungen: In Innsbruck 1 %, in Hamburg 11 % und in Rotterdam 30 %. Den einzelnen Angeboten kommt von Stadt zu Stadt ein unterschiedlicher Rang zu. Auffällig ist jedoch, dass Service-orientierte Angebote (Essen und Trinken, Spritzentausch, Leute treffen) häufiger genannt werden als die verschiedenen Beratungsangebote der Einrichtungen. Während in Hamburg die weiblichen Befragten die Angebote stärker in Anspruch nehmen, sind es in Rotterdam die Männer.
- Gründe für seltene Nutzung: Am häufigsten führen die Hamburger Interviewten als Gründe dafür, dass sie die Konsumräume nur selten

Zusammenfassung und Schlussfolgerungen

oder gar nicht nutzen, an, dass diese nicht ausreichend verfügbar seien. Im einzelnen kritisieren sie zu lange Wartezeiten (57 %), die Entfernung der Räume bzw. dass es zu wenige davon gebe (29 %) und die bestehenden Öffnungszeiten (29 %). Erst an vierter Stelle folgt ein Argument, dass die Einrichtungen selbst betrifft: Einige der Befragten bemängeln eine schlechte bzw. ungemütliche Atmosphäre in den Konsumräumen (15 %).

- Wartezeiten: Bei 48 % der HamburgerDrogenkonsumentInnen kam es vor, dass sie in der letzten Woche wegen zu langer Wartezeiten oder begrenzter Öffnungszeiten einen Konsumraum nicht nutzen konnten. 60 % der RotterdamerInnen mussten in diesem Zeitraum mindestens einmal längere Wartezeiten erdulden, bis sie in einem Raum konsumieren konnten.
- Wünsche für einen Konsumraum: Die KonsumentInnen in Innsbruck nennen am häufigsten, dass ein Konsumraum in ihrer Stadt anonym sein sollte (70 %), die Möglichkeit zum Testen von Drogen (66 %) sowie verschiedene Räume zum Spritzen und Rauchen bieten sollte (65 %). Er sollte zudem an eine niedrigschwellige Einrichtung oder Beratungsstelle angebunden sein.

9.1.4 Konfliktbereiche und Arbeitsbelastungen der MitarbeiterInnen

Aufgrund geringer Platzkapazitäten bei gleichzeitig starker Nachfrage führen die Hamburger Einrichtungen Wartelisten. Lange Wartezeiten bis zum Eintritt in den Konsumraum, die bis zu eineinhalb Stunden betragen können, produzieren regelmäßig Konflikte, die unter anderem dazu führen können, dass KonsumentInnen zwecks Drogenkonsum in die unmittelbare Umgebung der Einrichtung ausweichen. Weitere potenzielle Konfliktherde bilden Verstöße gegen die im Konsumraum geltenden Regeln, indem BesucherInnen z. B. die Zeitlimits beim Konsum überschreiten oder die Hygiene- und Applikationsvorschriften missachten. Auch provozieren Aggressionen gegen MitarbeiterInnen oder Streitigkeiten unter den EinrichtungsbesucherInnen Konflikte. In allen untersuchten Einrichtungen werden deswegen relativ häufig Sanktionen erteilt.

Für die MitarbeiterInnen ergeben sich aus diesen Konflikten und Kontrollaufgaben vielfältige Funktionen als Ordnungshüter, Vermittler und „Peace-Keeper". Als problematisch schildern sie zudem Konfliktsituationen aus polizeilichen Aktionen (z. B. Festnahmen) im Eingangsbereich der Einrichtungen sowie das Dilemma, gesetzliche Vorgaben wie z. B.

das Verbot des Drogenteilens im Konsumraum vertreten zu müssen, die sie nach ihrem eigenen Problemverständnis als widersinnig empfinden. Drogennotfälle stellen eine weitere Belastung der Einrichtungsteams dar. Während sie in den Rotterdamer Konsumraumeinrichtungen mit maximal drei Fällen pro Jahr höchst selten auftreten, sind wöchentlich zwei bis drei Notfälle in zwei der Hamburger Einrichtungen an der Tagesordnung. Um in solchen Fällen eine adäquate Versorgung zu gewährleisten, verfügen alle EinrichtungsmitarbeiterInnen über eine regelmäßig aktualisierte Ausbildung in Erster Hilfe und eine Grundausstattung an Notfallgeräten zur Reanimierung. Laut Aussage der MitarbeiterInnen der untersuchten Hamburger Einrichtungen gab es dort bisher keine Todesfälle.

9.1.5 Integration von Konsumräumen in das regionale Umfeld

Die Akzeptanz ihrer Einrichtung durch das Umfeld stufen sowohl die befragten Hamburger als auch die interviewten Rotterdamer MitarbeiterInnen überwiegend als hoch ein. Aus ihrer Sicht werden Konsumräume deshalb akzeptiert, weil diese Angebote spürbar zur Verringerung öffentlicher Belastungen im Stadtteil beitragen und der ordnungspolitische Nutzen von Konsumräumen auch von der Anwohnerschaft und Polizei erkannt wird.

Die Ergebnisse der Umfeldbefragung zeigen allerdings, dass aus Sicht des Umfeldes Konsumraumangebote nicht vorrangig als eine Maßnahme zur Entlastung des Quartiers betrachtet werden. In den drei europäischen Städten haben insbesondere AnwohnerInnen und MitarbeiterInnen benachbarter sozialer Einrichtungen die Umsetzung bzw. Einführung von Konsumraumangeboten zur Verbesserung der gesundheitlichen Versorgung wie auch als Alternative zum riskanten öffentlichen Drogenkonsum begrüßt. Auch in den geäußerten Erwartungshaltungen spiegelt sich diese umfassendere Einstellung wider. So wird von Konsumraumangeboten erwartet, adäquate Überlebenshilfen anzubieten, ein Leben mit Drogen zu ermöglichen, bei Bedarf ausstiegsorientierte Hilfen zu vermitteln und zu einer Verringerung negativer Auswirkungen durch Beschaffungsaktivitäten und öffentlichen Drogenkonsums beizutragen.

Aus den Aussagen zu den Wirkungen der Konsumraumangebote geht hervor, dass sich ein Teil der Erwartungen bewahrheitet hat, zugleich aber auch einige neue Probleme entstanden sind. Als Verbesserungen nennen die befragten Umfeldpersonen, dass sichtbare Beeinträchtigungen durch den öffentlichen Drogenkonsum in Hauseingängen erheblich abgenommen haben, bei Drogennotfällen qualifizierte Hilfe zur Verfügung steht und Konsumräume das Umfeld deutlich entlasten. Zu den geäußerten neuen Problemen zählt, dass sich der untersuchte Hamburger Stadtteil zu einem Haupttreffpunkt der offenen Drogenszene entwickelt habe und der öffentliche Drogenkonsum insgesamt wieder angestiegen sei. In allen drei Städten wird darüber hinaus übereinstimmend der zunehmende Crack- und Kokainkonsum als problematisch wahrgenommen, da er mit negativen Begleiterscheinungen wie Hektik, Aggressivität und Unruhe einhergeht.

Insgesamt zeigt sich, dass offenbar eine Akzeptanz gegenüber den Einrichtungen besteht, solange keine Drogenszene, kein öffentlicher Drogenkonsum und Drogenhandel mehr sichtbar und die Einrichtungen an einem sozialverträglichen Standort angesiedelt sind. Bestehen Konflikte mit dem Umfeld, wie das insbesondere bei einer Hamburger Einrichtung der Fall ist, dann resultieren diese insbesondere aus einem Anstieg sichtbarer Belastungen durch öffentlichen Drogenkonsum, Drogenhandel und obdachlose KonsumentInnen.

Zur Regulierung von Konflikten mit dem Umfeld ergreifen die Einrichtungen unterschiedliche Maßnahmen. Während die Rotterdamer MitarbeiterInnen vorwiegend kooperative Konfliktlösungen verfolgen, indem Vereinbarungen zur Kontrolle des unmittelbaren Umfeldes der Einrichtungen getroffen und konkrete Rückmeldungen von AnwohnerInnen über Belästigungen eingefordert werden, setzen die Innsbrucker MitarbeiterInnen vor allem auf eine sachliche Aufklärung. Die Hamburger MitarbeiterInnen favorisieren entweder die lokal dezentralisierte Realisierung von Konsumräumen an sozialverträglichen Standorten oder sie versuchen, bei Konflikten einen Ausgleich zwischen verschiedenen Interessengruppen zu schaffen.

Reaktionen des Umfeldes auf neue drogenbezogene Probleme wie der Wegzug aus dem Stadtteil, Beschwerden bei der Polizei und das Anbringen baulicher Absperrungen lassen Schwierigkeiten erkennen, bestehende Belastungen wirksam zu verringern. Beeinträchtigungen des Umfeldes durch sichtbaren Drogenkonsum und Drogenhandel führen selten zu einer Ablehnung von Konsumraumangeboten, sondern statt dessen oftmals zur Formulierung von Verbesserungsvorschlägen. Die genannten Verbesserungsvorschläge zur Entlastung der AnwohnerInnen reichen von Überlegungen, zusätzliche Konsumräume einzurichten, Hausdealer in den Einrichtungen zu dulden, Maßnahmen zur Regulierung des illegalen Drogenmarktes zu ergreifen oder Modelle zur Heroinabgabe einzuführen.

Kapitel 9

9.1.6 Diskussion der zentralen Ergebnisse

In einem nächsten Schritt sollen die Wirkungen von Konsumraumangeboten unter den Aspekten „Zielgruppenerreichung", „risikoarmer und hygienischer Drogenkonsum" und „Entlastung des Umfeldes" resümiert werden. Im Sinne einer Gesamtschau der Ergebnisse werden dabei die unterschiedlichen Perspektiven zusammengeführt und entlang der drei untersuchungsrelevanten Hypothesen vergleichend diskutiert.

Hypothese I: Das Angebot von Konsumräumen erreicht die Zielgruppe der i.v.-DrogenkonsumentInnen, die gesundheitlich riskant und öffentlich konsumieren.

Die Nutzungszahlen der Konsumräume in Hamburg und Rotterdam zeigen, dass die Einrichtungen in beiden Städten stark frequentiert werden. Die Analyse aus allen drei in die Untersuchung einbezogenen Blickwinkeln ergibt übereinstimmend, dass es sich bei den NutzerInnen zu großen Teilen um die Zielgruppe der DrogenkonsumentInnen handelt, die gesundheitlich riskant und öffentlich konsumieren. In Rotterdam ist dies bereits durch entsprechende Zugangskriterien gewährleistet, aber die Zielgruppenerreichung gelingt auch den Hamburger Einrichtungen aufgrund ihrer konzeptionellen Ausrichtung. Darüber hinaus erreichen die dortigen Konsumräume auch generell „Konsumwillige". Dies schließt auch gelegentliche und sozial integrierte KonsumentInnen ein.

Aus Sicht des Umfelds zeigt sich die Erreichung der Zielgruppe daran, dass der öffentlich sichtbare Drogenkonsum zurückgeht, da KonsumentInnen, die ansonsten öffentlich Drogen nehmen, die Konsumräume als Alternative nutzen. Auch die MitarbeiterInnen der Einrichtungen bestätigen, dass die jeweils konzeptionell vorgesehene Zielgruppe die Versorgungsangebote wahrnimmt. In Rotterdam, wo der intravenöse Konsum insgesamt wenig verbreitet ist, kommen vor allem langjährige KonsumentInnen mit exzessivem Konsum von Heroin und Kokain in die Konsumräume. Als problematisch schildern es die Hamburger MitarbeiterInnen allerdings, CrackkonsumentInnen zu erreichen. Aufgrund von Wartelisten weichen diese besonders oft in den öffentlichen Raum aus, zudem sind nur wenig Rauchplätze in den Einrichtungen vorhanden.

Die Ergebnisse der KonsumentInnenbefragung untermauern und vertiefen die Resultate aus den beiden anderen Perspektiven: In die Einrichtungen kommt ein breites Spektrum von KonsumentInnen, die im Durchschnitt bereits über zehn Jahre Drogen nehmen und sich oft in einer schwierigen

Zusammenfassung und Schlussfolgerungen

sozialen und gesundheitlichen Situation befinden. Ein nicht unbedeutender Anteil der KonsumentInnen lässt riskante Konsumformen erkennen und verwendet beispielsweise die eigene Spritze mehrfach, benutzt Injektionsutensilien gemeinsam mit anderen oder teilt Drogen aus einer Spritze. Den hohen Stellenwert der Konsumräume für die Drogengebrauchenden verdeutlicht die Feststellung, dass die Einrichtungen in Rotterdam und Hamburg nach der eigenen Wohnung den zweitwichtigsten Konsumort darstellen. Die meisten KonsumentInnen, die die Angebote nutzen, nehmen sie zudem mehrmals pro Woche oder sogar täglich wahr.

Die Befragung der KonsumentInnen ergibt allerdings auch, dass die Zielgruppe in noch größerem Umfang erreicht werden könnte, wenn Konsumräume besser verfügbar wären. Von den KonsumentInnen als zu groß wahrgenommene Entfernungen zwischen dem Besorgungsort der Drogen und den Konsumräumen, Wartezeiten in Verbindung mit Suchtdruck sowie begrenzte Öffnungszeiten tragen dazu bei, dass weiterhin auch ein öffentlicher und gesundheitlich riskanter Konsum stattfindet.

Hypothese II: Konsumräume führen bei dieser Zielgruppe zu positiven Veränderungen hinsichtlich eines gesundheitsbewussten Verhaltens.
Hintergrund dieser Hypothese ist die Frage, inwieweit Konsumraumangebote sekundärpräventive Wirkungen in Sinne von Harm-Reduction haben. Ausgehend von den Ergebnissen aus der KonsumentInnenbefragung und den einrichtungs- und umfeldbezogenen Interviews lässt sich die Frage wie folgt beantworten:

Die Auswertung der KonsumentInnenbefragung belegt, dass Konsumräume zur Gesundheitsförderung im Hinblick auf die *Verminderung risikoreicher Verhaltensweisen* beim Drogenkonsum beitragen. So gaben die meisten der in Hamburg und Rotterdam befragten KonsumraumnutzerInnen an, ihr Konsumverhalten dahingehend geändert zu haben, dass sie mehr auf Hygiene und Sauberkeit achten, seltener in der Öffentlichkeit konsumieren und sich mehr Zeit und Ruhe beim Konsum lassen. Wenngleich nicht von allen DrogenkonsumentInnen praktiziert (siehe oben), ist die Einhaltung von Safer-Use-Praktiken bei der Mehrheit der KonsumentInnen die Regel. Von allen befragten i.v.-KonsumentInnen bestätigten die meisten, grundsätzlich nur die eigene Spritze und für jeden erneuten Konsumakt auch eine neue Spritze zu verwenden.

Die Einrichtungen selbst bemühen sich insbesondere durch medizinische Versorgungsangebote und die Vermittlung von Safer-Use-Informationen auf eine Reduktion der Konsumrisiken hinzuwirken. Aus Perspektive der

Kapitel 9

MitarbeiterInnen in Hamburg und Innsbruck gelingt es vor allem dann, Maßnahmen zur Harm-Reduction durchzusetzen, wenn es sich dabei um lebensweltnahe und verbraucherorientierte Informationen zu venenfreundlichen Spritzentypen, Tipps zur Venenpflege und hygienischerem Konsum handelt. In den Rotterdamer Einrichtungen hat der hygienische und risikoarme Drogenkonsum offenbar eine geringere Bedeutung, da zum einen die Mehrheit der KonsumraumnutzerInnen Drogen raucht und zum anderen Safer-Use-Informationen selten nachgefragt werden. Zugleich werden dort Mindeststandards der Risikominimierung bereits im Vorfeld der Konsumraumnutzung mittels Verboten und Sanktionsandrohungen durchgesetzt. In allen untersuchten Rotterdamer Konsumräumen sind bestimmte Applikationstechniken und Zubereitungsformen untersagt. Darüber hinaus ist die Bewilligung und Beibehaltung des Zugangspasses in einer dieser Einrichtungen daran gekoppelt, sich regelmäßig alle drei Monate einer medizinischen Untersuchung zu unterziehen.

Bezogen auf die Nutzung weiterer Hilfeangebote lassen sich aus dieser Untersuchung folgende Tendenzen zur sekundärpräventiven Wirkung von Konsumraumangeboten ableiten. Aus den Ergebnissen der KonsumentInnenbefragung geht zunächst hervor, dass service-orientierte Angebote (Essen und Trinken, Spritzentausch, Leute treffen) deutlich häufiger wahrgenommen werden als Beratungsangebote.

Die EinrichtungsmitarbeiterInnen beurteilen die Wirkung von Konsumräumen in Bezug auf die Nutzung weiterer Hilfeangebote unterschiedlich. Während die Hamburger MitarbeiterInnen eine zumindest gleichbleibende Nachfrage im Bereich der Drogen- und Sozialberatung und der Vermittlung in Entgiftungs- und Therapieeinrichtungen konstatieren, äußern die Rotterdamer MitarbeiterInnen Skepsis, ihre Ziele zu erreichen, eine Brückenfunktion zu Beratungs- und Behandlungseinrichtungen zu übernehmen. Ihrer Praxiserfahrung nach werden eher selten über Angebote zur Überlebenshilfe hinaus Vermittlungstätigkeiten in weiterführende Hilfen nachgefragt. Lediglich die KonsumraumnutzerInnen der Einrichtung *Pauluskerk* nehmen aus Sicht der MitarbeiterInnen regelmäßig auch soziale Hilfen und Beratungsangebote in Anspruch.

Zu bemerken ist, dass die Einrichtung *Pauluskerk* ähnlich wie die Hamburger Einrichtungen neben dem Konsumraumangebot ein breites Spektrum an Hilfen zur Verfügung stellt, während die anderen drei Rotterdamer Einrichtungen konzeptionell vorwiegend auf das Konsumraumangebot ausgerichtet sind. Vor diesem Hintergrund und auf Grundlage der Ergebnisse kristallisiert sich die Tendenz heraus, dass die Integration von

Konsumräumen in eine breite Angebotspalette die Nutzung anderer Hilfen begünstigt. Muss für die Nutzung weiterer Hilfen jedoch erst eine Vermittlung in eine andere Hilfeinstitution erfolgen, scheint die Annahmebereitschaft zu sinken.

Aus Perspektive des Umfeldes tragen Konsumraumangebote eindeutig zur Sekundärprävention im Sinne von Harm-Reduction bei. Diese Auffassung kommt insbesondere bei den seit Bestehen der Konsumräume geschilderten Verbesserungen zum Ausdruck. Nach Einschätzung des Umfeldes dienen diese Angebote der Gesundheitsförderung und Risikominimierung, indem Konsumräume eine Alternative zum riskanten öffentlichen Drogenkonsum böten, Mortalitätsraten durch qualifizierte Notfallinterventionen gesenkt werden und ein Leben mit Drogen ermöglicht oder der Ausstieg gefördert werde.

Gleichwohl die Untersuchungsergebnisse eine gesundheitsfördernde und risikominimierende Wirkung von Konsumräumen für die Mehrheit der befragten KonsumentInnen bestätigen, stellt sich die Frage, wie diese Wirkung zukünftig noch verstärkt werden könnte. Eine Verbesserung der sekundärpräventiven Maßnahmen ist vor allem deshalb von hoher Relevanz, da eine nicht unerhebliche Gruppe der befragten KonsumentInnen nach wie vor Risikoverhalten beim Drogenkonsum zeigt. Hinzu kommt, dass Faktoren wie lange Wartezeiten bis zum Eintritt in den Konsumraum oder mangelnde Platzkapazitäten für DrogenraucherInnen dazu führen, in öffentliche Räume auszuweichen, was wiederum mit allen Risiken und Negativauswirkungen des öffentlichen Konsums verbunden ist. Weiterhin sollte ein ausreichendes Angebot an Konsumräumen gewährleistet sein, denn der Hauptgrund für die Nichtnutzung eines Konsumraumes liegt aus Sicht der KonsumentInnen in der mangelnden Verfügbarkeit solcher Angebote.

Hypothese III: Konsumräume als Interventionsform im Harm-Reduction Bereich leisten im Umfeld offener Drogenszenen einen relevanten Beitrag zur Reduktion öffentlicher Belastungen.

Vorab ist darauf hinzuweisen, dass drogenbezogene öffentliche Belastungen schwer generalisierbar sind, denn die Wahrnehmung dessen, was als Belästigung empfunden wird, ist höchst subjektiv und beeinflusst von öffentlichen Diskussionen über Konsumräume und aktuellen Auseinandersetzungen. Darüber hinaus lässt sich die Tendenz beobachten, Probleme im Quartier vorschnell DrogenkonsumentInnen zuzuschreiben und mögliche andere Ursachen außer Acht zu lassen.

Kapitel 9

Die Entlastung stark von Drogenproblemen betroffener Stadtteile war sowohl in Rotterdam wie in Hamburg ein wichtiges Motiv, Konsumräume politisch durchzusetzen. In Rotterdam ist die Reduktion öffentlicher Belästigungen eines der Hauptziele der Konsumraumeinrichtungen. Diese Bedeutung für das Management von Konsumraumeinrichtungen wird zudem dadurch unterstrichen, dass die Einrichtungen von Kontroll- oder Unterstützungskomitees aus verschiedenen Interessengruppen begleitet werden. Aus Sicht der MitarbeiterInnen in Rotterdam und Hamburg werden Konsumräume deshalb von der Wohnbevölkerung akzeptiert, weil diese Angebote spürbar zur Verringerung öffentlicher Belastungen im Stadtteil beitragen und der ordnungspolitische Nutzen von Konsumräumen auch von der Anwohnerschaft erkannt wird.

Die umfeldentlastende Wirkung von Konsumraumangeboten wird von den meisten der befragten Umfeldpersonen bestätigt. So nennen die Befragten als Verbesserungen seit Bestehen der Konsumraumangebote, dass Beeinträchtigungen durch den öffentlichen Drogenkonsum etwa in Hauseingängen erheblich abgenommen haben und weniger liegengelassene Spritzen gefunden werden. Aus diesen Gründen werden Einrichtungen mit Konsumraumangeboten teilweise sogar für unverzichtbar gehalten.

Zugleich hat die Analyse aber auch ergeben, dass mit dem Angebot von Konsumräumen nicht alle Drogenprobleme im Umfeld gelöst werden können. Zu den ungelösten und von dem Umfeld als neue Belastung wahrgenommenen Problemen gehört insbesondere die fortbestehende Beschaffungskriminalität, die Dealerszene und die Sichtbarkeit von verelendeten und öffentlich konsumierenden „Junkies". Speziell in Hamburg werden zudem der Einrichtungsstandort inmitten eines Wohngebietes sowie die Existenz von Unterständen problematisiert, die als inoffizieller und somit illegaler Konsumraum fungieren.

Solche öffentlichen Belastungen werden jedoch nur in Ausnahmen primär der Existenz von Konsumraumangeboten zugeschrieben. Aus Perspektive der EinrichtungsmitarbeiterInnen und der weitaus meisten Umfeldpersonen sind die genannten Beeinträchtigungen eher auf Zugangsbeschränkungen zu Konsumräumen (Rotterdam) oder unzureichende Angebotskapazitäten (Hamburg) zurückzuführen. Darüber hinaus ändert ein Konsumraumangebot nichts an der Notwendigkeit, sich nach wie vor illegal Drogen beschaffen zu müssen.

Dass die offene Drogenszene somit eine zentrale Rolle im Leben von DrogenkonsumentInnen behält, spiegelt sich in den Ergebnissen der KonsumentInnenbefragung wider. Befragt nach den Gründen für den Szene-

Zusammenfassung und Schlussfolgerungen

aufenthalt wurde angegeben, dass neben sozialen Kontakten der Drogenkauf und Drogenkonsum wichtige Gründe darstellen, die Drogenszene aufzusuchen. Intensive NutzerInnen der Konsumräume halten sich dabei häufiger auf der Szene auf als andere DrogenkonsumentInnen und betreiben in stärkerem Ausmaß öffentlichen Konsum. Wie bereits erwähnt ist für DrogenkonsumentInnen der Konsumraum einer der wichtigsten Orte, um zu konsumieren. Das impliziert allerdings auch, dass andere Orte ebenfalls noch wichtig sind. Es muss folglich in Erwägung gezogen werden, dass zum einen Konsumräume begrenzte Öffnungszeiten haben und Konsumgewohnheiten dem nicht vollständig anzupassen sind. Zum anderen fällt Drogenkauf und Drogenkonsum oftmals örtlich wie zeitlich zusammen, so dass nicht alle Konsumwilligen die Geduld aufbringen, mit dem Konsum zu warten, bis sie einen Konsumraum aufsuchen können. Dies dürfte insbesondere auf CrackkonsumentInnen zutreffen, deren Konsumgewohnheiten (hochfrequenter Konsum, Rauchen aus der Pfeife des Dealers) meistens nicht mit dem Angebot von Konsumräumen vereinbar sind.

Von den EinrichtungsmitarbeiterInnen wie von den Umfeldpersonen wurden daher übereinstimmend Handlungsvorschläge genannt, wie sich aus ihrer Sicht die Überlastung der Einrichtungen reduzieren und die Entlastung des Umfeldes verbessern lässt. In Innsbruck wird vor allem die Einrichtung von mehreren Konsumräumen als Alternative zum öffentlichen und riskanten Drogenkonsum gewünscht. In Hamburg wird die zusätzliche Einrichtung lokal dezentralisierter Konsumraumangebote gefordert, wobei auch Einrichtungen für notwendig gehalten werden, die sich auf KonsumentInnengruppen der Kokain- und CrackraucherInnen spezialisieren. Neben der ausreichenden Verfügbarkeit von Konsumraumangeboten wird Handlungsbedarf gesehen, den illegalen Drogenmarkt zu regulieren und möglicherweise Hausdealer in den Einrichtungen zu dulden.

Festzuhalten ist, dass Konsumraumangebote das Umfeld von negativen Begleiterscheinungen offener Drogenszenen entlasten. Zugleich bringen Einrichtungen für marginalisierte Gruppen zwangsläufig ein gewisses Maß an Belastungen für die AnwohnerInnen mit sich. Ein realistisches Ziel ist es daher, sich darum zu bemühen, das Level der öffentlichen Belastung zu regulieren und kontrollieren. Eine der Maßnahmen zur Regulierung von Belastungen besteht in der ausreichenden Verfügbarkeit von Konsumraumangeboten sowie in der Anpassung der Öffnungszeiten an Konsumgewohnheiten und häufigsten Aufenthaltszeiten in der Drogenszene. Während die Öffnungszeiten der Rotterdamer Einrichtungen als

weitestgehend hinreichend erscheinen, existiert in Hamburg die Notwendigkeit zur Ausdehnung der Öffnungszeiten in die Abendstunden und auf das Wochenende. In Innsbruck sollten die konzeptionell geplanten Öffnungszeiten für die zukünftige Einrichtung entsprechend den Untersuchungsergebnissen modifiziert werden.
Bei den vorgestellten Maßnahmen ist jedoch zu berücksichtigen, dass es auch mit einer Ausweitung der Konsumraumangebote nicht gelingen kann, alle öffentlich konsumierenden DrogenkonsumentInnen jederzeit zu erreichen. Insofern unterliegt auch die zusätzliche Schaffung von Konsumraumangeboten Grenzen der Zweckmäßigkeit. Davon abgesehen ist zu betonen, dass Konsumräume nur einen Baustein im Rahmen umfassender und differenzierter Hilfeangebote zur Gesundheitsförderung und Harm-Reduction darstellen. Innerhalb dieses Rahmens haben Konsumraumangebote allerdings eine gewichtige Bedeutung, da sie sowohl eine wirksame Reduktion öffentlichen Drogenkonsums als auch eine Senkung der Mortalitätsraten bewirken.

9.2 BEWERTUNG DES UNTERSUCHUNGSANSATZES

Die Wirkungen und somit auch die Zielerreichung von Konsumräumen sind aus mehreren Gründen nicht leicht zu evaluieren: Mögliche Effekte der Konsumraumnutzung zeigen sich erst langfristig, da es sich hierbei um eine strukturelle Intervention handelt, von der zwar eine große Zahl von KonsumentInnen betroffen ist, die aber für die oder den Einzelne(n) keine stark eingreifende Maßnahme darstellt. Zudem lassen sich potenzielle Wirkungen nur indirekt ermitteln, zum Beispiel über eine Verringerung des öffentlichen Konsums, die Inanspruchnahme der verschiedenen Angebote und Veränderungen der Konsummuster im Sinne von Safer Use. Da die Befragungen in dieser Studie nur zu einem Erhebungszeitpunkt stattfanden, ist ein direkter Vorher-Nachher-Vergleich nicht möglich – zur Ermittlung von Veränderungen muss auf Aussagen der Befragten zurückgegriffen werden. Für die Stadt Innsbruck wäre zu überlegen, eine Vorher-Nachher-Evaluation bei bzw. nach der Installation eines Konsumraumes durchzuführen. Aufgrund der Anonymität der Befragung wäre allerdings eine eindeutige Zuordnung zwischen den bei beiden Erhebungen erreichten Stichproben nicht möglich.
Im Rahmen der genannten Einschränkungen kann der gewählte Untersuchungsansatz als erfolgreich betrachtet werden: Über die Kombination

Zusammenfassung und Schlussfolgerungen

quantitativer und qualitativer Erhebungsmethoden konnten die verschiedenen Perspektiven gut in die Analyse einbezogen werden. Es ist gelungen, einen breiten Zugang zu erreichen und die Evaluation der Konsumräume als einen „Mosaikstein" der Drogenhilfe in einen größeren Kontext zu stellen. Zur Einbeziehung einer großen Zahl von KonsumentInnen der offenen Drogenszenen – die aufgrund ihres Lebensrhythmus für zeitaufwändigere Interviews in der Regel nicht zur Verfügung stehen – hat sich die Befragung mittels eines standardisierten Fragebogens bewährt. Genauso wie zur Evaluation der vorhandenen Konsumräume eignet sich die Methode auch gut, um den Bedarf für ein solches Hilfeangebot in Innsbruck zu ermitteln.

Im Rückblick erscheint für alle drei untersuchten Städte die Einbindung des Umfelds verbesserungswürdig. Da in den qualitativen Interviews nur eine kleine Zahl von Personen befragt wurde, können die auf diesem Wege gewonnenen Erkenntnisse lediglich als Einblicke verstanden werden, deren Verallgemeinbarkeit gegebenenfalls in einer weiteren Erhebung zu überprüfen wäre. Kritisch anzumerken sind ferner einige Besonderheiten der Rotterdamer Erhebungen: So wurden hier, anders als in den beiden anderen Städten, ausschließlich KonsumentInnen in die Untersuchung einbezogen, die die Konsumräume aktiv und regelmäßig nutzen. Die Befragung für diese Studie war zudem an die Durchführung des dortigen Drogenmonitoringsystems gekoppelt. Aufgrund der dabei angewandten Sampling-Strategie konnten nicht alle Vorgaben der Hamburger Studienkoordination vollständig umgesetzt werden. Diese Variation in Verbindung mit der Tatsache, dass in Innsbruck wider Erwarten während des Untersuchungszeitraums kein Konsumraum eingerichtet worden ist, hat dazu geführt, dass zu einzelnen Fragen nur für ein oder zwei der untersuchten Städte Ergebnisse vorliegen.

9.3 AUSBLICK

Ausgehend von den Ergebnissen der Studie sollen abschließend einige praktische Fragen diskutiert werden, die im Zusammenhang mit der Schaffung von Konsumraumangeboten von Bedeutung sein können. Bei allen Aspekten ist jedoch zu bedenken, dass für die konkrete Ausgestaltung eines solchen Angebots die jeweilige lokale Situation von großer Bedeutung und daher bei der Installierung zukünftiger Konsumräume zu berücksichtigen ist.

Kapitel 9

Notwendig für die langfristige stabile Existenz einer Einrichtung mit Konsumräumen ist in jedem Fall deren *rechtliche Absicherung*. Fehlt diese, so ist die Arbeit in den Einrichtungen für die MitarbeiterInnen ebenso wie der Fortbestand des Angebots für alle Beteiligten mit großer Unsicherheit behaftet. Neben der rechtlichen Klarheit sind in der Praxis *Absprachen mit der Polizei* erforderlich, deren Unterstützung unter anderem notwendig ist, um zu verhindern, dass KonsumentInnen vor den Einrichtungen „abgefangen" werden.

In den untersuchten drei europäischen Städten messen insbesondere Politik und Polizei den Beschwerden, Befürchtungen und Protesten von AnwohnerInnen im *Umfeld von Einrichtungen* mit Konsumraumangeboten eine hohe Bedeutung bei. Die Durchsetzung, Aufrechterhaltung und vor allem Erweiterung von Konsumraumangeboten ist daher nicht nur eine Frage des politischen Willens, sondern auch des öffentlichen Wohlwollens gegenüber diesen Angeboten. Insofern stellt sich den Einrichtungen prinzipiell die Anforderung, sich mit Bedürfnissen und Belastungen im Umfeld auseinander zu setzen und gegebenenfalls Aktivitäten zur Konfliktentschärfung einzuleiten. Hierzu zählen auch vorsorgliche Kontrollen im Umfeld der Konsumräume, die in Eigenregie die Bildung von Szeneansammlungen verhindern. In Rotterdam wurden die AnwohnerInnen in der Regel im Vorfeld der Eröffnung über Konzeption und Ziele informiert. Die meisten Konsumraumeinrichtungen haben ein regelmäßig tagendes Komitee, in dem AnwohnerInnen und Gewerbetreibende zusammengeschlossen sind. Durch diese institutionalisierten Treffen findet regelmäßig ein Austausch mit den Einrichtungen statt. Das interessierte Umfeld wird dort nicht nur über aktuelle Ereignisse informiert, sondern hat überdies ein Forum für Beschwerden, auf die dann frühzeitig reagiert werden kann. In Hamburg werden Vernetzungsangebote im Rahmen von stadtteilorientierten Gesprächskreisen zwar nur von wenigen AnwohnerInnen und Gewerbetreibenden wahrgenommen, dennoch besteht ein großes Interesse an öffentlichen Debatten, so dass übereinstimmend eine Verstärkung der Öffentlichkeitsarbeit durch die Konsumraumbetreiber gefordert wird. Insgesamt hat die Umfeldanalyse gezeigt, dass die sachliche Aufklärung über Sinn und Zweck von Konsumräumen, regelmäßige Informationen sowie die aktive Einbindung des Umfelds für die Integration einer Einrichtung in einen Stadtteil sehr wichtig sind. Dabei ist allerdings sicherzustellen, dass die Entscheidungshoheit über Belange der Einrichtungen nicht aus diesen heraus verlagert wird, da sich ansonsten fachfremde Entscheidungen durchsetzen könnten.

Zusammenfassung und Schlussfolgerungen

Unter sozial- und gesundheitspolitischen Gesichtspunkten ist bei der Schaffung eines Konsumraumangebots abzuwägen, ob es in eine Drogenhilfeeinrichtung als eines von mehreren Angeboten *integriert* werden oder sich primär auf die Bereitstellung hygienischer Konsummöglichkeiten beschränken sollte. Für die Integrationslösung spricht, dass weitergehende Hilfemöglichkeiten über die Konsumräume potenziell DrogenkonsumentInnen erreichen können, die ansonsten damit nicht in Berührung kommen. Sie haben hier die Möglichkeit, diese Angebote unverbindlich kennen zu lernen. Dadurch, dass sich durch den regelmäßigen Kontakt und die wahrgenommene Akzeptanz des Konsums Vertrauensbeziehungen zu MitarbeiterInnen entwickeln können, ist zudem eine Basis für informelle Gespräche über weiterführende Hilfen geschaffen. Bekundet eine NutzerIn der Konsumräume hieran Interesse, so muss sie nicht an eine fremde Einrichtung – mit entsprechenden „Reibungsverlusten" – weitervermittelt werden, sondern kann ihre Vertrauensperson behalten. Für das gemeinsame Angebot von Konsummöglichkeiten und weiteren Hilfen spricht auch das Resultat der Erhebungen, dass die angebotenen Hilfsmöglichkeiten von einem nicht geringen Anteil der KonsumraumnutzerInnen wahrgenommen werden. Aber nicht nur für die Integration von Konsumraumangeboten in ein breites Angebotsspektrum, auch für die Reduktion der Angebote auf Konsummöglichkeiten und ausgewählte praktische Überlebenshilfen lassen sich Argumente auifführen: Konzentrieren sich Einrichtungen wie beispielsweise in Rotterdam darauf, das Umfeld zu entlasten und eine risikoärmere Alternative zum öffentlichen Konsum zu bieten, so ist das eine funktionelle Ausrichtung der Einrichtung, die ihre Berechtigung hat. Zum einen geht aus den Untersuchungsergebnissen hervor, dass in den Einrichtungen mit Konsumraum am häufigsten solche Angebote mit einem Servicecharakter (Essen, Kontakte, Waschmöglichkeiten etc.) genutzt werden. Zum anderen werden Konsumraumeinrichtungen auch von KonsumentInnen aufgesucht, die im wesentlichen die Konsummöglichkeit nutzen wollen. Darüber hinaus bietet der geringere (personelle) Aufwand reiner Konsumräume den Vorteil, den KonsumentInnen mit ausgedehnteren Öffnungszeiten zur Verfügung zu stehen. Einrichtungen, die sich auf das Konsumraumangebot konzentrieren, bieten somit ebenfalls eine sinnvolle Hilfe.

Festhalten ist, dass Konsumräume nicht per se in Beratungsstellen integriert sein müssen. Sind sie nicht in eine solche Einrichtung eingebunden, so sollte aber über eine Vernetzung mit anderen Einrichtungen und regelmäßige externe Beratungen sichergestellt sein, dass weiterführende

Angebote dennoch leicht verfügbar sind. Im Idealfall wäre es sinnvoll, wenn integrierte und alleinige Konsumraumangebote nebeneinander in einer Stadt existieren würden. Abzuwägen ist neben der Entscheidung über das Angebotsspektrum auch die Frage, ob der *Zugang* zu Konsumräumen – beispielsweise durch die Ausgabe von Zugangspässen – *begrenzt* werden sollte. Für eine solche Reglementierung spricht, dass dadurch vermieden werden könnte, dass KonsumentInnen aufgrund einer Überlastung der Konsumräume und damit verbundener Wartezeiten risikoreich und öffentlich im Umfeld konsumieren. Würden Ressourcen und Aufnahme übereinstimmen, käme es zudem zu weniger Konflikten in den Einrichtungen, die Atmosphäre dort wäre angenehmer. Zudem könnte die Ausstellung eines Zugangspasses an weitere Bedingungen wie zum Beispiel regelmäßige Arztbesuche geknüpft werden, die dem Gesundheitszustand der KonsumentInnen zu Gute kämen. Diesen Vorteilen einer Zugangsbegrenzung stehen jedoch gewichtige Nachteile entgegen: Ist ein Konsumraum nicht frei und ohne Vorbedingung zugänglich, werden notwendigerweise bestimmte DrogenkonsumentInnen von vornherein von der Nutzung ausgeschlossen. Im holländischen Modell beispielsweise sind Konsumräume für GelegenheitskonsumentInnen und sozial Integrierte nur schwer zugänglich.

Wägt man Vor- und Nachteile einer Zugangsbegrenzung gegeneinander ab, so erscheint eine Reglementierung des Zugangs nur unter einer Reihe von Voraussetzungen die bessere Alternative zu sein: Es darf lediglich die Anzahl der NutzerInnen begrenzt werden; die Einrichtungen sollten nicht bestimmte KonsumentInnen durch die Festlegung bestimmter Merkmale (z. B. Obdachlosigkeit) pauschal ausschließen, da das individuelle Bedürfnis nach einer geschützten Konsumgelegenheit von vielen (z. T. gänzlich anderen) Faktoren abhängig ist. Eine solche Regelung setzt zudem eine ausreichende Zahl von Konsumräumen voraus, damit jeder Konsument und jede Konsumentin, die einen Konsumraum aufsuchen möchten, eine Zugangsberechtigung erhalten kann. Auch in so einem Fall könnte jedoch das Problem auftreten, dass KonsumentInnen öffentlich konsumieren, weil die Einrichtung, für die sie eine Zugangsberechtigung besitzen, zu weit von dem Ort entfernt ist, wo sie Drogen gekauft haben. Um solche Situationen auf ein Minimum zu reduzieren, wären Regelungen denkbar, die den Zugang nur zu „Stoßzeiten" beschränken. Um eine Versorgung rund um die Uhr zu gewährleisten, könnten beispielsweise „Nachtdienste" der Einrichtungen erwogen werden, bei denen ein oder zwei Konsumräume dann allen Konsumwilligen offen stünden.

Zusammenfassung und Schlussfolgerungen

Eine solche Ausdehnung der *Öffnungszeiten* entspräche den Ergebnissen der Untersuchung. Sie zeigen, dass Konsumräume täglich möglichst lang und auch am Wochenende verfügbar sein sollten. Die ihrer Einschätzung nach unzureichende Verfügbarkeit der Räume ist für viele KonsumentInnen eine Ursache dafür, dass sie diese Angebote nicht (noch) häufiger nutzen.

Neben der gesundheitspolitischen Funktion werden Konsumraumangebote immer auch unter dem Aspekt ihrer ordnungspolitischen Funktion diskutiert. In diesem Kontext haben die Untersuchungsergebnisse verdeutlicht, dass insbesondere Handlungsbedarf zur Regulierung von Belästigungen durch den illegalen Drogenmarkt besteht. Somit stellt sich die Überlegung, ob DrogenkonsumentInnen die Möglichkeit erhalten sollten, bei einem *„Hausdealer"* in der Einrichtung Drogen zu kaufen. Dies wird in den Niederlanden bereits teilweise praktiziert. Als Argumente für ein solches Angebot lassen sich anführen, dass dadurch nicht nur öffentlicher Konsum aufgrund einer zu großen Distanz zwischen Kaufort und Konsumraum vermieden wird. Auch Ansammlungen vor den Einrichtungen und die Entstehung einer Dealerszene könnten dadurch unterbunden werden. Zudem ermöglicht die Zusammenarbeit mit einem „Hausdealer" eine regelmäßige Qualitätskontrolle („Drug Checking"). Der Einführung einer solchen institutionalisierten Kaufmöglichkeit in den Einrichtungen stehen in den meisten Ländern jedoch rechtliche Probleme entgegen. Darüber hinaus ist anzunehmen, dass die politische Durchsetzbarkeit und die Mobilisierung von Unterstützung für die Einrichtungen in deren Umfeld durch eine solche Regelung erschwert würden. Sofern jedoch diesbezüglich keine Probleme bestehen, überwiegen die Gründe für die Zusammenarbeit mit einem „Hausdealer", denn dieses Modell stellt die konsequenteste Lösung zur Vermeidung von Szeneansammlungen sowie zur Harm-Reduction dar. Entscheidet sich eine Einrichtung für Hausdealer, sollte jedoch in jedem Fall ein verbindlicher Qualitätsscheck der Substanzen vor deren Verkauf vorgeschrieben werden.

Ein weiterer wichtiger Aspekt der Ausgestaltung von Konsumraumangeboten betrifft die *Gesundheitsförderung*. Sie sollte in jedem Fall Bestandteil der Angebotspalette der Einrichtungen sein. Die Analyse hat ergeben, dass die Information über Safer Use am besten informell über persönliche Gespräche erfolgen sollte und nicht über Handzettel oder Ähnliches. Da die Nachfrage nach entsprechenden Informationsangeboten von Seiten der NutzerInnen begrenzt ist, ein nicht unerheblicher Teil von ihnen aber dennoch nach wie vor risikoreich konsumiert, wird hier ein

Verbesserungsbedarf deutlich. Stärkere Aktivitäten im Bereich einer systematischen Safer-Use-Information könnten intensive Beratungen durch Krankenpfleger und Ärzte ebenso umfassen, wie eine stärkere Einbeziehung der KonsumentInnen selbst (Peer-Support) oder auch verbindliche Schulungen beispielsweise bei der Ausgabe von Zugangspässen. Wenn bestimmte Verhaltensweisen zur Risikominimierung ernsthaft durchgesetzt werden sollen, ist aber auch das Verbot bestimmter Zubereitungsweisen und Applikationstechniken – wie etwa in den Niederlanden – in Betracht zu ziehen.

Ausgehend von den gewonnenen Erkenntnissen lassen sich abschließend folgende Aussagen treffen, die einer genaueren empirischen Überprüfung bedürfen und Anknüpfungspunkte für zukünftige Forschungsarbeiten zu Konsumraumangeboten bieten:

- Die intensive Nutzung von Konsumraumangeboten begünstigt langfristig die Nachfrage nach weiterführenden Hilfsangeboten. Integrierte Konsumräume sind daher geeignet, die Rehabilitation und Integration von DrogenkonsumentInnen auf lange Sicht zu fördern.
- Wirksame Gesundheitsförderung im Sinne von Safer Use setzt die persönliche Vermittlung von lebensweltnahen und praktischen Safer-Use-Botschaften voraus. Die Einhaltung von Mindeststandards der Risikominimierung lässt sich durch Verbote von bestimmten Zubereitungsformen und Applikationstechniken im Konsumraum gewährleisten.
- Eine gezielte Öffentlichkeitsarbeit und die frühzeitige Einbindung des Umfeldes in Form von „Runden Tischen" erhöhen die Akzeptanz von Konsumraumangeboten im Stadtteil und beugen Konflikten vor.

Vor dem Hintergrund der hohen Hepatitis C- und anderen Infektionsraten bei Drogenkonsumenten ist eine der wesentlichen Fragen, denen in der Praxis wie in der Wissenschaft näher nachgegangen werden sollte, über welche Wege und Methoden DrogenkonsumentInnen am wirkungsvollsten Safer-Use-Informationen vermittelt und gegebenenfalls zu einer Änderung riskanter Konsum- und Verhaltensmuster bewegt werden können. Sinnvoll wäre daher die systematische Weiterentwicklung und Evaluation von Vermittlungsmethoden zum Wissenstransfer. Diese Methoden könnten zum Beispiel darin bestehen, ärztliche Schulungen für KonsumentInnen durchzuführen oder Programme zur Peer-Education zu fördern. Notwendig erscheinen zudem Verlaufsstudien, um Entwicklungen und Veränderungen nicht nur indirekt beobachten, sondern langfristige Wirkungen von Harm-Reduction-Angeboten erfassen zu können. Regel-

Zusammenfassung und Schlussfolgerungen

mäßige Befragungen von KonsumentInnen, MitarbeiterInnen und Umfeldpersonen in einer Stadt, in der in der Zukunft ein Konsumraumangebot neu geschaffen werden soll, könnten zur langfristigen Wirksamkeit entsprechender Einrichtungen wichtige ergänzende Erkenntnisse liefern.

Literatur

AKZEPT e. V. (Hrsg.) (2000): Leitlinien zum Betrieb und zur Nutzung von Konsumräumen. In: AKZEPTANZ, Materialien Nr. 4.
AKZEPT e. V. (Hrsg.) (2000): Schwerpunkt: Konsumräume. AKZEPTANZ 2000/1.
BERNS, M.P.H / ROZENDAAL, C.M. / TOET, J. et al. (1997): HIV-surveillance among injecting drug users in the Netherlands: Survey. Rotterdam.
BOSSONG, H. (2000): Qualitätsmanagement im sozialen Arbeitsfeld z. B. in Gesundheitsräumen. AKZEPTANZ 2000/1: 13-20.
CARITAS DIÖZESE INNSBRUCK (Hrsg.) (1999a): Konzept Nika. Niederschwellige Kontakt- und Anlaufstelle für drogenkonsumierende Frauen und Männer. Innsbruck 1999.
CARITAS DIÖZESE INNSBRUCK (Hrsg.) (1999b): KOMFÜDRO. Kommunikationszentrum für DrogenkonsumentInnen. Jahresbericht 1999. 5 Jahre niederschwellige Drogensozialarbeit. Innsbruck 1999.
COLLEGE VAN PROCUREUR-GENERAAL (1996): Richtlijnen voor het opsporings- en strafvorderingsbeleid inzake strafbare feiten van de Opiumwet: vastgesteld op 11.09.96 in werking tredend op 01.10.96 [Guidelines for the tracing and criminal proceedings with regard to penal offences of the Opium Act]. Ministerie van Justitie. Den Haag.
COS Kerncijfers Rotterdam 2000 [Core figures of Rotterdam 2000] (2000): Centrum voor onderzoek en statistiek. Rotterdam.
DE JONG, W. (1996): Gebruiksruimten in Nederland, Duitsland en Zwitserland. Een verkennende beschouwing [Drug consumption rooms in the Netherlands, Germany and Switzerland]. Trimbos-instituut. Utrecht.
DE JONG, W. / WEBER, U. (1999): The professional acceptance of drug use: a closer look at drug consumption rooms in the Netherlands, Germany and Switzerland. International Journal of Drug Policy 10: 99-108.
DWORSKY, N. (1999): 5 Jahre Erfahrungen mit Konsumräumen. In: KRAUSZ, M. / RASCHKE, P. (Hrsg.): Drogen in der Metropole. Freiburg im Breisgau: Lambertus; S. 205-216.
DWORSKY, N. / SCHMIDT, R. (Hrsg.) (1999): Druck im Quartier. Erfahrungen mit Fixerräumen. Hamburg: Paranus.
EASTUS, C. (2000): Die Entwicklung von Gesundheitsräumen in der Schweiz. AKZEPTANZ 2000/1: 10-12.
FACTSHEET (1997): "Safe & Clean in Rotterdam". Municipal Health Service. Rotterdam.
FACTSHEET (1999): Verslavingszorgbeleid [Factsheet: "The outlines of the Rotterdam addiction policy"]. Municipal Health Service. Rotterdam.
FREIE UND HANSESTADT HAMBURG (2000): Senat erlässt Rechtsverordnung zum Betäubungsmittelrecht. Hamburger Konsumräume rechtlich abgesichert. Mitteilung der staatlichen Pressestelle vom 25. April 2000.

Literatur

GESSENHARTER, W. (1999): Mediatorenverfahren „Weitere Gesundheitsräume in St. Georg? Wünschbarkeit, Zweckmäßigkeit, Notwendigkeit". Abschlußbericht des Mediators. Senat der Freien und Hansestadt Hamburg.

GEURS, R. (1996): Ruimte voor gebruik [Room for use]. In: QUADT, T. (Hrsg.): Verantwoord Schoon in Rotterdam [Safe & Clean in Rotterdam]. GGD Rotterdam e.o., Projectbureau Verslavingszaken. Rotterdam.

HAEMMIG, R. (1992): The streetcorner agency with shooting room („Fixerstübli"). In: O'HARE, P. et al. (Hrsg.): The reduction of drug related harm. London/New York; pp 181-185.

HAPPEL, H. V. (1997): Erfahrungen in und mit Konsumräumen. In: AKZEPT e. V. (Hrsg.): Drogenvisionen – Zukunftswerkstatt für eine innovative Drogenpolitik und Drogenhilfe. Berlin: VWB.

HAPPEL, H. V. (2000): Konsumräume – Eine effektive Maßnahme zur Schadensminimierung bei DrogengebraucherInnen und BürgerInnen. AKZEPTANZ 2000/1: 30-36.

HEUDTLASS, J.-H. / STÖVER, H. (Hrsg.) (2000): Risiko mindern beim Drogengebrauch. Gesundheitsförderung, Verbrauchertips, Beratungswissen, Praxishilfen. Frankfurt am Main: Fachhochschulverlag.

HOHMANN, B. / PAUL, B. / THIEL, G. (1998): Drogenkonsum & Gesundheitsraumbedarf in der „offenen Szene". Forschungsbericht. Jugendhilfe e. V. Hamburg.

INTRAVAL (1998a): Ruimte om te gebruiken. Evaluatie gebruiksruimte Spanjaardstraat Rotterdam [Room to use. Evaluation of the drug consumption room in the Spanjaardstraat]. Intraval. Groningen/Rotterdam.

INTRAVAL (1998b): Keetje Tippel gebruikt. Evaluatie van gebruiksruimte De Bure bij Keetja Tippel te Rotterdam [Keetje Tippel uses drugs. Evaluation of the drug consumption room The Neighbours at Keetje Tippel in Rotterdam]. Intraval. Groningen/Rotterdam.

JACOB, J. / ROTTMANN, J. / STÖVER, H. (1999): Entstehung und Praxis eines Gesundheitsraumangebotes für Drogenkonsumierende. Abschlußbericht der einjährigen Evaluation des ‚drop-in Fixpunkt'/Hannover. Oldenburg: BIS.

KEMMESIES, U. (1995): Die ‚Offene Drogenszene' und das Gesundheitsraumangebot in Frankfurt am Main – ein erster ‚Erfahrungsbericht'. Abschlußbericht. INDRO e. V. Münster.

KEMMESIES, U. (1997): Gesundheitsräume im Spiegel der offenen Drogenszene. Ein empirischer Beitrag zur Problematisierung eines Harm-Reduction-Angebotes. In: SCHNEIDER, W. / BUSCHKAMP, R / FOLLMANN, A. (Hrsg.): Heroinvergabe und Konsumräume. Berlin: VWB; S. 33-88.

KLEE, J. (1997): Konsumräume und Überlebenshilfe. Ein Standardangebot der Drogenhilfe in Frankfurt. In: SCHNEIDER, W. / BUSCHKAMP, R / FOLLMANN, A. (Hrsg.): Heroinvergabe und Konsumräume. Berlin: VWB; S. 89-94.

KÖRNER, H.H. (1993): Gutachten zur Zulässigkeit von Gesundheitsräumen für den hygienischen und stressfreien Konsum von Opiatabhängigen. AZ 406/20-9. Frankfurt am Main.

LEMPENS, A. / BARENDREGT, C. / ZUIDMULDER, L. / BLANKEN, B. (1999): Kenmerken Rotterdamse gebruikers: enkele resultaten van de survey

Literatur

"Drugs, huisvesting, schulden en gezondheid" [Characteristics of Rotterdam drug users: some results of the survey "Drugs, living situation, debts and health"]. IVO-Bulletin Nr. 3.

MAYRING, P. (1993): Einführung in die qualitative Sozialforschung. Eine Anleitung zum qualitativen Denken. Weinheim: Psychologie Verlags Union.

MICHAELIS, S. (1991): Zur rechtlichen Zulässigkeit des Betreibens von Druckräumen in der Bundesrepublik Deutschland. In: STÖVER, H. (Hrsg.): Der tolerierte intravenöse Drogengebrauch in den Angeboten der Drogen- und AIDS-Hilfe. Berlin; S. 11-118.

MICHELS, I. (2000): Drogenkonsumräume als Teil von Überlebenshilfen. AKZEPTANZ 2000/1: 5-9.

MUNICIPAL HEALTH SERVICE ROTTERDAM AREA (1998): The outlines of the Rotterdam addiction policy. MHS, Addiction affairs. Rotterdam.

MUNICIPAL HEALTH SERVICE ROTTERDAM AREA (1999): De hoofdlijnen van het gemeentelijk verslavingszorgbeleid in Rotterdam [The outlines of the Rotterdam addiction care policy]. MHS, Addiction affairs. Rotterdam.

NICKELS, C. (1999): Drogen- und Suchtbericht 1999. Bundesministerium für Gesundheit. Berlin 2000.

ÖSTERREICHISCHES BUNDESINSTITUT FÜR GESUNDHEITSWESEN (Hrsg.) (1999): Report on the Drug Situation 1999. Vienna 1999.

OVERLASTPOST (1996): Nieuwsbrief van de Stuurgroep Vermindering Overlast [Newsletter from the Steering Committee Nuisance]. 7/16.

QUADT, T. (Hrsg.) (1986): Verantwoord Schon in Rotterdam [Safe and Clean in Rotterdam]. GGD. Rotterdam.

RASCHKE, P. / DEGKWITZ, P. (1999): Heroinkonsumenten: Verbreitung und Inanspruchnahme von Hilfen. In: KRAUSZ, M. / RASCHKE, P. (Hrsg.): Drogen in der Metropole. Freiburg im Breisgau: Lambertus; S. 37-48.

RASCHKE, P. / PÜSCHEL, K. / HEINEMANN, A. (2000): Rauschgiftmortalität und Substitutionstherapie im Hamburg (1990-1998). Suchttherapie 1: 43-48.

RENN, H. (1999): „Offene" Drogenszenen in den Metropolen – Ein drogenpolitischer Vorschlag und seine empirische Begründung. In: KRAUSZ, M. / RASCHKE, P. (Hrsg.): Drogen in der Metropole. Freiburg im Breisgau: Lambertus; S. 63-76.

REPORT OF THE INTERNATIONAL NARCOTICS CONTROL BOARD (2000): Report for 1999. United Nations. New York.

RONCO, C. / SPUHLER, G. / KAISER, R. (1996): Evaluation des „Aufenthalts- und Betreuungsraums für Drogenabhängige" in Luzern. Sozial- und Präventivmedizin 41 (Suppl. 1): 45-57.

RONCO, C. et al. (1994): Evaluation der Gassenzimmer I, II und III in Basel. Basel.

RONCO, C. et al. (1996): Evaluation der Gassenzimmer I. II und III in Basel. Sozial- und Präventivmedizin 41 (Suppl. 1): 58-68.

SCHMID, M. / SIMMEDINGER, R. / VOGT, I. (2000): Ambulante Suchthilfe in Hamburg. Statusbericht 1999 zur Hamburger Basisdokumentation im ambulanten Suchthilfesystem. Frankfurt am Main: ISS-Eigenverlag.

Literatur

SCHNEIDER, W. / BUSCHKAMP, R. / FOLLMANN, A. (Hrsg.) (1997): Heroinvergabe und Konsumräume. Perspektiven akzeptanzorientierter Drogenarbeit. Berlin: VWB.

SMIT, F. / TOET, J. / VAN DER HEIJDEN, P. (1997): Methodological Pilot Study of Local Prevalence Estimates. In: European Monitoring Centre for Drugs and Drug Addiction (EMCDDA). Lisbon.

SOZIALAMT DER STADT ZÜRICH (1995): Erfahrungsbericht der Kontakt- und Anlaufstellen über den Betrieb der Gassenzimmer 1993/1994. Zürich.

STEG Hamburg mbH (2000): Qualitätsmanagement Schanzenviertel, Arbeitsgruppe Drogen. Abschlussbericht. Stand: September 2000. Hamburg.

STÖVER, H. (2000): Konsumräume als professionelles Angebot der Suchtkrankenhilfe. Internationale Konferenz zur Erarbeitung von Leitlinien. In: Bundesgesundheitsbl – Gesundheitsforsch – Gesundheitsschutz. Berlin: Springer-Verlag; S. 290-292.

THIEL, G. / HOMANN, B. / VERTHEIN, U. / DEGKWITZ, P. (2000): KokainkonsumentInnen in der offenen Hamburger Hauptbahnhofszene. Wiener Zeitschrift für Suchtforschung 23: 27-33.

TSCHIRNER, T. (2000): Gesundheitsräume im ländlichen und kleinstädtischen Bereich. Welche besonderen Aspekte sind zu beachten? AKZEPTANZ 2000/1: 21-23.

VAN DRIEL, H. / WIERDSEMA, A. (1999): Teen jaar methadon in Rotterdam e.o. [Ten years of methadone in Rotterdam]. Municipal Health Services. Rotterdam.

VERTHEIN, U. / HAASEN, C. / PRINZLEVE, M. / DEGKWITZ, P. / KRAUSZ, M. (in press) Cocain consumption and utilisation of drug help services of consumers of the open drug scene in Hamburg. European Addiction Research.

WOTTAWA, H. / THIERAU, H. (1990): Lehrbuch Evaluation. Bern: Huber.

Autorinnen und Autoren

Peter Degkwitz, geb. 1948, Dr. rer. pol., Dipl.-Soziologe, Geschäftsführer des Instituts für interdisziplinäre Sucht- und Drogenforschung ISD in Hamburg. Wissenschaftlicher Mitarbeiter am Zentrum für Interdisziplinäre Suchtforschung der Universität Hamburg (ZIS).

Nina Kreutzfeldt, geb. 1971, Dipl.-Politologin, wissenschaftliche Mitarbeiterin am Zentrum für Interdisziplinäre Suchtforschung der Universität Hamburg (ZIS).

Uwe Verthein, geb. 1963, Dr. phil., Dipl.-Psychologe, wissenschaftlicher Mitarbeiter am Zentrum für Interdisziplinäre Suchtforschung der Universität Hamburg (ZIS).

Heike Zurhold, geb. 1966, Dipl.-Kriminologin, wissenschaftliche Mitarbeiterin am Zentrum für Interdisziplinäre Suchtforschung der Universität Hamburg (ZIS).